全国生态文明信息化遴选融合出版项目

新编大学体育教程

主　编　董科勇　胡　波　兰自力
副主编　潘　薇　陈　振　张莉萍

中国林业出版社

内容提要

本书的编写秉承学校体育需体现"健康第一"的要旨,并充分结合新时代大学生身心特点,体现以学生为中心,使体育健身理论和健身实践相结合的要求。《新编大学体育教程》的编写侧重介绍高校普遍开展的田径、足球、篮球、排球、网球、羽毛球、乒乓球、武术、健美操、体育舞蹈、瑜伽、形体等运动项目的概述、基本技战术及练习方法等内容。同时,本书还介绍了当下一些时尚体育项目,如户外运动和赛艇等,视角新颖,信息量较大,内容翔实。本书以各运动项目各具特色的健身方法与手段来提高学生的体育健身能力和终身体育意识。

本书可作为普通高等院校学生的公共基础课教材,亦可作为广大青年朋友自学的参考用书。

图书在版编目(CIP)数据

新编大学体育教程/董科勇,胡波,兰自力主编. —北京:中国林业出版社,2021.8(2024.7重印)

全国生态文明信息化遴选融合出版项目

ISBN 978-7-5219-1234-0

Ⅰ.①新… Ⅱ.①董… ②胡… ③兰… Ⅲ.①体育—高等学校—教材 Ⅳ.①G807.4

中国版本图书馆CIP数据核字(2021)第122086号

中国林业出版社

责任编辑:张 佳
电　　话:(010)83143561

出版发行	中国林业出版社(100009　北京市西城区刘海胡同7号)
网　　址	www.cfph.net
经　　销	新华书店
印　　刷	河北京平诚乾印刷有限公司
版　　次	2021年8月第1版
印　　次	2024年7月第4次印刷
开　　本	787mm×1092mm 1/16
印　　张	16.25
字　　数	390千字
定　　价	48.00元

未经许可,不得以任何方式复制或抄袭本书之部分或全部内容。

版权所有　侵权必究

《新编大学体育教程》编委会

主　任	刘　涛				
副主任	赵　燕	董科勇	兰自力		
委　员	（排名不分主次）				
	陈　振	付金鑫	黄　程	胡　波	姬世界
	李江红	李连国	梁圣霖	彭　晶	彭文耀
	潘　薇	涂志芳	王　珺	王建勋	吴　飞
	张莉萍	张凤仙	赵　静	郑　倩	
主　编	董科勇	胡　波	兰自力		
副主编	潘　薇	陈　振	张莉萍		
编　者	涂志芳	李江红	陈　振	王　珺	赵　静
	张凤仙	黄　程	李连国	姬世界	郑　倩
	彭文耀	赵　燕	付金鑫	吴　飞	潘　薇
	彭　晶	梁圣霖	王建勋	臧守相	

前　言

大学体育是以习近平新时代中国特色社会主义思想作为引领，以身体运动实践为主体的教育活动，是学校文化的重要组成部分。大学体育是集大学生体育技能、身体素质、心理健康、道德情操、文化素养提升于一体的教育过程，对于培养德智体美劳全面发展的社会主义建设者和接班人具有重要意义。

党的二十大报告指出，要"广泛开展全民健身活动，加强青少年体育工作，促进群众体育和竞技体育全面发展，加快建设体育强国"。新时代大学生教育离不开大学体育的责任和担当，要充分实现大学体育的价值和需要，必须加强对大学体育的组织领导、充分认识大学体育的重要性、落实大学体育的目标与任务、建立健全大学体育的评价机制等。大学体育教材是实现大学体育目的与任务的重要载体，因此，编撰符合当前大学体育教育改革需要以及大学生身心健康发展实际的体育教材，是大学体育深化改革和校园体育文化建设的重要任务。

高质量的大学体育与健康教材是提高大学体育课程教学质量和对大学生进行体育与健康教育工作的重要保障。我们组织了武汉华夏理工学院具有丰富教学实践经验的专业教师编写了《新编大学体育教程》。本教材力求体现新时代信息化应用的特色，强调"健康第一"的指导思想，以培养学生的体育健康意识和健身实践能力、增进学生身心健康、养成终生锻炼习惯为主线，突出规范、实用、新颖的特色，具有观念新、内容丰富、方法简便易学的特点。本教材注重理论与实践的结合，内容充实、图文并茂、清晰易懂，融科学性、知识性和趣味性于一体，有助于学生掌握科学的锻炼方法和各项体育运动的基本知识，是普通高等学校开设体育课程教学的通用教材。

本教材编写分工如下：董科勇、胡波编写第一、三章；兰自力编写第二章；董科勇、臧守相编写第四章；涂志芳编写第五章；李江红编写第六章；陈振、王珺编写第七章；赵静编写第八章；张凤仙编写第九章；黄程、李连国编写第十章；姬世界编写第十一章；胡波、张莉萍编写第十二章；彭文耀、张莉萍编写第十三章；付金鑫编写第十四章；吴飞编写第十五章；潘薇编写第十六章；彭晶编写第十七章；梁圣霖编写第十八章；王建勋编写第十九章。全书由董科勇、胡波统稿。

本教材的编写工作，借鉴与吸取了前人和当代专家学者的研究成果，得到了许多高校同行的指导和帮助，得到了学校领导及同事们的大力支持，也得到了中国林业出版社的大力支持，在此一并表示诚挚的谢意。另外，我们对没能在本书注明被引用的专家学者及其论著的出处深表歉意。由于时间仓促和本教材编写人员水平所限，书中难免存在错误和不足，恳请专家和同行批评指正。

编　者
2021年4月

目　　录

第一章　现代健康观 …………………………………………………………001
 第一节　健康的概念和意义 …………………………………………001
 第二节　健康的生活方式 ……………………………………………004
 第三节　关爱生命，珍惜健康 ………………………………………007

第二章　大学体育观 …………………………………………………………009
 第一节　大学体育概述 ………………………………………………009
 第二节　高校体育工作对大学生的基本要求 ………………………012
 第三节　实现大学体育的基本途径 …………………………………014

第三章　体育锻炼的科学方法 ………………………………………………017
 第一节　体育锻炼的功能 ……………………………………………017
 第二节　体育锻炼的原则与方法 ……………………………………019
 第三节　运动健身方案的制订 ………………………………………023
 第四节　热身与放松活动 ……………………………………………028

第四章　运动损伤与防护 ……………………………………………………030
 第一节　运动安全防护 ………………………………………………030
 第二节　不同运动项目的常见损伤 …………………………………031
 第三节　运动损伤的预防 ……………………………………………037
 第四节　心肺复苏 ……………………………………………………038

第五章　田径运动 ……………………………………………………………041
 第一节　田径运动概述 ………………………………………………041
 第二节　跑步与健身 …………………………………………………044
 第三节　跳跃与健身 …………………………………………………050
 第四节　投掷与健身 …………………………………………………054

第六章　篮球运动 ……………………………………………………………056
 第一节　篮球运动概述 ………………………………………………056

第二节　篮球运动的基本技术 …………………………………………058
　　第三节　篮球运动的基本战术 …………………………………………068

第七章　足球运动 …………………………………………………………072
　　第一节　足球运动概述 …………………………………………………072
　　第二节　足球运动的基本技术 …………………………………………073
　　第三节　足球运动的基本战术 …………………………………………078

第八章　排球运动 …………………………………………………………081
　　第一节　排球运动概述 …………………………………………………081
　　第二节　排球运动的基本技术 …………………………………………085
　　第三节　排球运动的基本战术 …………………………………………095

第九章　乒乓球运动 ………………………………………………………098
　　第一节　乒乓球运动概述 ………………………………………………098
　　第二节　乒乓球运动的基本技术与练习方法 …………………………101
　　第三节　乒乓球运动的基本战术 ………………………………………113

第十章　羽毛球运动 ………………………………………………………116
　　第一节　羽毛球运动概述 ………………………………………………116
　　第二节　羽毛球运动的基本技术与练习方法 …………………………118
　　第三节　羽毛球运动的基本战术 ………………………………………126

第十一章　网球运动 ………………………………………………………128
　　第一节　网球运动概述 …………………………………………………128
　　第二节　网球运动的基本技术及练习方法 ……………………………129
　　第三节　网球运动的基本战术 …………………………………………140

第十二章　武术运动 ………………………………………………………143
　　第一节　武术运动概述 …………………………………………………143
　　第二节　武术运动的基本功与基本动作 ………………………………147
　　第三节　武术的搏斗运动 ………………………………………………153

第十三章　体育舞蹈运动 …………………………………………………157
　　第一节　体育舞蹈运动概述 ……………………………………………157
　　第二节　竞技性体育舞蹈赏析 …………………………………………158
　　第三节　大众性体育舞蹈基本技术动作与练习方法 …………………160

第十四章　健美操运动 ……………………………………………………165
　　第一节　健美操运动概述 ………………………………………………165
　　第二节　健美操运动的基本动作 ………………………………………171

第十五章　瑜伽运动 ……………………………………………………………… 176
第一节　瑜伽概述 …………………………………………………………… 176
第二节　瑜伽的基本练习方法 ……………………………………………… 178

第十六章　形体运动 ……………………………………………………………… 186
第一节　形体运动概述 ……………………………………………………… 186
第二节　形体运动的基本技术动作与练习方法 …………………………… 187
第三节　中国学生现代艺术体操 …………………………………………… 201

第十七章　游泳运动 ……………………………………………………………… 202
第一节　游泳运动的意义 …………………………………………………… 202
第二节　游泳运动的分类 …………………………………………………… 203
第三节　游泳运动的基本技术与练习方法 ………………………………… 203

第十八章　户外体育运动 ………………………………………………………… 218
第一节　户外体育运动概述 ………………………………………………… 218
第二节　野营 ………………………………………………………………… 219
第三节　登山运动 …………………………………………………………… 224
第四节　攀岩运动 …………………………………………………………… 229

第十九章　赛艇运动 ……………………………………………………………… 237
第一节　赛艇运动概述 ……………………………………………………… 237
第二节　赛艇器械基础知识 ………………………………………………… 239
第三节　赛艇运动基础技术与基础教学 …………………………………… 243

参考文献 …………………………………………………………………………… 249

第一章 现代健康观

第一节 健康的概念和意义

一、健康的定义

"健康"一词最早于20世纪30年代由美国健康教育专家鲍尔和霍尔提出,当时它是指人们在身体、心理和精神方面都自觉良好、活力充沛的状态。

以往的世俗文化观念单纯地把"健康"理解为"无病、无残、无伤"。古希腊医生认为,健康是身体的完全平衡。健康专家认为,健康是一个有机体或有机体的部分处于安宁状态。它的特征是机体有正常的功能且没有疾病。

健康指人体各器官各系统发育良好、功能正常、体质健壮、精力充沛,并具有良好劳动效能的状态,通常用人体测量、体格检查和各种生理指标来衡量。

1948年,世界卫生组织将"健康"定义为"在身体、心理和社会适应各方面都完美的状态,而不仅是没有疾病和衰弱(a state of complete physical, mental and social well-being and not merely the absence of disease or infirmity)",并提出了健康的十条标准。这个定义和标准具有划时代的意义,它对健康内涵的理解更加深刻、具体且容易操作。

后来,世界卫生组织进一步提出,健康包括身体健康、心理健康、社会适应良好和道德健康。

目前,这是世界公认的全面、准确、实用、科学的健康概念。

▶▶▶▶ 健康的十条标准

(1)精力充沛,能从容不迫地应付日常生活和工作的压力而不感到过分紧张。
(2)处事乐观,态度积极,乐于承担责任,不挑剔事物的巨细。
(3)善于休息,睡眠良好。
(4)应变能力强,能适应环境的各种变化。
(5)能够抵挡一般性感冒和传染病。
(6)体重得当,身材均匀,站立时头、肩、臂位置协调。
(7)眼睛明亮,反应敏捷,眼睑不发炎。
(8)牙齿清洁,无空洞,无痛感;齿龈颜色正常,不出血。
(9)头发有光泽,无头屑。
(10)肌肉丰满,皮肤富有弹性,走路轻松有力。

二、健康的重要性

健康是人生幸福的源泉。健康是生命之基,健康不能代替一切,但是没有健康就没有一切。要创造人生辉煌、享受生活乐趣,就必须珍惜健康,学会健康生活,让健康成为幸福人生的源泉。

健康是个人幸福的前提。拥有健康身心的人,更容易保持乐观,而乐观正是培养积极生活态度所不可缺少的条件。一个生活丰富的人往往懂得健康之道,把维护健康看作是生命的崇高责任。一个不爱惜自己生命的人又怎么能体验幸福的滋味呢?只有充沛的生命力,才可以抵抗各种疾病,渡过各种难关,迎接一个又一个的挑战。

健康是事业成功的保障。健康是人们成就事业的本钱。身体健康与心理健康两者是相辅相成、互相影响的,且又关系着人际关系和谐与否,尤其是信心和勇气两种心理状态,直接关系到事业的成败。一个身体不健康的人,常常是思想消极、悲观、缺乏信心和勇气的,难以产生创造性的思维。人生不是一帆风顺的,具有健康的体魄才能经受得起各种挑战和挫折,成就一番事业。

健康是幸福生活的基石,而这里所说的健康包括身体的健康、心理的健康和良好的社会适应能力。

▶▶▶▶ **主要行为危害因素**

《中国居民营养与慢性病状况报告(2020)》指出:"吸烟、过量饮酒、身体活动不足和高盐、高脂等不健康饮食是慢性病发生、发展的主要行为危害因素。经济社会的快速发展和社会转型给人们带来的工作、生活压力,对健康造成的影响也不容忽视。"

三、健康的标准

(一)生理健康标准

1. 心肺功能好

心脏和肺脏是主要的内脏器官。心脏健康的状态是:心肌发达,心容量大且搏动有力,每跳动一次能排出80~100mL的血量。由于人体在一定的时间内,需要的血液量是一定的,因此,当每搏输出量增加时,心脏跳动的次数就会相应地减少。

一般来说,一定范围内心脏跳动次数的减慢是一种好现象,能使心脏在跳动后有较长的时间休息,不容易发生疲劳,可以为参加体力劳动储备能量。当参加激烈活动或负担重体力劳动时,健康的心脏能在较短的时间内使心跳次数增加到一定程度,及时将氧气和营养输送到身体多个部位而不致心跳过速,产生心慌头晕等不舒服的感觉。

肺脏健康的状态是:肺活量比一般人的大,肺内气体交换良好,胸廓发达,呼吸肌强壮,呼吸缓慢而深沉,每分钟呼吸10次左右就能满足身体对氧气的需要(而一般人则需要13~18次),这种高效省力的呼吸方法,能够防止呼吸器官过度疲劳和发生呼吸道疾病。当心肺功能增强时,肝、脾、胃和肠等内脏器官的血液循环旺盛,营养供应充足,也同样处于健康状态。

2. 生长发育好

健康的人,身体发育良好,表现为个子高大、身材匀称、肌肉丰满、四肢有力。当然身体发育受遗传、种族、地区和营养等许多因素的影响,不能简单地从某一方面去判断。

3. 身体素质好

人们劳动、运动以及日常生活的各种动作,都是由神经系统支配的不同形式的肌的运动。肌肉所表现出来的力量、速度、耐力、灵敏、柔韧等素质的差别,能够反映出神经系统和内脏的功能。

4. 对外界环境的适应能力和抗病能力强

健康的人,天热了不易中暑,天冷了不易感冒,血液和腺体中的抗体多,抵抗力强,在同样的环境中,更不容易得传染病。

(二)心理健康标准

心理健康是指一个人智力良好,性格健全,对各种精神刺激和社会压力有良好的承受能力和自我控制、调节能力,心理活动与外界环境保持一致,行为正常,情绪稳定,能较好地处理各种问题。

(1)著名的美国心理学家马斯洛(Maslow)和密特尔曼(Mittelman)等人提出了以下十条心理健康的标准:

①充分的安全感。

②能充分地了解自己,并对自己的能力做出适度的评价。

③生活的目标切合实际。

④不脱离现实环境。

⑤能保持人格的完整与和谐。

⑥善于从经验中学习。

⑦能保持良好的人际关系。

⑧适度的情绪表达与控制。

⑨在不违背集体利益的前提下,能有限度地发挥个性。

⑩在不违背社会规范的前提下,能恰当地满足个人的基本需求。

(2)中国体育学者王登峰等根据各方面的研究结果,进行归纳,提出了以下有关心理健康的指标:

①了解自我,悦纳自我。

②接受他人,善与人处。

③热爱生活,乐于工作和学习。

④能够面对现实,接受现实,适应现实,改造现实,而不是逃避现实。

⑤能协调与控制情绪,心境良好。

⑥人格和谐、完整。

⑦智力正常。

⑧心理行为符合年龄特征。

第二节 健康的生活方式

国家卫生健康委员会指出：全国每天几乎有1.3万人死于"慢性病"。国内大量增多的是心脑血管疾病、肥胖症、糖尿病和癌症等疾病，这些疾病的死亡率为60.3%，而这些疾病的发生往往与不良的生活方式和生活习惯有关。影响人的健康及寿命最根本的因素是人的生活方式以及生活行为。按照世界卫生组织的标准，人的健康由4个元素组成：父母遗传占15分，环境占17分，医疗技术占8分，个人生活方式占60分。由此可知，共有68分完全是可以人为控制的。现在的生活方式导致不少疾病日益流行，而且在向低龄化迈进。

一、生活方式的概念

生活方式的内涵与外延不仅是一个综合性概念，而且在不同的时代，生活方式所包含的内容有不断发生变化的基本规律和基本特征。生活方式的变化（包括生活内容、生活领域和生活节奏的改变等）会引起个人乃至社会的健康问题。生活方式是指人们在某种价值观念的指导下，进行各种生活活动的形式，包括人们的物质生活、精神生活、政治生活和社会生活。人们应该顺应时代的发展，形成适应现代生产力发展和社会进步要求的文明、健康、科学的生活方式。

二、生活方式与健康的关系

生活方式与人们健康的关系极为密切，目前已知与生活方式有明确因果关系的疾病被称为"生活方式病"，如吸烟、过量饮酒、缺乏运动、高盐饮食、精神紧张、食物过细过精、超量饮食、高脂高糖高胆固醇饮食、不健康的夜生活以及不良作息习惯等。这些不健康的生活方式与高血压病、肥胖、冠心病、糖尿病和癌症等疾病的发生有关。

三、养成良好的生活方式

（一）认识自己与征服自己

俗话说："知人难，知己更难。"一个人要正确地认识自己是不容易的，要征服自己那就更不容易了。认识自己与征服自己是人生面临的重大课题。世上有无数的人，为什么有人活得那么有价值呢？关键就在于他们能认识并改造自己。他们在纷繁复杂的生活中，能估量自身的价值，选择应处的位置，确定人生的追求，脚踏实地、执着进取、献身社会，而非盲目虚妄、随波逐流、浑浑噩噩。

（二）养成良好的行为习惯

人们的行为习惯对健康的影响是十分明显的。良好的行为习惯可以促进生理健康,有利于人们的体育参与;不良的行为习惯会降低健康水平,抑制人们的体育参与。曾有资料表明,美国每年有约200万人死于不健康的生活方式,主要表现在酗酒、吸烟、吸毒、生活不规律、营养失衡、体育运动不足等不良行为习惯上。某些由行为习惯形成的民俗也深刻地影响着居民的健康和体质状况。

许多饮食规则相互抵触,让人无所适从。"我该吃什么",这个问题并没有正确答案。体质、年龄、性别的差异,都会使人们对食物有不同的需求,有人认为素食有益健康,有人相信只有肉食才能提供足够的营养,然而这些说法都是片面的。

如果有人告诉你,所有的疾病都是营养不良造成的,或改变饮食习惯就可以治好各种疾病,你都不要相信。因为事实绝非如此,饮食只是影响健康状况的因素之一。可喜的是,这项因素是人们自己可以完全权控制的,不像空气、噪声、环境等其他影响健康的因素那样不易掌握。

民以食为天。同样是"吃",有的"吃"出了健康,有的却"吃"出了疾病,可见"吃"中大有学问。在现在的校园里,由于食物品种的丰富多样,可供大学生选择的食物品种越来越多,于是不健康的饮食现象比比皆是。

1. 吃零食和洋快餐过多

受西方饮食模式的影响、食品种类的增加和食品广告的宣传,学生吃零食和洋快餐增加。很多零食,如炸薯条、虾片、炸鸡腿、巧克力、冰激凌和奶油蛋糕等,大多是高脂、高糖、高盐、高味精食品,甚至含过多的添加剂,营养价值不高,学生过多地进食这类食物容易导致肥胖、龋齿,也会影响正餐的胃口。

2. 用含糖饮料代替白开水

要知道,大部分软饮料的pH为2.0~4.0,呈酸性。果汁饮料含有天然果糖、葡萄糖,这些成分会增加致龋齿的发生,并且过量饮用会导致糖摄入过多,引起肥胖。有的饮料含有咖啡因等成分,有利尿作用;有的含有合成香料、色素或防腐剂,会影响胃肠功能,加重肾脏负担。实际上,喝含糖饮料不如喝白开水,白开水不仅最解渴,而且进入人体后会立即发挥其调节体温、输送养分和消除废物等功能。

3. 挑食或偏食

据学校和家长反映,相当一部分学生不喜欢喝牛奶,不爱吃豆腐,不爱吃水果,蔬菜也吃得很少,对鱼、肉、蛋则挑着吃,这样容易造成营养不均衡。

4. 盲目节食减肥

有的大学生尤其是女生,往往为了苗条而盲目节食减肥。不吃早餐、只吃青菜不吃肉、一餐只吃小半碗饭者大有人在,结果引起了体内新陈代谢紊乱,抵抗力下降,出现低血糖、低血钾,有的甚至因节食导致"神经性厌食症"。专家认为,正确的减肥方法应是合理控制饮食,多参加体力活动,使能量的摄入和消耗达到平衡,才能保持适宜体重。

5. 随便购买无卫生保证的街头食品

调查资料表明,校门附近食品摊点和街头食品摊点整体卫生状况不合格率达70%;持有卫生许可证、健康证的从业人员不到一半,食品污染严重,餐具未经消毒,滥用食品添加剂和调料。这些都很容易引起食源性感染,危害学生健康。

改变饮食习惯，可以促进人体内的自疗机制。不过放弃熟悉的食物，改吃新的食物，往往得从心理建设着手。心理转变是带动生理的适应、接受新习惯的源泉，只要有追求健康的愿望，就能奉行新饮食习惯。

（三）合理选择运动项目

现代人类社会生活中的大量事实充分表明，体育已经成为很多社会成员生活方式中的一项重要内容，成为当代人类社会中一种普遍的文化现象，而且经济越发达的国家，人们参与体育运动的现象越普遍。体育心理学研究表明，不同的项目对心理所起的作用不同。

现实生活中，有些人缺乏正常人拥有的心理调节和适应能力，或是有明显的性格缺陷和情感缺陷，通过有针对性的适当运动，可以纠正不良性格缺陷，改善心理和精神状态。曾有专家列出六种性格类型的人应选择的运动项目，现列举如下：

1. 紧张型

有的人心理素质差，缺乏锻炼，应多参加竞争激烈的运动项目，如足球、篮球和排球等项目。这些项目的场上形势多变，紧张激烈，只有冷静沉着地应对，才能取得优势。若能经常在这种激烈的场合中接受考验，遇事就不会过于紧张，更不会惊慌失措，从而给工作和学习带来好处。

2. 胆怯型

有的人天性胆小，容易害羞脸红，性格腼腆，这些人应多参加游泳、滑冰、拳击、单双杠和跳马等项目。这些项目要求人们不断地克服胆怯心理，以勇敢、无畏的精神去战胜困难，越过障碍。胆怯型的人经过一段时间的锻炼，胆子会变大，为人处世也就显得更加从容、自然了。

3. 孤僻型

有的人性格内向、孤僻，不合群，不善于与人交往，缺乏竞争力。这些人应选择足球、篮球、排球及接力跑、拔河等团队运动项目，坚持参加这些集体项目的锻炼，能增强自身活力和与人合作的精神，逐渐改变性格。

4. 多疑型

有的人多疑，对他人缺乏信任，处理事情不果断。这些人可选择乒乓球、网球、羽毛球、跳高、跳远和击剑等项目。这些项目要求运动者头脑冷静、思维敏捷、判断准确、当机立断，长期从事这些活动将有助于人走出多疑的思维模式。

5. 虚荣型

有的人虚荣心强，遇事好逞强。这些人可选择一些难度较大或动作较复杂的运动项目，如跳水、马拉松跑等，也可找一些实力水平超过自己的对手下棋、打乒乓球或羽毛球等，以不断地提醒自己不能骄傲。

6. 急躁型

有的人处世不够冷静、沉着，易冲动急躁。这些人可选择象棋、太极拳、健身气功、长距离散步和游泳等项目。这类活动多属单独的运动，不会带来情绪的过于波动，有助于调节神经功能，增强自我控制能力。

此外，应根据自身的身体素质，选择相应的运动。从事科技、文化等专业的工作人员，用脑频率高，大脑经常处于紧张状态，易与神经衰弱、高血压病、消化不良、便秘等疾病结缘，故宜做那些能促进脑细胞生长、提高心肺功能的运动，如游泳、爬山、打太极拳等。以游泳为最佳，借助于水波的按摩作用而使身心放松，并能帮助大脑产生一种叫作神经肽的化学物质，既可以提高用脑效率，又有利于上述疾病的防治，促进身心健康。女性宜多做平衡操，以保持形体健美，做法是：贴墙站立，两脚并拢，挺胸直背，两眼平视，两手平伸，手掌紧贴墙壁，然后弯曲两肘，全身做一前一后的动作，每天8～10次。此外，还应配合加强腹肌、骶棘肌和防肥减胖的项目，如卷腹、抬腿扩胸、体操和跳绳等。女性在月经期等特殊生理时期不宜过多锻炼。瘦长型人的锻炼重点应是强壮肌肉，以加强肌肉力量为主，如引体向上、俯卧撑、器械操和举重等；肥胖型人宜选择温和轻松的有氧运动，并与力量练习结合起来，如步行、打羽毛球、骑健身车和举重等，不宜做长跑及球类运动，否则易造成关节和韧带损伤。

第三节　关爱生命，珍惜健康

一、健康与寿命

一个人正常的寿命是多少岁呢？世界卫生组织对人的年龄段是这样划分的：44岁及以下为青年人，45～59岁为中年人，60～74岁为年轻老年人，75～89岁为老年人，90岁以上为长寿老年人。

根据生物学原理，人的寿命是其生长期的5～7倍。人的生长期是20～25岁（也就是人的最后一颗牙齿长出来）。由此推算，人的寿命应该是120岁左右。

根据生物学规律，人的寿命是性成熟期的8～10倍，人的性成熟期是13～15岁。由此推断，人的寿命应是120岁左右。

根据细胞分裂理论，按照一些动物的细胞分裂次数和寿命来推断，人的细胞分裂为40～60次，平均分裂50代，每代周期为24年，按代数与周期计算，人的寿命也应该是120岁左右。

据世界卫生组织的一项全球性调查结果显示：整个人类的健康状况不容乐观。现在健康的人只占了5%，而患有各种疾病的人达到了20%，75%的人处于亚健康状态。是什么原因造成目前这种健康状况的呢？这主要是由于人们对医学普遍存在着认识和习惯上的误区以及对健康认识上的不良习惯。

（一）医学上的认识误区

医学分为预防医学、保健医学、营养医学和临床医学四门学科，而绝大多数人却把临床医学当成医学的唯一。

(二)对健康认识上的不良习惯

(1)大多数人死于无知,而非死于疾病,也就是没有预防和保健意识,饮食营养不科学。

(2)大多数人前半生用命换钱,后半生用钱买命。有人觉得只要有了钱,一切都不是问题。

(3)大多数人是病死,而非(自然)老死。例如,有些人认为老年人年龄大了得了病,觉得治不治没有多大意义,于是就放弃了治疗。

(4)过于依赖药物和医生的治疗。

二、健康与生活质量

生活质量还可以被称为生存质量或生命质量。生活质量有别于生活水平的概念,生活水平是为满足物质、文化生活需要而消费的产品和劳务的多与少;而生活质量则是生活得"好不好"。生活质量须以生活水平为基础,但其内涵具有更大的复杂性和广泛性,它更侧重于对人的精神文化等高级需求的满足程度和环境状况的评价。

一个城市的居民生活质量主要包含以下要素:政治和社会环境、经济环境、社会文化环境、健康和卫生、学校和教育、公共服务和运输、娱乐、消费品、房屋、自然环境。

其中,健康是影响生活质量的重要因素,它属于个人和社会。健康是生命的源泉、事业发展的本钱、家庭幸福的基础、民族兴旺的标志、国家昌盛的保障。健康是提高生活质量的前提,有了健康的身体,才会拥有一切。

维护健康有三道防线

第一道防线是预防。①饮食要科学营养;②适当运动,打打球,做做健身操;③休息充分,要保持6~8个小时的睡眠;④心理平衡,正确对待一切人和事物;⑤环境优良,要有环保意识;⑥养成良好的个人习惯,戒烟戒酒。

第二道防线是保健。保健是调节亚健康最有效的方法之一。现代临床及营养学领域普遍认为,有效保健需要从清、调和补三个环节进行。清是清除体内毒素,调是调节人体机能,补是补充均衡营养。

第三道防线是治疗。治疗的方式包括药物治疗和手术治疗等。

第二章 大学体育观

第一节 大学体育概述

一、体育的起源

体育起源于人类的劳动。恩格斯在《劳动在从猿到人转变过程中的作用》一书中说:"劳动创造了人本身。"翻开人类进化的历史篇章可见,人类正是通过劳动,不断改善、创造和生产了工具,并完善了人本身的生理机能,完成了从猿到人这一漫长的转变。从这一意义上来说,劳动创造了人,创造了人类社会的一切,当然也包括体育在内。

进入文明时代后,人类逐渐积累了大量的有关人的身体活动与人的身心变化之间相关联的经验和知识,并且开始主动把人参与某一种身体活动和自己身体可能发生的某些变化联系起来去认知,自觉地把这些在实践中获得的经验用于改善人的身体状况。

随着体育社会实践的迅速发展和体育对人们社会生活的影响急剧扩张,人们开始认识到体育的文化特性,越来越多的人在对体育的研究中开始把"体育"当作社会的一种文化活动来看待,不仅强调体育对人的全面发展的基础作用,同时也从人的社会存在和社会生活方面来阐述体育的社会价值,给体育赋予了新的社会意义。

二、体育的概念

"体育"一词最早出现于1760年的法国报刊,当时法国人在论述儿童身体教育问题的论文中首先启用"éducation physique"一词。目前,国际上普遍采用"physical education",该词泛指体育。它的本意是指以身体活动为手段的教育,直译为"身体的教育"。"sport"一词一般认为源于拉丁语"disport",它的本意是指离开工作去游戏、玩耍和进行娱乐活动等,后来逐渐形成了国际通用且具有全新含义的固定概念:竞技运动(竞技体育)。

我国古代的体育活动过程,用"导引""武术""养生"等名词来标记。19世纪,欧洲正式提出"体育"(physical education)一词,其含义是指同维持和发展身体的各种活动有关联的一种教育活动。19世纪,"体育"一词从日本传入我国,其含义是指身体的教育,并将此作为教育的一部分。该词的出现表明人们已经将它视为一种与维持和发展身体的各种活动有关联的教育过程,与国际上理解的体育(physical education)一致。

随着社会的进步和体育事业的发展，人们对体育的目的和内容的认识都大大超出了原来体育的范畴，体育的概念也随之出现广义和狭义之分的解释。广义概念的体育是指体育运动，是以身体练习为基本手段，以增强人的体质、丰富社会文化生活和促进精神文明为目的的一种有意识、有组织的社会活动。由于体育是各种社会、文化的一部分，所以其发展在一定程度上会受到社会的政治和经济的制约，并为社会的政治和经济服务。

狭义概念的体育是指身体教育，是发展身体，增强体质，传授锻炼身体的知识、技能，培养道德和意志品质的教育过程；是对人体进行培育和塑造的过程；是教育的重要组成部分；是培养人的全面发展的重要方面。

体育是人类以身体练习为基本手段，以增强体质、提高竞技水平和丰富社会生活为目的的一种独特的社会文化现象。

三、大学体育

(一) 大学体育的地位

体育是全面发展教育的重要组成部分，是高等教育的基本内容之一。它与德育、智育、美育紧密结合，肩负着为社会培养全面发展高层次人才的使命。大学体育是实现社会体育、终身体育的基础。

大学体育不但要使学生身体能够得到锻炼，身体素质得到发展，运动能力得到提高，而且要通过体育教育，培养学生活跃的思维，敢于创新的开拓进取精神，并使其终身得以受益。

1. 大学体育是高等教育的重要组成部分

体育课程是大学教育中日常开展的课程之一，属于高校教育体系中不可替代的学科，对高校其他课程的开展也具有重要意义，是每个学生都要学习的课程。高校教育应是培养学生全面发展综合素质的教育过程，要发展并深化到所有日常教育中，这其中就包括了体育教育，且高校教育要面向全体师生，加深对学生身体素质的教育，强健学生体魄。无论从高校教育的对象还是内容来看，大学体育都是高校全面教育的重要内容之一。

2. 大学体育是高校教育开展的基础

法国科学家居里夫人曾提出："科学的基础是健康的身体。"这是对于健康人生的一个简单描绘。这句话可以理解为健康的身体是发展科学文化的基础。在高校教育的开展中，体育教育不仅是学生身心发展的基础，而且是学习与劳动的基础。如果学校失去了体育教育，则很难保证学生在身心、学习、生活等方面的健康发展，那么促进学生综合素质的提高将成为空中楼阁。所以说，大学体育是高校教育开展的基础。

3. 大学体育为高校教育发展提供动力

大学体育能够在很大程度上推动高校教育健康发展，表现在大学体育不仅能够锻炼学生身体，而且能够以此为基础来实现学生在学业、身心等方面的健康发展，所以，大学体育能为高校教育发展提供动力。

（二）大学体育的目标

大学体育的目标主要是通过大学体育实现其所期望获得的结果，即增强学生体质，强健体魄，提高学生运动能力，培养良好的思想品德和意志品质，促使其成为德智体美劳全面发展的人才。大学体育目标由条件目标、过程目标和效果目标组成，一般以效果目标为衡量目标完成的最终标准。这里所阐述的大学体育总目标，主要是指效果目标。

大学体育目标的确立，必须从实际出发，根据大学的不同层次、性质及类别来进行，要反映现代大学体育发展的趋势，并吸收国内外大学先进的体育理论与实践经验建立具有特色的大学体育目标体系。

1. 大学体育的总体目标

培养大学生的体育意识，提高学生的体育运动能力，促进大学生身心全面发展，使之成为社会主义现代化建设所需要的身心健康、高标准、高要求的合格人才。

2. 大学体育的具体效果目标

（1）通过开展大学阳光体育，使大学生掌握体育锻炼的基本方法、基础知识和基本技能，不断增强大学生的体育锻炼意识，使他们养成良好的体育锻炼习惯，为终身坚持体育锻炼打下坚实的基础。

（2）有效地增强大学生体质，促进大学生身心健康发展，并达到《国家学生体质健康标准》的要求，使学生能够身心愉悦地学习与生活，更好地完成学习任务。

（3）通过体育活动对学生进行道德品质与意志品质教育，加强主体性教育、体育审美教育，促进大学生个性发展。

（4）组建高水平运动队或俱乐部，对运动能力出众的大学生进行课余训练，鼓励学生积极参加省级、国家级，甚至国际体育赛事，进而提高大学生的运动技能，满足学生对体育竞技的需求，带动并感染大学生积极地参与到体育活动中来，这对于推动大学体育氛围有着重要的作用。

（三）大学体育的功能

千百年来，体育之所以可以不断发展，越来越受到国内外大学师生的重视和喜爱，正是大学师生对体育功能正确认识和有效利用的结果。随着国民对体育功能认识的进一步深入和提高，体育的功能将会越来越多地被发现和发挥，并更好地为社会主义培养合格大学生服务。

体育的功能有以下六个方面：

（1）教育功能。大学体育通过体育课、课余体育活动和课外体育活动等各种形式，对大学生进行思想、道德、意志品质的教育，使他们获得基本体育理论知识，掌握必要的体育技能，学会科学锻炼的方法，养成经常参加体育锻炼的习惯，以达到促进个体生长发育、增进健康、增强体质和提高基本运动能力的目的。

（2）健身功能。健身功能是大学体育功能中最本质的功能，健身最能反映学校体育的本质特点和功能属性。大学体育是以身体练习为主要内容来进行教学、锻炼的。它要求人体直接参与活动，并承受一定的生理负荷，这也是大学体育最本质的特点。

（3）娱乐功能。大学生以各种娱乐方式来度过闲暇生活的愿望日益强烈，为使大学生在校的学习、课余生活过得充实有意义，让其身心在愉悦中得到放松，就需要学校为学生提供一种更健康的娱乐方式，而这种娱乐方式就是体育运动。

（4）竞争功能。竞技体育，最大的特点就是竞争激烈、竞赛残酷。大学生通过参加各类体育比赛，增强了集体荣誉感、责任感，并养成了不怕苦、不怕累、不服输的意志品质，这对于他们未来参加工作、走入社会都有莫大的帮助。

（5）经济功能。现代体育已经成为人们生活内容的一部分，成为人们强身健体、丰富生活的一种方式。各种竞赛活动日益频繁使得体育在人们的消费结构中所占比例越来越大，如高校承办各类大型体育赛事、租赁体育场馆等。

（6）政治功能。体育作为上层建筑的一部分，与政治紧密相连。大学体育的政治功能主要表现为民族精神，为祖国争取荣誉，加强各民族间团结，如代表中国参加世界大学生体育比赛等。

第二节　高校体育工作对大学生的基本要求

高校体育工作对当代大学生的基本要求是树立正确的体育意识，提高自身的锻炼能力，培养体育兴趣和习惯，塑造强健的体魄，为自身的全面发展打下良好的身体基础。

一、树立正确的体育意识

体育意识是一种复杂的社会现象，可以表述为人们对体育及其重要性的认识，以及由此产生的思想观念、心理活动的总和。大学生的体育意识是指大学生对体育的认识和理解，主要包括理解体育运动的意义和作用，具有参与体育活动的欲望和要求等。

体育锻炼意识是引导学生正确认识体育锻炼、指导学生参与体育活动的理论和思想基础。普通大学生体育意识的形成和发展，受生理、心理、生活、环境、学习、文化素质以及社会诸因素的影响。大学生体育意识的形成与变化，将作用于自己的思想，影响自己的体质与健康，同时与学习、生活互相影响。在现代社会生活中，体育与商品经济和社会化大生产之间存在着极为密切的关系，体育中的竞争意识、参与意识、合作意识、奋斗意识、拼搏意识、创新意识、自强意识、交往意识以及健美意识等都是与商品经济的各种需求息息相关的，从这点应更加深刻地体会到体育意识与合格人才健康成长的内在联系。从这个意义上讲，增强体育意识已远远超过了增强体质、增进健康的范畴了。

二、提高运动能力

能力通常是指人在从事某种活动中所表现出来的本领。人们最为重视的智力其实也是一种能力，即人们认识客观事物和运用知识经验解决实际问题的能力。人们很少知道，人的任何一种能力都是在以下三个因素的相互作用下产生、发展和变化的：一是生理素质基础;二是教育培养的作用;三是个人努力和实践的成就。从这个视角来看,人的任何一种能力都受其德、智、体实际状况的制约和影响。

(一)人的基本活动能力

走、跑、跳跃、投掷、悬垂、支撑、爬越和涉水等人的基本活动能力,既是人的相应个性心理特征的反映,又是人的随意运动技巧的具体表现。它们直接影响着人活动程度的相应效率与顺利完成的程度。

(二)提高人的基本活动能力的有效途径

在漫长的人类历史进程中,人们对体育与运动是形成和发展人的基本活动能力的良好手段早已有了深刻的认识,并在不断深化。要提高人的基本活动能力,应从以下几方面着手:①认识能力;②体育运动能力;③制订锻炼计划及组织锻炼能力;④自我检查和自我评价能力。从这个意义上审视,体育成为人的全面发展教育的不可分割部分的本质意义才能得以充分体现。

(三)优化智能结构

厚基础、宽专业、个性鲜明、社会择业适应力强和富于创造能力的德智体全面发展的新世纪合格人才应有最优化智能结构。智能一般可理解为一个人智力和能力的总称,包括身体力、知识力、认识力、实践力和创造力五种基本要素,是相互联系、相互影响和相互制约的动态综合系统。

三、培养体育兴趣和习惯

(一)兴趣是人们积极探究某一事物的认识倾向

对体育的兴趣,首先是在人们对体育需要的基础上产生和发展的,因为需要的对象是兴趣的对象。同时,必须明白,在较低级的需要基础上产生的兴趣是暂时的,只有建立在文化和精神需要的基础上的兴趣才是持久的,在需要得到满足后才会产生更加浓厚的兴趣。

(二)爱好是从事某种活动的倾向

当对体育的兴趣有进一步发展成为从事体育活动的倾向时,就意味着兴趣发展成了对体育运动的爱好,爱好总是和兴趣紧密联系在一起的。

(三)正确对待体育的兴趣和爱好

首先,从教育的角度出发对待兴趣,学生有兴趣的要发扬,学生无兴趣但有价值的,则必须加以引导。其次,培养学生参加体育锻炼的兴趣、爱好和习惯,不仅是一般的体育教育过程,而且更是一个培养、教育的过程。

四、努力塑造强健的体魄

增强体质,增进健康,努力塑造强健的体魄,这应视为人们接受体育教育的直接目的或首要任务。它既受高校体育本质功能的制约,又充分反映了现代社会对提高人类身体素质的现实需要,自然也是21世纪对合格人才的基本要求。

体育教育家马约翰

著名的体育教育家马约翰教授，因为体育而成为清华大学的标志性人物。他说："体育可以带给人勇气、坚持、自信心、进取心和决心，培养人的社会品质：公正、忠实、自由。"

清华大学当时每年要送100名学生到美国深造，而送出去的学生不能过于瘦弱，因此学校很重视体育。著名科学家钱伟长，1931年考进清华大学时，身高只有1.49m，体重也不够50kg。在马约翰教授的教育下，钱伟长充分发挥其顽强拼搏的精神，从没有停过一天的体育运动，成为当时全校闻名的中长跑运动员，在校期间打下了良好的健康底子。晚年的钱伟长常笑着对后辈说："别看我现在又驼又瘸，当年可是马约翰先生的好学生，有名的足球健将，在全校运动会上得过跳高第一名，单双杠和爬绳的技巧也是呱呱叫的……我非常感谢马约翰。"

1958年，76岁的马约翰和土建系的一位中年教授合作，轻松地夺得北京市网球双打冠军，首创了76岁老人达到一级运动员标准的纪录。马约翰教授树立了坚持体育锻炼的典范，毛泽东主席曾经称赞他是"新中国最健康的人"。

第三节 实现大学体育的基本途径

一、体育课

体育课作为高校体育最主要的组织形式是高等学校教学计划所规定的必修课程之一。由于体育课是按照教育计划和体育教学大纲而组织的专门的教育过程，因而它是实现高校体育目标的基本途径。

《学校体育工作条例》规定，学校体育工作是指体育课堂教学、课外体育活动、课外运动训练和体育竞赛，是实现我国学校体育目标的基本途径。通常也称为体育课和课外体育活动两大方面组织形式。

体育课。体育课是学校体育的基本组织形式，它是根据教育部制定的教学计划所开设的必修课，是对学生进行系统的体育教育过程。

根据《全国普通高等学校体育课程教学指导纲要》的要求，必须为一、二年级本科学生开设不少于144学时（专科生不少于108学时）的体育必修课，每周安排体育课不少于2学时，每学时不少于45分钟；为其他年级学生和研究生开设体育选修课，必须开设不少于15门的体育项目。

根据教育的总目标和体育学科及现代课论的自身规律，有针对性地开设以下几种类型的体育课：

（一）必修基础课

必修基础课使学生形成正确的体育意识和现代健康观念，真正地懂得健康是目的，体育是过程，运动和身体练习是良好的手段；掌握体育和健康的基本知识、技术和技能；全面提高学生身体素质，改善身体形态机能，增进身心健康。既要重视和中学体育与健康课程相衔接，又应注意为下一阶段学习奠定坚实的基础。本课程宜在一年级开设。

（二）必修选项课

必修选项课是在一年级基础课教学的基础上根据学生个人的喜好、特长和身心发展水平，以某一类（组）运动和身体练习项目为主要内容组织系统教学，通过学习和掌握该项目的相应知识、技术和技能，提高参与体育活动的兴趣，培养终身坚持体育锻炼的习惯和健康生活的行为方式，进一步增强体质、增进健康，并获得体质与健康的自我评价能力。本课程宜在二年级开设。

（三）选修课

选修课是在一、二年级必修课程的基础上，根据实际情况（体育运动设施、气候、地域、师资队伍、传统爱好和习惯、学生身心发展水平等）开设的若干门以某一类（组）或某几类（组）身体练习项目为主要内容的课程。选修课能进一步培养学生自觉参加体育活动、提高健康行为方式的意识和能力，为终身坚持体育锻炼打下坚实的基础，并在此过程中增强体质，增进身心健康。

（四）训练课程

训练课程是对部分身体素质较好并有一定运动专长的学生开设的一种专门的课程，是贯彻、执行普及体育课与提高体育运动素质相结合的重要措施，此举肩负着提高运动技术水平、创造优异成绩、参与校际和国际交往、为校为国争光的使命。

（五）保健课

保健课是为个别身体异常和少数病、弱学生（高年级）开设的必修课或选修课。根据实际选择有针对性的内容组织教学，其目的在于：增进体力，帮助恢复健康，调节生理功能，矫正某些身体缺陷，促使其形成正确的体育与健康意识，提高体育活动能力，注重康复、保健，增强体质，增进身心健康。

二、课余体育活动

高等学校的课余体育活动是体育课程的延续和补充，是高校体育教育过程中不可分割的环节，它为实现高校体育的目的和任务提供了又一重要途径。课外体育教学是学校体育的基本形式，其目的在于增强学生体质、培养学生自觉锻炼身体的习惯，同时可以陶冶学生情操、丰富学生文化活动、发展学生个性，对完成本课程教学任务具有潜移默化的作用。《高等学校体育工作基本标准》规定，学校每周应至少组织学生参加三次课外体育锻炼，切实保证学生每天一小时体育活动。

（一）清晨运动

早操应视为每天从事有效脑力劳动的热身活动，它可以兴奋神经、加强条件反射、提高生理机能，促使机体以良好的状态开始一天的学习生活。早操以多样化的内容与形式满足大学生的个体需要，如轻音乐相伴的健身跑、新推广的集体广播操、太极拳、健美操以及各种身体素质的锻炼等。组织形式可以是定点辅导、分班召集或与个人活动相结合。早操有统一要求，也有相对的自由度，实效性很好。许多高校把加强早操与校风、学风建设紧密联系起来，是有远见卓识之举，理当效法。

(二)课间运动

课间操是积极性的休息。文化课程下课后,在教室周围进行3~5分钟的轻微运动,可有效地转移大脑的优势兴奋中枢,可为下一堂课注入更充沛的精力。

(三)课后运动

课后运动是大学生们结束一天课程之后有目的、有计划和有组织地进行身体练习的具体实践。课后运动有如下形式:以教学班为单位的课外辅导;以达到《国家学生体质健康标准》为中心的素质测验;以学生单项运动协会和学生体育社团为中心的小型多样的体育锻炼和运动竞赛;安置现代健美机械的健身房运动等。

(四)全校性的运动会和体育节

《高等学校体育工作基本标准》规定学校每年要组织春秋季运动会(或体育文化节),设置学生喜闻乐见、易于参与的竞技性、健身性和民族性的体育项目。以运动会为舞台,给全校师生公平竞争的机会。在拼搏中找寻个人的成功,在竞争中增强集体的凝聚力。每一次校运会的成功举办,都会给学校体育带来新的活力。

(五)课余运动训练

大学课余运动训练是利用课余时间,对部分身体素质较好并有某项运动专长的学生进行系统训练的一种专门教育过程。它是高校体育的一种主要组织形式,也是认真贯彻、执行、普及体育课与提高体育运动素质的重要措施。课余运动一方面肩负着提高运动技术水平、创造优异成绩、参与校际和国际交往、为校为国争光的光荣使命;另一方面,又承担着指导普及、促进高校体育运动蓬勃开展的艰巨任务。大学课余运动训练有着目标的双重性、对象的广泛性、时间的课余性、运动项目的专门性与训练手段的多样性等优点,并且拥有高科技、多学科和大学生的体能和智能优势,更新观念,增添措施,遵循规律,敢于创新,有中国特色的大学课余运动训练之路是十分广阔的。

(六)野外活动

野外就是指山、河、湖、海、草原、天空等自然环境,野外活动就是在这种自然环境中开展的各种活动的总称。野外活动的内容主要可以分为陆域活动、水域活动和空域活动。国内外的实践和研究表明,野外活动是一项具有陶冶情操、强身健体和消除疲劳等效能,深受青少年和广大人民群众喜爱,并不能被其他运动替代的有益活动。其活动特点决定了它对青少年的教育意义,因而已成为发达国家学校教育的内容和终身体育不可缺少的部分。

第三章 体育锻炼的科学方法

第一节 体育锻炼的功能

一、体育锻炼的健身功能

体育以身体运动为基本表现形式,通过体育锻炼给予各器官、系统以一定强度和量的刺激,使身体在形态结构、生理机能等方面发生一系列适应性反应,由此达到强身健体的目的。体育锻炼的健身功能如下:

(一)养成正确身体姿态,促进身体生长发育

实践证明,体育锻炼对人的身体姿态和人的生长发育具有重要作用。参加体育活动可以促进人体各器官系统的生长发育,尤其是对青少年的生长发育有着重要的作用。

(二)提高身体的机能水平

体育锻炼对提高身体机能起着重要的作用。参加体育活动使人的能量代谢产物增加,新陈代谢旺盛,从而使机体的各个器官、系统的功能水平得到改善和提高,如神经系统、呼吸系统、消化系统、血液循环系统等。

(三)提高基本活动能力和身体素质

人的基本活动能力包括走、跑、跳、投、攀登、爬越等,而体育活动能够有效地提高人的基本活动能力。同时,体育活动对发展人的五大身体素质,即速度、力量、耐力、灵敏和柔韧也有着重要的促进作用。

(四)增强对外界环境的适应能力

外界环境既包括自然环境,也包括社会环境。自然环境对人的生命和健康有很大影响,人体必须随时调节自身器官和系统的功能来适应自然环境,使人体的内外环境保持相对的平衡。经常参加体育锻炼可以提高人对自然环境的适应能力,并且增强对疾病的抵抗能力。

二、体育锻炼的教育功能

体育对人的教育有着不可缺少的作用,体育是教育的重要组成部分,主要表现在以下几个方面:

(一)促进智力发展

体育活动可以促进人的智力发展和神经系统的发育。人在体育运动时，视觉、听觉、触觉、平衡觉、本体感觉等多种感觉器官参与，从而刺激了大脑细胞并提高了大脑的供氧量，有利于促进大脑的思维活动，使人头脑清醒、思维敏捷，对培养和训练记忆能力、诱导想象力和提高创造力具有重要作用。

(二)形成良好的社会风气，培养人的优良品德

体育活动对人的心理发展有着重要作用。体育活动中的公平、公正、规则意识和尊重、合作、民主、竞争等观念对营造良好的社会风气起着重要作用，对培养遵纪守法、遵守社会规范的合格公民起到促进作用。人们在参与体育活动中深深地体验到了运动的乐趣，通过各种体育比赛更好地培养人们顽强拼搏的精神，激发人们的爱国热情；在探险性运动中战胜自我，超越自我等。同时，体育活动对培养勇敢、顽强、抗挫折和克服困难的能力以及爱国主义和集体主义精神、社会责任感和荣誉感等，都有着不可替代的作用。

(三)培养高尚的审美情趣和体育精神

体育锻炼可以使人的体魄健美、身材匀称、姿态优雅、动作矫健，运动中的形体美、动作美、节奏美、服饰美以及行为举止美都会给人以强烈的美感体验，使其得到美的享受，因此，体育可以培养人鉴赏美、表现美和创造美的能力，这是其他学科无法替代的审美情趣的培养作用。

体育精神为现代人所追求。体育精神是通过体育运动而形成并集中体现人类的力量、智慧与进取心等积极意识的总和。它不仅包括人类挑战自然、征服自然的精神，也包括人类向自身挑战的精神。体育运动尤其是竞技体育以最直接、最不加掩饰的竞争方式呼唤人的本质力量。在体育运动中，运动员追求的更快、更高、更强等自强不息的精神，以及战胜自我、超越自我的精神，无不影响和感染着人们。在体育运动中，人们感受到了个性的张扬和集体的配合，相互支持、相互协作。体育精神的魅力对现代人产生了强大的感染力和征服力，不断地影响和指导人类的生活方式和生存态度。在现代这个处处充满竞争和协作的社会，体育精神更为人们所欣赏和追求，这对于人们形成良好的生活方式有积极的作用。

三、体育锻炼的娱乐功能

(一)体育运动成为现代人休闲方式的核心

在现代社会中，人们已经有了丰富的物质基础和充裕的闲暇，追求丰富人类本身的精神、文化、娱乐的休闲生活方式便成为现代人生活的一个重要内容。同时，高雅、文明、健康的休闲方式受到人们的欢迎，人们需要通过这些方式从紧张的工作节奏和巨大的压力下解脱出来。体育运动，尤其是轻体育的产生让人们把它作为休闲方式的核心。参与体育活动已成为人们休闲娱乐的生活时尚。体育生活方式是生活方式的一个具体内容。随着现代体育的发展，尤其是在奥运会的影响下，人们对体育运动的喜爱程度逐渐提高，也愿意投入更多的时间、精力和金钱亲身参与体育运动，并且人们在各种世界

大赛期间通过电视、网络或现场观看体育比赛来消遣娱乐。同时，人们对运动服饰的消费也逐渐增多，认为它是健康青春、活力的象征。在现代社会中，人们已经把体育作为提高生活质量的重要休闲娱乐方式之一。

(二)体育是属于高层次的休闲娱乐方式

网球、高尔夫球、羽毛球、台球、体育舞蹈等运动项目是国内外体育运动的热门项目，成为人们休闲娱乐的重要内容。人们在体育运动中自由地宣泄、感受和体验发自内心的愉悦和畅快，这对人体的健康起着促进作用。与其他任何一类社会文化娱乐休闲方式相比，体育运动具有最广泛的社会适应性。适宜的身体运动不仅有利于身体健康，也有益于心理健康。

▶▶▶▶▶ 跑步者的愉悦

跑步者的愉悦感是指当运动量超过某一阶段时，体内便会分泌内啡肽，内啡肽能使人产生愉悦感。长时间、连续性的中量至重量级的运动、深呼吸也是分泌内啡肽的条件。长时间运动会把肌肉内的糖原用尽，只剩下氧气，内啡肽便会分泌。这些运动包括跑步、游泳、越野滑雪、长距离划船、骑单车、举重、有氧运动舞或球类运动(如篮球、足球或美式足球)。

(三)体育可以丰富人们的精神生活

人们可以通过参加体育活动调节感情，丰富业余文化生活，缓解压力，消除脑力劳动的疲劳；另外，通过对体育比赛和表演的欣赏，使人得到心理上的满足和精神上的享受，还可以扩大社会交往并获得自我展现的机会。体育还会影响人们的体育态度甚至人生态度，在人的社会化过程中，体育能促进个体从生物人向社会人转化。

四、体育锻炼对文化传承和经济发展的促进功能

体育是文化的重要组成部分，可以丰富社会文化的内容。在体育文化的传播中，体育基本知识、基本技术和科学锻炼身体方法的不断丰富与发展，使体育文化的内容得以一代代地传递和延续，如奥林匹克文化的传播及与各国文化的融合等。同时，体育产业及体育服务业对社会经济有着重要影响，体育产业可以促进国民经济的增长，为社会提供更多的工作岗位。

第二节 体育锻炼的原则与方法

一、体育锻炼的原则

在体育锻炼的过程中，一定要讲求科学性，要遵循以下几个基本原则：

(一)适宜负荷原则

适宜负荷原则是指在身体锻炼中，运动负荷的安排要合理适度，使之既能满足增强体质的需要，又符合身体的实际承受能力。运动负荷掌握的准确程度，决定身体锻炼的效果。负荷过小，身体机能处于常态工作范围，不能引起机体的效能反应，锻炼不能起到强壮身体的作用；运动负荷过大，组织器官的活动超过允许极限，身体则可能受到破坏，锻炼只能产生事与愿违的后果。只有适量运动，使身体负荷处于有效价值之间，锻炼才能产生积极效用，体质才会逐步增强。

（二）循序渐进原则

循序渐进原则是指身体锻炼、身体娱乐的内容方法、技术难度和运动负荷等，应按由小到大、由浅入深的合理顺序安排；学习身体锻炼的知识必须遵循由易到难的认知规律；提高锻炼技术必须遵照泛化、分化到自动化的动作技能形成规律；增强身体的机能和素质需要经过刺激、适应、再刺激、再适应的连续过程。因此，循序渐进、逐步提高是体育锻炼必须遵循的原则。

（三）差异性原则

差异性原则是指体育锻炼要结合锻炼者的年龄、性别、体质状况、锻炼目的以及不同地区、不同气候特点、不同时期的特点来安排，做到因地、因人、因时制宜，以保证课余体育锻炼能科学合理地进行。锻炼的客观条件也是千差万别的，不同地区的自然条件差异很大，同一地区也存在着体育物资设备条件的差异。个体在不同年龄、性别、健康状况以及生理、心理和锻炼需求等方面都存在差异。因此，强调锻炼的针对性和从实际出发是必要的。

（四）全面发展原则

全面发展原则是指体育锻炼必须追求身心全面和谐发展，使身体形态、机能、身体素质及心理素质等方面得到全面协调的发展。人体是由各局部构成的一个整体，各局部均按"用进废退"的规律发展，体育锻炼能促进新陈代谢的普遍旺盛，使身体各系统、组织、器官和谐发展。在体育锻炼时，要注意活动内容的多样性和身体机能的全面提高。身心的全面发展，要从适应环境、抵御疾病能力、改善机体形态、提高机体功能、陶冶心情、丰富文化生活等方面进行。体育锻炼的内容、方法要尽可能考虑身体的全面发展，一般以一些功效大、兴趣较浓的运动项目为主，以其他项目为辅进行全面锻炼。注意全身的活动，不要限于局部。在全面锻炼的基础上，有目的、有意识地加强专业实用性的体育锻炼。

（五）经常性原则

经常性原则是指体育锻炼必须经常性进行，使之成为日常生活中的重要内容。经常参加体育活动，锻炼的效果才明显、持久，所以体育锻炼要经常化，不能三天打鱼、两天晒网。虽然短时间的锻炼也能对身体机能产生一定的影响，但一旦停止体育锻炼后这种良好的影响作用会很快消失。体育锻炼对机体给予刺激，每次刺激都会产生一定的作用痕迹，连续不断的刺激作用则会产生痕迹的积累。这种积累使机体结构和机能产生新的适应，体质就会不断增强，动作技能形成的条件反射也会不断得到强化。因此，体育锻炼贵在坚持，不能设想在短时间内取得显著效果，必须要有长久的积累。

（六）自觉积极性原则

自觉积极性原则指体育锻炼者有明确的健身目标,充分认识体育锻炼的价值,自觉积极地从事体育锻炼活动。体育锻炼是一个自我锻炼、自我完善,并需要克服自身的惰性,战胜各种困难的过程。同时,还要有一定的作息制度做保证,把体育锻炼当作生活中不可缺少的一部分,才能奏效。

二、体育锻炼的方法

（一）重复锻炼法

在运动锻炼的过程中,多次重复同一练习,两次(组)练习间安排相对充分的休息,从而增加负荷的锻炼方法叫作重复锻炼法。此方法的关键是一次练习后,间歇时间应当充分,这样可以有效提高锻炼者的无氧、有氧混合代谢能力,提高各种技术应用的熟练性与机体的耐久性。重复次数的不同,对身体的作用就不同,重复次数越多,身体对运动反应的负荷量就越大。如果重复次数不断持续增加,则可能使身体承受的负荷超过极点,乃至破坏身体的正常状态而造成损害。运用重复锻炼法的关键是掌握好负荷的有效价值(最有锻炼价值负荷量下的心率),并据此调节重复的次数。通常认为,普通大学生的负荷心率在130～170次/分的范围内较为适宜。

（二）间歇锻炼法

在运动锻炼的过程中,对多次锻炼的间歇时间做出严格规定,使机体处于不完全恢复状态下,反复进行锻炼的方法叫作间歇锻炼法。该方法的关键是严格控制间歇时间,使机体处于不完全恢复状态,要求每次练习的负荷时间较长、负荷强度适中。

此方法可使锻炼者的心脏功能明显增强。通过调节负荷强度,可使机体各机能产生与锻炼项目相匹配的适应性变化,提高有氧代谢供能能力,增强体质。同重复锻炼方法一样,间歇的时间也要依据负荷的有效价值去调节。一般说来,当负荷反应(心率)指标低于有效价值标准时,应缩短间歇时间;而高于有效价值标准时,可延长间歇时间。实践中,一般心率在130次/分左右时,就应再次开始锻炼。间歇时不要静止休息而应边活动边休息,如慢速走步、放松手脚、伸伸腰或做深而慢的呼吸等。

▶▶▶▶▶ 让运动不那么枯燥的建议

(1)找个搭档一起练。若能聘请私人教练,那是最好不过了。
(2)一边训练,一边听音乐或看视频,感觉时间就会过得很快。
(3)经常改变训练内容。有氧运动、力量训练和柔韧性练习变换着进行会更有趣。
(4)确保充分的休息和恢复。运动过量会造成运动损伤。
(5)坚持写训练日记。在社交网络应用上上传自己的锻炼心得也是不错的方法。

（三）连续锻炼法

在锻炼过程中,为了保持有价值的负荷量而不间断地连续进行运动的方法叫作连续锻炼法。此方法要求负荷强度较低、运动时间较长、无间断地连续进行运动。从增强体质出发，需要间歇就停一会儿，需要连续就接二连三地进行下去，所以不能仅讲究间歇，还要讲究连续。连续、间歇、重复都是在整个锻炼过程中实现的。连续、间歇、重复等各因素各有其独特的作用，连续的作用在于持续保持负荷量不下降，维持在一定的水平上，使身体充分地受到运动的作用。连续锻炼时间的长短，同样要根据负荷价值的有效范围而确定，通常认为在140次/分左右的心率下连续锻炼20~30分钟便可使机体的各个部位都长时间地获得充分的血液和氧的供应，因而能有效地发展有氧代谢能力和耐力素质。

（四）循环锻炼法

循环锻炼法是在练习前，设立几个不同的练习点（或称作业站），练习者按照既定的顺序和路线，依次完成每个练习点的练习任务，即1个点上的练习一经完成，练习者就迅速转移到下1个点，下1个练习者依次跟上。练习者完成了各个点上的练习，就算完成了一次循环。其结构因素有每点的练习内容、每点的运动负荷、练习点的安排顺序、练习点之间的间歇、每遍循环之间的间歇、练习的点数与循环练习的组数。循环锻炼法对技术的要求不高，且各项目都采用比较轻度的负荷练习，因此，连起来简单有趣，可有效地提高不同层次和水平的练习者的运动情绪和积极性；可以合理地增大锻炼过程的密度；可以随时根据情况加以调整，做到区别对待；可以防止身体局部负担过重，延缓疲劳的产生，交替刺激不同体位，有利于综合锻炼，从而达到身体全面发展的效果。大学生锻炼时，既要发展四肢，也要发展躯干；既要运动胸背部，又要运动腰腹部；既要追求形态的健美，也需要注意机能、素质的全面发展。为此，必须科学地搭配运动项目。根据已有的经验，一般选择6~12个已被锻炼者掌握的简单易行的项目为宜。

（五）变换锻炼法

通过不断变换运动负荷、练习内容、练习形式以及条件，以提高锻炼者的积极性、适应性及应变能力的方法称作变换锻炼法。此方法可以有效地调节生理负荷，提高兴奋性，强化锻炼意识，克服疲劳和厌倦情绪，以达到提高锻炼效果的目的。例如，刚参加锻炼时，可多做些诱导性练习和辅助性练习。随着锻炼水平的提高，应加大练习的难度，如用越野跑代替在田径场的长跑等。由于锻炼条件的变化，可使锻炼者的大脑皮质不断产生新异的刺激，提高兴奋性，激发锻炼的兴趣，从而提高机体对负荷的承受能力，提高锻炼效果。另外，不断地对锻炼的内容、时间、动作、速率等提出新的要求，可有效地调节生理负荷，使机体不断产生适应性变化，达到更好地锻炼身体的目的。

（六）负重锻炼法

负重锻炼法是使用杠铃、哑铃、沙袋等重物进行身体运动来锻炼身体、增强体质的方法。负重的方法既适用于锻炼身体，又适用于各项目运动员进行身体训练，还适用于身体疾患者的康复。一般来说，为增强体质而进行负重锻炼，应该采用最大摄氧量和最大心输出量以下的负荷。过大的负荷可能给心血管和呼吸系统带来不良的影响，为了保证这种锻炼方法对身体的良好作用，在运动负荷价值阈范围内（心率在120~140次/分）可以多次重复或连续。

▶▶▶▶ **如何养成每天锻炼的好习惯？**

(1)确定每天锻炼的时间。
(2)事先把运动装备准备好。
(3)什么都不想，马上出发。
(4)开始时运动量不要过大，然后逐步加大运动量。
(5)在日历上画"笑脸"。

第三节 运动健身方案的制订

运动健身方案一般由运动方式、运动强度、运动时间、运动频率、运动量和运动进程六个部分组成。

一、运动方式

不同的人对相同运动健身方案的反应不同，取得的运动健身效果也不同。因此，在执行运动健身方案时，要充分考虑体育锻炼者的个性特征，使体育活动更有针对性。运动方式是体育锻炼者采用的具体健身手段和健身方法，即具体的运动项目。不同的运动方式具有不同的健身效果。

在选择运动项目时，要充分考虑到可能影响体育锻炼效果的各种因素，以便科学合理地选择运动项目。这些因素主要有以下几种：

（一）年龄状况

不同年龄的人，选择的运动方式往往不同。青少年适合做一些趣味性强的集体项目和对抗性运动，如健美操、球类运动、力量训练等。

（二）健身目的

体育锻炼者在选择运动项目时，要考虑运动项目的健身效果是否与自身的健身目的一致，要根据运动健身的目的确定运动方式。例如，要增加体力活动量，可以选择任何你喜欢的运动项目；若要想健美，则应当选择力量练习和纵跳等运动方式。

（三）兴趣爱好

体育锻炼者在选择运动项目时，应当尽量选择自己感兴趣的运动项目，否则很难长期坚持。有氧运动是提高心肺功能的最有效方法，但如果对健步走、慢跑等运动没有兴趣，可选择游泳、爬山等运动方式，也能达到同样的健身效果。

有时候兴趣爱好要服从于健身目的，如高血压病患者最有效的运动方式是健步走。以降低和控制血压为主要目的的体育活动者，即使对健步走没有兴趣，也要选择这种运动方式，可以在运动中慢慢培养兴趣。

(四)动作难度

刚参加体育锻炼时,应当尽量选择一些动作技术相对简单、对运动技能要求不高的运动项目。当身体机能和身体素质逐渐提高后,再选择一些技术难度高的运动项目。例如,青少年刚参加体育活动时,可以先选择慢跑、健美操、游泳等运动方式,当运动能力提高以后,再选择足球、篮球等动作技术难度较大的运动项目。

二、控制运动强度

运动强度是运动健身方案中最重要的内容。运动强度过小,达不到对身体的刺激强度,没有明显的健身效果;运动强度过大,不仅对运动健身无益,而且可能造成运动伤害。

运动强度可根据运动对机体的刺激强度和身体对运动的反应程度确定。心率是评定运动强度的简易指标。以有氧运动为例,根据运动中的心率变化可将有氧运动分为低强度有氧运动、中等强度有氧运动和高强度有氧运动。

低强度有氧运动:运动对身体的刺激程度较小,运动中心率一般不超过100次/分,如散步等。

中等强度有氧运动:运动对身体的刺激强度适宜,运动中心率一般在100~140次/分,如健步走、慢跑、自行车运动、太极拳等。运动中主要通过消耗糖原和脂肪供能。中等强度以上的运动效果较佳。

高强度有氧运动:主要指一些强度相对较高的长时间耐力运动。运动中最大心率超过140次/分,如跑步、快节奏的健身操和快速爬山、登楼梯等。篮球、足球等球类运动中既有高强度有氧运动,又有中等强度有氧运动。

在实施运动健身方案时,要严格控制运动强度,以确保运动健身的安全。有效常见的监控运动强度的简易指标有运动中心率、运动的呼吸变化和运动中自我感觉等。

(一)用心率控制运动强度

运动强度越高,心脏和身体的刺激反应就越明显,心率也就越快。常用最大心率百分数和运动中的实际心率数控制运动强度。

最大心率是指人体在运动过程中所能达到的最快心跳频率,用次/分表示。测定最大心率的方法有直接测定法和间接推测法。直接测定法是采用跑台或功率自行车测试逐渐增加运动负荷至最大负荷,记录运动负荷结束时或运动过程中的最高心率数,即为最大心率。采用直接测定法测定的最大心率,可以客观地反映人体运动时的最大心率数,具有个性特点。体育锻炼者如果有条件,应该到专门机构中采用直接测定法测定最大心率。

人体的最大心率与年龄有关,随着年龄增加,最大心率逐渐减慢,据此,采用下列公式可以间接推算最大心率:

$$最大心率(次/分)=220-年龄(岁)$$

用心率控制运动强度时,要考虑年龄、体质状况、锻炼习惯和运动方式等多种因素。以有氧运动方式为例,一般采用60%~80%的最大心率范围进行中等强度有氧运动。对于具有一定运动习惯、身体机能较好的人,也可以采用70%~80%的最大心率进行高强度有氧运动；而对于初参加体育锻炼或身体机能较差的人，可采用50%～60%的最大心率范围进行中低强度有氧运动。

在制订具体的运动健身方案时，要根据个人的年龄、身体状况、运动能力测定结果，对体育锻炼者的运动能力进行综合评价，确定控制运动强度的心率范围，并在实施运动健身方案中不断调整，以适应个体状况。

例如，1个有运动习惯的20岁男性大学生，运动能力测试表明其身体状况较好，在进行有氧运动时，可采用下列方式推算其在运动中的心率范围：

最大心率（次/分）=220-年龄（岁）=220-20=200。

由于其身体状况较好，且有运动习惯，推荐他进行60%～80%最大心率范围的中等强度有氧运动。

计算运动中心率控制范围：200×（60%～80%）=120～160。因此，他运动中的心率应控制在120～160次/分。

在体育锻炼过程中，有两种方法监测运动中心率：①采用心率测试表监测运动过程中的心率变化，心率测试表可在专门的运动健身器材商店购买，监测方法可参见说明书；②测定运动中或运动结束后即刻10秒的桡动脉或颈动脉脉搏，乘以6，即为运动中心率。例如，在慢跑后即刻测定的脉搏次数为2次每10秒，乘以6，等于120次，表示慢跑运动中的心率为120次/分。

（二）用主观体力感觉控制运动强度

在人体运动过程中，身体主观感觉与心率和运动强度有密切关系，可以根据主观体力感觉控制运动强度。瑞典著名的生理心理学家博格先生通过大量实验证实了运动过程中心率、最大摄氧量、能量消耗、呼吸频率、肌肉疲劳程度与主观体力感之间的关系，并建立了主观体力感觉等级表，以综合反映包括生理变化和心理变化在内的主观体力感觉，用于评定运动强度。

人体运动过程中的主观体力感觉可分为6～20个等级（表3-1）。6级为正常安静状态下的感觉。低强度运动的主观体力感觉为10～11级，中等强度运动为12～14级，高强度有氧运动为15～16级，剧烈运动为17～19级，力竭状态下的主观体力感觉为20级，此时无法继续坚持运动。

表3-1　主观体力感觉等级表

主观体力感觉	计分
根本不费力	6
	7
极其轻松	8
很轻松	9
	10
	11

（续表）

主观体力感觉	计分
轻松	12
	13
稍累	14
	15
累	16
	17
很累	18
极累	19
力竭	20

主观体力感觉等级与运动心率密切相关。研究证实，运动过程中的主观体力感觉等级数乘以10，即相当于运动中的心率（次/分）。例如，运动中主观体力感觉等级数为12，即相当于运动中的心率为120次/分。

体育锻炼者可以通过主观体力感觉控制运动强度。一般来讲，在进行中等强度有氧运动时，主观体力感觉可保持在12～14级，即在运动中感觉比较轻松或比较累。

三、运动时间

运动时间是指每次体育活动的持续时间，它和运动强度决定了一次体育活动的总运动量。体育锻炼只有达到一定的总运动量，才能取得明显的健身效果。运动时间过短对提高身体机能效果甚微；而运动时间过长，则容易造成疲劳累积，也不会进一步增加健身效果。研究发现，产生健身效果的运动时间不能少于5分钟，而体育锻炼的有效运动时间最好不要超过1小时。

进行中低强度运动时，需要足够长的运动时间；而进行高强度运动时，运动时间相对较短。在体育锻炼的初期，运动时间较短，经过一段时间的体育锻炼对运动产生适应后，可以延长运动时间。

运动时间也与从事的运动项目有关。在进行持续性有氧运动时，运动时间可以长些；进行力量、速度运动时，运动时间可以短一些。在进行一些球类运动项目时，如网球、羽毛球、门球等，由于运动中有一定的间歇时间，因此，运动时间可以长一些，但有效运动时间最好也不要超过1小时。

对于经常参加体育锻炼的人，建议每天有效运动时间为30～60分钟。进行中等强度有氧运动时间应该在30分钟以上，进行高强度的运动时间为20～25分钟。

四、运动频率

运动频率是指每周参加体育活动的次数。从运动生理学角度分析，每周只进行1天体育活动，虽然会使身体机能有所改善，但这种健身效果不能持续积累，而且由于间隔时间较长,每次运动后都有比较明显的肌肉酸痛症状和疲劳感觉,对增强体质的作用不大。每周进行2天体育活动,可以提高身体机能或保持已经获得的运动效果。每周进行3天或3天以上的体育活动,运动健身效果明显,养成运动习惯后,从事同样的运动方式和运动强度,没有明显的疲劳感。建议大学生每天运动1个小时。

研究发现,进行一段时间的体育活动后,若由于某些原因中止了体育锻炼,那么已有的运动健身效果会逐渐消失。运动健身效果的消失速度大约相当于获得效果的三分之一,因此,体育锻炼要持之以恒。

五、运动量

运动量是由运动的频率(frequency)、运动强度(intensity)、运动时间(time)(持续时间)和类型(type)共同决定的,即训练的FITT。运动量对促进健康体适能的重要作用已被证实,它对身体成分和体重管理的重要性尤为突出。每周的运动量可以用来评价运动量是否达到了促进健康体适能的推荐量。计步器是一种促进体力活动的有效工具,并且可以通过每天行走的步数来估算运动量。人们经常提到,"每天步行10000步",但是每天步行5400~7900步就已满足推荐量。为了达到每天5400~7900步的目标,人们可以考虑使用以下方法估算总运动量:①以100步/分的速度步行,大约相当于中等强度的运动;②每天以中等强度步行30分钟,相当于每天步行3000~4000步。如果运动者的目的是通过运动来管理体重,那么他/她需要走得更多。以维持正常体重为目的的男性运动者可能需要每天步行11000~12000步,女性需要8000~20000步。使用计步器估算运动量存在潜在的误差,因此,最明智的做法是将步数与目前推荐的运动时间(持续时间)结合使用,如以150步/分的速度每次步行30分钟,或以此速度每周步行150分钟。

六、运动进程

运动计划的进度取决于运动者的健康状况、健康体适能、训练反应和运动计划的目的。专业人员在实施进度计划时,可以通过增加运动处方的FITT原则中运动者耐受的一项或几项来达到目的。在运动计划的开始阶段,建议逐渐增加运动的时间或持续时间(即每次训练课的时间)。推荐给一般成年人的较合理的进度是在计划开始的4~6周中,每1~2周将每次训练课的时间延长5~10分钟。当运动者规律锻炼至少1个月之后,在接下来的4~8个月里,逐渐增加FITT直到达到推荐的数量和质量。训练时,应该遵照循序渐进原则,避免大幅度增加FITT中某一项,这样可以将肌肉酸痛、运动损伤、过度疲劳的发生以及过度训练的长期风险降到最低。若因运动量增加而产生了不良反应,如运动后的呼吸急促、疲劳和肌肉酸痛、运动者无法耐受调整后的运动计划时,应降低运动量。

综上所述,推荐有运动健身习惯的成年人每周进行150分钟以上的中等强度有氧运动或75分钟以上的高强度有氧运动。这相当于每天进行30~60分钟的中等强度有氧运动,每周至少运动3~5天,或每天进行20~25分钟的高强度有氧运动,每周运动3天以上。

第四节 热身与放松活动

一次完整的运动健身活动至少应包括热身活动、基本活动和放松活动三部分内容。本节着重介绍热身活动和放松活动。

一、热身活动

在进行体育锻炼前做好充分的热身活动，对于体育锻炼者来说是非常重要的。热身活动是使身体从安静状态进入运动状态的一个过程。有些人对热身活动的生理作用不了解，不重视体育锻炼前的热身活动，所以不愿做。这往往会影响到体育锻炼的效果，甚至会引起各种运动损伤的发生。热身活动是人们在运动或比赛前所做的各种活动，其练习目的主要是使人体由相对的安静状态逐步转入紧张的工作状态，使中枢神经系统逐渐兴奋起来，并通过大脑皮质传至躯体各部神经和植物性神经，再由躯体神经和植物性神经支配身体各部位、各器官参加运动。肌肉运动是受躯体性运动神经支配的，人体的最高司令部大脑皮质发出的命令（兴奋波）直接传达脊前角细胞，命令运动神经纤维支配肌肉运动。身体的内脏器官，如心脏、血管、呼吸器官等，都是受植物性神经支配的，也是从人体的最高司令部大脑皮质发出命令（兴奋波）经过二级司令部（皮层下中枢）和各个交通站（神经节）最后到达所支配的内脏器官的。植物性神经传递兴奋的速度比躯体性运动神经慢而内脏器官又有一定的惰性，因此，做热身活动就十分必要了。

人体的运动器官可以迅速地从安静状态进入剧烈的运动状态，就是说一下子就可以跑出去，但是人虽然很快地跑出去了，可身体内必须有一定能量来适应这一疾跑，如需要大量氧气和营养物质的供应，而身体内新陈代谢产生的废物还必须尽快地排泄出去，这就对心脏、呼吸等内脏器官提出了较高的要求，这些内脏器官必须要尽力工作才能满足运动器官的需要。运动不能一下子把内脏的机能全部动员起来，便出现了运动器官和内脏器官之间不相适应的矛盾，人会产生不适感。人体若想克服内脏机能的惰性，必须做好充足的热身活动，这样才能充分地发挥出人体的运动能力。在进行正式运动之前做一些热身活动，还能够提高各个神经机能中枢（也包括内脏的机能中枢）的兴奋性，使身体能预先克服内脏的机能惰性，为正式运动创造有利条件。在体育锻炼前进行一定强度的热身活动，可使肌肉的代谢过程加强，肌肉温度升高，这样既可以使肌肉的黏滞性下降（不发僵），还可以增加肌肉、韧带的伸展性和弹性，减少由于肌肉剧烈收缩而造成的运动损伤。

二、放松活动

运动过后的"冷却"，如同运动之前的"预热"一样不可忽视，只有进行放松活动，才能够收到运动的功效。现实生活中常常看到有的人进行剧烈运动之后,不做放松运动就离开了,这样的运动是不完整的,也不科学。运动后马上静止不动,会让高度运转的神经、肌肉得不到缓冲,这时候激素水平、血压等都没降下来,对心脑血管很不好。而运动后做放松活动,会让机体的各个部位逐渐适应从运动到停止运动这一变化,保护身体健康。

放松活动是在体育锻炼后所采取的一系列放松练习和运动后按摩等恢复手段,其目的是消除疲劳、恢复体能、提高锻炼效果。

放松活动可以促使机体迅速偿还"氧债"。运动时需要大量的氧气供代谢使用,机体在代谢过程中会产生大量废气(如二氧化碳)随呼吸排出体外。由于运动剧烈,机体往往一时供应不上氧气,这就使机体欠下"氧债",体内二氧化碳也因不能及时排出体外而堆积。如果在剧烈运动结束时做一些放松活动,使呼吸保持一定强度,就可以及时吸入氧气,呼出二氧化碳,保持机体酸碱平衡,从而迅速消除疲劳。放松活动可以使紧张的肌肉得到放松。在运动中,肌肉毛细血管大量开放,肌肉高度紧张。如果激烈运动后立即静止不动,肌肉内淤积的血液就不能及时流回心脏,肌肉僵硬,疲劳不易消除。相反,运动后做一些放松整理活动,使运动慢慢缓和下来,或通过按摩挤压肌肉和穴位,就可以使肌肉得到充分的放松和休息。放松活动可以促进血液循环,使躯体和内脏比较一致地恢复到安静状态。运动后立即停止肌肉活动,四肢就无法利用肌肉的收缩将血液送回心脏,而这时心脏仍跳动很快并继续将血液送回四肢,这种不平衡会造成这样的结果:一方面,四肢特别是腿部瘀血;另一方面,脑部和其他脏器因回心血量减少而无法获得心脏送去的血液,这时轻者出现头晕、乏力,重者出现晕厥,因此,剧烈运动后,进行放松活动是保证躯体和内脏运动平衡的重要措施。

人体在运动之后,需要逐步恢复到相对安静的状态,缓解锻炼时心理的紧张。从心理学角度看,运动之后进行放松活动可以帮助紧张心理上的恢复。良好的心境对人的行为具有促进作用,而消极的心境也可能使原先感觉很有兴趣的事情变得索然无味。

第四章　运动损伤与防护

第一节　运动安全防护

一、上体育课应注意安全

体育课是锻炼身体、增强体质的重要课程。体育课上的训练内容是多种多样的,因此,安全上要注意的事项也因训练的内容、使用的器械不同而有所区别。

(1)短跑等项目要在规定的跑道进行,不能串跑道。这不仅仅是竞赛的要求,也是安全的保障。特别是快到终点冲刺时,更要遵守规则,因为这时人身体的冲力很大,精力又集中在竞技之中,思想上毫无戒备,一旦相互绊倒,就可能严重受伤。

(2)跳远时,必须严格按老师的指导助跑、起跳。起跳前,前脚要踏准起跳板,起跳后要落入沙坑之中。这不仅是跳远训练的技术要领,也是保护身体安全的必要措施。

(3)在进行投掷训练时,如投铅球等,一定要按老师的口令进行,令行禁止,不能有丝毫的马虎。这些体育器材有的坚硬沉重,有的前端装有尖利的金属头,如果擅自行事,就有可能击中他人或者自己,从而造成受伤,甚至发生生命危险。

(4)在进行单杠、双杠和跳高训练时,器械下面必须准备好厚度符合要求的垫子,如果直接跳到坚硬的地面上,会伤及腿部关节或后脑。做单杠、双杠动作时,要采取各种有效的方法,使两手握杠时不打滑,避免从杠上摔下来,使身体受伤,同时要有老师和学生在器械旁站立保护。

(5)前后滚翻、俯卧撑、仰卧起坐等垫上运动项目,做动作时要严肃认真,不能打闹,以免发生扭伤。

(6)参加篮球、足球等项目的训练时,要学会保护自己,不要在争抢中蛮干而伤及他人。在这些争抢激烈的运动中,自觉遵守竞赛规则是很重要的。

二、参加竞技体育运动要注意安全

学校运动会的竞赛项目多、持续时间长、运动强度大、参加人数多,安全问题十分重要。

(1)要遵守赛场纪律,服从调度指挥,这是确保安全的基本要求。

（2）没有比赛项目的学生不要在赛场中穿行、玩耍，要在指定的地点观看比赛，以免被投掷的铅球等击伤，也避免与参加比赛的学生相撞。

（3）参加比赛前要做好准备活动，以使身体适应比赛。

（4）在临赛的等待时间里，要注意保暖，春秋季节应当在轻便的运动服外再穿上防寒外衣。

（5）临赛前不可吃得过饱或者饮水过多。临赛前半小时内，可以吃些巧克力，以增加能量供应。

（6）比赛结束后，不要立即停下来休息，要坚持做好放松活动，如慢跑等，使心率逐渐恢复至平稳状态。

（7）剧烈运动以后，不要马上大量饮水、吃冷饮，也不要立即洗冷水澡。

三、高危项目安全

运动是把"双刃剑"。科学运动给人们带来健康的效益，而不恰当的运动有时候也会让人们感到"很受伤"。因此，生命不但在于运动，更在于科学运动。参与高危运动项目的人身安全问题应当引起全社会的关注。高风险项目经常会酿成难以预料的后果，这给大学生及其家人造成极大的伤害。针对高危运动项目，应当制定可行的安全保障措施和安全救护应急预案，防止危及大学生人身安全的意外事故发生。当事故发生时应及时予以救助。

高危项目一般指专业技术强、危险性大的运动。管理者应在运动场所的醒目位置张贴警示公告，以提醒学生增强自我保护意识，了解高危险体育项目的特点，服从教师的指导。2013年，国家体育总局、人力资源和社会保障部、国家工商行政管理总局联合发布了第一批高危险性体育项目名单，其中包括游泳、滑雪、潜水、攀岩四个大项目。每年游泳溺水甚至死亡的案例很多，是青少年意外死亡的因素之一。滑雪、潜水、攀岩等项目，参与人数少，大家对它们的危险性比较重视，发生事故的数量反而不多。滑雪容易令参与者在寒冷条件下造成骨折、扭伤、挫伤。潜水曾被美国《福布斯》杂志评为世界上第二危险的运动。潜水容易产生缺氧症和低温症，还会对耳朵、鼻窦造成伤害。

第二节　不同运动项目的常见损伤

参与不同体育运动的健身方式通常是健身爱好者的最佳选择。不同体育项目技术特点之间的差异以及开展形式的区别，造成了不同体育项目"独特"的损伤部位和损伤类型。了解常见体育项目的损伤特点，能够帮助健身爱好者在体育健身过程中有效地预防运动损伤。

> **"飞人"刘翔退赛**
>
> 2008年8月18日,"飞人"刘翔在奥运会110m跨栏比赛前退赛的场景,让许多热情观众心痛不已。根据新闻发布会提供的信息,刘翔患的是跟腱部位的末端病。解放军总医院第一附属医院骨科副主任商卫林说,"跟腱部位末端病在运动性损伤中比较常见"。该病多是由于反复多次的大量运动形成的累积性损伤,导致跟腱与跟骨交界处即末端结构过度负荷,受力超过了所能承受的程度而产生组织微细损伤。这可能是最终导致刘翔不得不退出家门口夺金大赛的原因。商卫林主任说,其实运动性损伤并非运动员专有,大量普通人群在锻炼活动中出现的各种运动性损伤在临床上并不少见。

近年来,随着全民健身运动的开展,参加运动锻炼的人越来越多,普通人群因为缺乏必要的运动训练卫生知识,或运动方法不够得当,各种运动性损伤有明显增多的趋势。例如,经常会听到一些人在运动后出现了拉伤、扭伤等的消息。

全民健身运动的蓬勃开展对提高国民身体素质有极大的好处。在参加各种健身活动时一定要讲究科学,方法要适当、项目要适宜、强度要适中,主动预防各种运动性损伤的发生。

一、篮球运动中常见的损伤

篮球运动在我国开展最为普及,是一种瞬息万变的运动,要求运动员的体力发展与身体训练均衡,常见的创伤是因跌倒、跳起抢球时落地不正确(如踩在别人脚上等)、急停、急转、冲撞、场地不平或场地过滑而引起的急性创伤。

篮球运动中的损伤分为外伤和慢性损伤。外伤轻一些的会有一点擦伤,严重的可能发生骨折或者脱位,一般常见的有足踝部骨折、半月板损伤、手指挫伤及腕部舟骨骨折等。在篮球运动中也会有慢性损伤,其中最影响运动训练的是髌骨软骨病,其主要由滑步进攻与防守、急停与上篮等训练过多导致,应加强预防。

二、足球运动中常见的损伤

足球是有记录以来创伤发生率最高的运动项目之一,轻则擦伤,重则骨折、脱位。足球的创伤大多数发生在四肢,损伤中除一般常见的擦伤和挫伤外,关节的扭伤最为常见;其次是大腿前后肌肉拉伤、挫伤;膝关节损伤又次之,膝关节损伤中有半月板撕裂、前十字韧带撕裂、髌骨骨折。守门员因经常扑球摔倒,很容易发生手腕(舟骨骨折)及肘部的创伤(鹰嘴皮下滑囊炎及血肿),因此,守门员的防护器具须应俱全。

损伤原因可归为以下几个方面:

(一)激烈比赛导致损伤

比赛时激烈的争夺、突然的疾跑以及猛烈的铲球,易发生大腿与小腿的肌肉拉伤;突然改变体位,小腿突然扭转,可引起膝、踝关节韧带及骨的损伤。

(二)因球的接力作用致伤

这种损伤多见于下肢,在用脚外侧踢球时,最容易损伤距腓前韧带。用脚内侧踢球时，小腿因球突然作用而外旋外展，很容易损伤膝内侧副韧带、半月板和前十字韧带，特别是"对脚"的时候。

此外，一次有力的"屈膝后摆腿正脚背"踢球，由于球的反作用力，股四头肌猛然收缩，常发生股四头肌和股直肌肌腹或腱膜的撕裂。儿童球员常常会发生胫骨结节软骨炎。

（三）球击伤

球击伤，如面部的擦伤、挫伤、腹部挫伤、阴囊和睾丸的挫伤，但最典型的是守门员的手指损伤，如拇指、食指或者其他手指的韧带牵扯或者关节的半脱位。

（四）踢伤

比赛时大小腿部经常会被对方的球鞋、膝盖及小腿踢撞，引起肌肉损伤、皮下血肿、肌肉的撕裂（常见的是股四头肌的损伤）以及骨的损伤（如骨折等）。

（五）摔倒

运动员在争球、冲撞或者疾跑时很易撞倒，因此发生损伤概率较大。场地不平时尤易发生。常见的损伤有擦伤、创伤性滑囊炎、髌骨骨折、肋骨骨折、脑出血、脑震荡等。

（六）其他

除上述情况外，足球运动员又因劳损会发生很多慢性损伤，如踝关节创伤性骨关节病（又名"足球踝"，其成因之一就是局部劳损）、趾骨炎以及髌骨软骨病。在发生损伤原因的讨论中，首先，运动员的犯规动作、技术不佳是导致损伤的主要原因，占损伤发生的比例较大；其次，是不遵守训练原则、技术不过硬、场地不好、运动员忽视使用保护装备、运动员过度疲劳等原因。

三、游泳运动中常见的损伤

游泳最严重的意外就是溺死，特别是在初学阶段。游泳池的规格、救生措施与安全规则都十分重要。游泳池应光线充足，室温不能低于水温。水温应保持在22~26℃。

游泳运动损伤率一般都很低。如果进行游泳训练，较常见的损伤是足部肌肉痉挛。运动员在入水之前，最好做一些足部的伸展运动，并对双足实施按摩，这样的准备动作可以帮助肌肉迅速地排除有害物质，减小肌肉痉挛的发生率。预防足部肌肉痉挛的一种最好的方法就是要经常地活动这部分肌肉。运动员可以反复地做一些蹬池练习，每次练习要使足部充分地弯曲，这样可以不断地锻炼这部分肌肉，使血管不断地向这部分肌肉提供养料。一旦这部分肌肉得到了锻炼，痉挛的感觉也会自然地消失了。如果足部肌肉痉挛症状较轻，运动员可以继续保持游泳状态；如果痛感很强烈，那么最好的处理方法如下：运动员要对足部做缓慢的、长时间的、稳定的伸展动作，直至痛感完全消失。足部肌肉的伸展练习最好是在池壁边进行：双足跟着地，向上尽量抬高足尖，贴靠池壁的上沿，然后双足尖沿池壁做下推动作；最大限度地伸展足弓肌肉，每次伸展动作保持20秒，直至足弓肌肉完全放松。对已经感到痉挛的肌肉群实施局部按摩，同样可以收到明显的治疗效果。

四、田径运动中常见的损伤

田径运动分为跑、跳、投掷和竞走,其创伤并不少见,创伤程度也多有不同。同时还有其他运动中所罕见的过度紧张状态及重力性休克。

（一）径赛

径赛运动员创伤比较少见。短跑运动员常遇到的外伤有大腿后群屈肌拉伤、足踝腱鞘炎、跟腱纤维撕裂、断裂或者跟腱腱围炎。赛跑时由于急停而引起的髂骨前上棘的断裂、踝关节与膝关节扭伤等,有时也会因起跑垫未垫平而致伤。中长跑运动员外伤较少,但可能出现过度紧张现象。下肢训练过多,有时候可能出现胫腓骨疲劳性骨折或者骨膜炎。长跑过程中摔倒可发生擦伤,但也可能因倒在跑道的边沿上发生骨折。马拉松比赛时,由于距离过长,马拉松选手常常会发生阴部及尿道口擦伤、膝外侧疼痛综合征、胫前肌腱鞘炎以及足趾挤压伤,因此应注意鞋和运动裤的选择。

跨栏运动员易发生大腿后肌肉拉伤、腰痛及髌骨软骨病,所以应注意跨跳姿势的矫正,以及栏架的安防位置和方向等。

（二）田赛

这类运动最常见的运动损伤为踝关节韧带的捩伤或者骨折、足跟挫伤、膝的韧带与半月板损伤、前臂骨折及肩部挫伤,这些损伤的发生可见于下列情况：助跑时撞到别人身上、跑道不平滑、沙坑太硬、坑沿太高、过杆或落地姿势不正确等。撑竿跳高除了上述损伤外,还因杆的折断或不正确落地,造成头和脊柱的伤害,但此损伤较为少见。

为了预防这些损伤的发生,跳高助跑的跑道应平而不滑,在练习前应检查横杆与架子的质量,为了减少制动时的冲击量,跳鞋的后跟内应垫海绵,跳坑的沙子应松散而干净,海绵包应厚、软。跳高运动员无论用什么姿势,初学时都应从低杆跳起,先学腾空和转身姿势。

疾行跳远必须在准备部分,包括各种跳法的辅助练习,如落地要有弹性、腾空动作要正确。只有掌握了疾行跳远之后,才能练习三级跳,而且不应做长距离和高速助跑。助跑跑道过硬或技术不良,都可能引起踝关节骨折、韧带损伤、跟腱损伤及跟骨下脂肪垫损伤。

铁饼、标枪、铅球及链球实践中,首先,最常见的损伤是把器械投掷在投掷区域外,造成运动员和裁判的受伤。其次,也可发生由于准备活动不足或者技术不熟练而引起肌肉的韧带捩伤（肩、腰、膝、肘关节）与骨折。最后,也可能有由技术特点造成的过劳损伤。在投掷标枪时,由于对肩、肘、腰、膝的要求很高,所以这些部位容易受伤,有的是一次伤,有的是慢性劳损。肩袖伤、肘内侧副韧带、肌肉的捩伤、肘的骨关节病最常见,多因投掷技术不正确,肩、肘、腰、腿在投出时未成反弓形所致。膝部最常见的是髌骨软骨病或伸膝腱膜炎,这主要是由于助跑结束时,一腿制动,使髌骨软骨与股骨反复撞击或肌肉反复牵扯所致。

铁饼运动最易发生的创伤是髌骨软骨病、髌腱捩伤和伸膝腱膜炎,这是由于投掷铁饼时,经常需要运动员在膝半蹲位置扭转用力,因而导致了伤病。局部劳损过大,重复练习动作过多时,教师员和运动员应给予重视。

投掷链球最容易产生的是斜方肌的拉伤,应注意做好准备活动,充分牵拉肌肉,防止拉伤。

铅球运动常见的损伤有掌指关节扭伤、指屈深肌腱拉伤,或者因出手时球由指尖滑出而导致的蚓状肌拉伤等。此外,左侧腰方肌也常因投出时腰的突然侧倾而拉伤。个别运动员为了加强后蹬腿的力量,过度地重复"膝的半蹲起"而引起髌骨软骨病。根据上述情况,需采取加强训练方法、技术的讲解与准备活动等措施来预防损伤。

五、武术运动中常见的损伤

作为一个传统的体育项目,武术分为散打和套路两种,损伤分为有接触的损伤和无接触的损伤。

(一)武术套路常见的损伤

武术套路运动是一项对速度、爆发力和协调性要求特别高的全身性运动。近年来,随着武术套路运动的迅速发展,竞技比赛日益激烈,使运动员在练习高难度动作过程中,容易发生机体损伤。从学者的调查分析来看,损伤主要集中在腰、下肢和部分上肢,其中下肢的损伤部位多发生在大腿、小腿和踝关节,上肢的损伤部位主要发生在肘关节和肩关节。这些部位的损伤又集中表现为肌肉韧带拉伤、关节扭伤、软骨组织损伤、肌肉劳损、骨膜炎等。

根据部分学者对运动损伤原因的分析,归纳总结有以下几个原因:①武术套路运动本身的技术特点(动作幅度大,跳跃动作多);②准备活动不充分;③运动负荷过大,运动量安排不合理;④场地设备、服装上存在缺点;⑤运动员思想过于放松,精力不集中;⑥运动员动作规格不标准或错误;⑦运动员本身身体素质太差;⑧教学训练中组织方法上存在错误。在这些运动损伤原因中,除了武术套路运动本身的技术特点,其他因素造成的运动损伤都可以减少甚至避免,这需要运动员和教师员的共同努力。

预防武术套路运动损伤要针对损伤原因,突出重点,从各个方面进行预防,才能做到切实有效。加强思想教育是首要条件,合理地安排运动训练,加强易伤部位的训练,加强医务监督,做好准备运动,合理安排教学和训练,加强自我保护。

(二)武术散打常见的损伤

武术散打运动员发生损伤的部位主要集中在头面部、手腕部、踝部和小腿部。从项目特点上看,由于规则的引导,运动员在比赛过程中频繁打击头面部致使头面部损伤的概率较高。在武术散打训练和比赛过程中,主要的进攻动作是拳法和腿法,散打运动员在进攻过程当中反复地运用直拳、贯拳、勾拳等基本拳法和鞭腿、踹腿、蹬腿等基本腿法。腕关节和踝关节是人体比较薄弱的关节,腕关节由尺骨、桡骨的远端及腕骨组成。桡骨远端由松质骨构成,尺骨的远端有一腕软骨盘,腕骨共8块,分近侧和远侧两排,近排的舟状骨较窄长,纵跨两排腕骨之间,是腕骨中最易发生骨折的,其发生率在运动损伤中占居首位,但易漏诊或治疗不当,造成腕关节永久性功能失调。在武术散打运动中进攻如果反复使用拳法,前臂过度前旋和腕关节过度背伸都可能引起桡骨下端骨折和舟骨骨折,反复地旋转前臂和腕部可使软骨盘受到长期碾磨或牵扯,导致软骨盘退行性变以致破裂,若在武术散打时大力压腕容易引起软骨盘损伤。踝关节是由胫腓骨下端和距骨滑车组成,它的内外侧分别有内、外侧副韧带附着,外侧副韧带较内侧力量薄弱。若在武术散打运动中反复用腿法进攻,落地时重心不稳向一侧倾斜或是踩在他人的脚上,就会以足的前外侧着地,内翻导致外侧副韧带损伤。这类损伤中,距腓前韧带最易受伤,如果力量再大,跟韧带则相继受伤;如断裂、损伤的外力仍继续增加时,则同时损伤跟距关节间的骨间韧带。由于武术散打项目自身的特点,再加上腕关节、踝关节局部的解剖生理特点,因此使腕关节、踝关节损伤在武术散打运动员运动损伤中的比例较高。

预防散打队员损伤的对策包括:遵循运动训练自动化训练体系,根据损伤程度和性质确定损伤恢复的要点,做好充分的准备活动,加强易受伤部位的保护,重视训练后的恢复措施,加强医务监督并且提高自我保护意识,提升比赛中后期心理承受能力,加强武德教育。

六、羽毛球运动中常见的损伤

羽毛球也是竞技运动中高对抗的项目,其特点是对抗强、速度转换快、损伤种类多。在羽毛球运动中,两腿经常出现瞬间的变向、侧身前屈、后伸、起跳及跨步,使膝关节不断承受剧烈拉力。一旦某个动作不协调、过度用力或过度疲劳,就会引起膝关节损伤。

肩关节损伤是羽毛球运动中常见的损伤。这是由于在羽毛球的各项技术中,无论是正手、反手击球或劈吊球,其基本动作都需要右(左)臂后引、胸舒展。当在额前上方击球时,上臂向右(左)上方抬起,肘部领先,前臂自然后摆,手腕后伸,前臂急速内旋带动手腕屈收鞭打发力。当肩关节重复进行这种运动时,使得组成肩轴的4块小肌肉长期处于离心性超负荷状态,极易造成肩部肌肉损伤。

肘关节损伤是羽毛球运动中最易出现的损伤。控制手指、手腕和前臂运动的肌肉大多数都附在肘关节周围。在羽毛球运动中,屈腕、旋前臂的动作比较多,且都使用爆发力,如反手球动作,它是靠上肢的屈腕肌和旋前肌来完成的。肘关节在130°~180°角时,伸肌群的合力最为集中,而此时外侧韧带也拉得最紧。如果用力过大,就有可能超越肌体负荷,发生损伤。在羽毛球运动中,肘关节受损概率很高。在羽毛球训练中,手腕关节损伤也较易发生,按照羽毛球的技术要求,无论是击打、扣杀,还是高、吊、挑、推、扑、勾球都要求手腕有基本的后伸和外展动作,伴随不同的技术要领,手腕快速伸直闪动、鞭打击球或手腕由后伸外展到内收再内旋闪动切击球时,手腕在这种快速的后伸、鞭打动作中,不断做出不同角度的内旋、外旋及屈收动作,因而易造成手腕三角软骨盘损伤。

由于羽毛球运动中起跳和迅速的急停或变向的腿部动作过多,使踝关节和跟腱周围的肌腱韧带极易受伤。另外,在拉力产生过快、斜向受力、受力之前施加外力等情况下也容易受伤。

羽毛球运动也会出现身体其他部位的损伤,其中大腿肌群肌肉损伤居多。造成这一损伤的主要原因有两点:①由于运动前的准备活动不充分。例如,气温较低时,肌肉的黏滞性较高,肌群处于僵硬状态,如果不充分做好准备活动,极易在突发性用力时出现拉伤。②由于股四头肌力量不强或训练不足,不能承受训练中高强度的腿部瞬间位移、急停和起跳而造成股四头肌拉伤。

羽毛球运动损伤的预防主要包括:做好充分的准备活动,加强易受伤部位的保护,重视训练后的恢复措施,加强医务监督并且提高自我保护意识,增强心理承受能力,对关节的活动要充分等。

第三节　运动损伤的预防

引起运动健身中损伤的原因有很多,如准备活动不充分、肌肉准备不足、长时间运动后水和电解质平衡失衡、疲劳等。本节内容主要针对在运动健身实践中如何预防运动损伤这个问题,提供有针对性的简单易行的方法,从而帮助大家更好地开展体育活动。

在运动健身实践中,及时寻求体育教师提供预防损伤的建议非常重要,如建议采取预防损伤的基本技术(如对踝关节进行支持带加固),也可推荐使用加速消除疲劳的方法来预防损伤的发生。在健身中防止损伤的因素包括准备活动、伸展、充分的恢复、运动防护器材。

一、准备活动

一般性的准备活动有慢跑、牵拉、抗阻力量练习三部分内容,在运动中可以有针对性地使用。

常用的牵拉法有两种:一种是静态牵拉方法,就是关节被动运动到极限,静态牵拉可以有效地预防运动损伤;另一种是动态牵拉方法,就是由肌肉收缩达到关节运动最大值,动态牵法有利于运动的完成。

(一)静态牵拉方法

此练习缓慢柔和,持续时间为15~30秒。

牵拉三部曲:运动幅度以自己感觉不到难受为准,或应感觉舒服,在持续被拉伸时,肌肉由紧张变为松弛;接着,关节的运动可以加大一点,也没有疼痛感,再持续15~30秒的时间,关节的运动又会加大一点;最后,牵拉到感觉有些疼痛的幅度为止,持续15~30秒的时间。这种伸筋法是提高柔韧性的最好方法。

(二)动态牵拉方法

动态柔韧性或功能柔韧性指在体育运动中能够以正常或很快的速度完成大幅度关节活动的能力。体育运动中,动态柔韧性或功能柔韧性直接反映了肌肉伸展过程的特点。近年的研究发现,动态牵拉法不会降低神经肌肉的兴奋性,更适合作为在运动前进行中的牵拉。

（三）牵拉的原则

（1）热身活动后做拉伸。

（2）运动前后拉伸肌肉。

（3）拉伸肌肉要缓慢柔和。

（4）要拉到肌肉紧张但感觉不到疼的位置（拉到疼时会引起肌纤维拉伤）。

二、伸展

柔韧性是身体素质的一个重要方面，在运动中大幅度顺利地运动关节是良好机能能力的重要表现。特殊的关节、肌肉由于不活动而导致僵硬，要通过伸展运动改善。加大关节的柔韧性可以减少肌肉韧带损伤和肌肉酸痛。

三、充分的恢复

恢复手段对于预防损伤及提高运动效果都有益处。不及时采用恢复手段会影响技术动作，产生运动疲劳。若出现这种现象，同时训练负荷下降，就表明过量了，不及时纠正就会出现过度疲劳。多数情况下，运动员对过量的反应是加大训练来克服无力和运动负荷下降，但这种做法是错误的，这样反而容易造成损伤和过度疲劳。科学的方法是及时采用恢复手段。

放松恢复的方法有：运动后牵拉、温泉浴或热水浴、按摩、营养补给、心理放松等。

按摩可以消除运动后肌肉紧张，增加肌肉运动幅度，增加血流、营养供应，改善软组织功能，如过度疲劳、营养不足、骨骼肌肉的状态（如骨疼）。如果按摩方法解决不了当前的软组织损伤问题，应该及时地就医治疗。

四、运动防护器材

运动中必要的保护和帮助可减少意外事故的发生，增强健身者的信心。健身者必须根据项目特点学会自我保护的方法。正确选择和使用运动保护器材对防止多种损伤的发生有重要作用。在直接接触和对抗的运动中是如此，如足球、橄榄球等；在非直接接触的运动中也是如此，如网球等。

第四节　心肺复苏

心肺复苏是针对呼吸、心跳停止所采用的抢救措施，即以心脏挤压形成暂时的人工循环，诱发心脏的自主搏动，并以人工呼吸代替患者的自主呼吸。因此，临床上将二者合称为心肺复苏术。体育运动中一些严重意外事故，如溺水、外伤性休克等可能会出现呼吸或心搏骤停的情况，如未能在现场得到及时正确的抢救，患者将会因全身严重缺氧而很快死亡。胸外心脏按压和人工呼吸是心脏复苏初期最主要的急救措施。

在常温情况下，心脏停搏3s时患者就会感到头晕；10s即出现晕厥；30～40s后瞳孔放大;60s后呼吸停止、大小便失禁;4~6min后大脑将发生不可逆的损伤。因此,对心脏停搏、呼吸骤停患者的抢救应当在4min内进行心肺复苏,开始复苏的时间越早,成功率越高。

一、胸外心脏按压

此方法是通过按压胸骨下端而间接地压迫左右心室腔,使血流流入主动脉和肺动脉,从而建立有效的大小循环,为心脏自主节律的恢复创造条件。胸外心脏按压时,收缩压可达13.3kPa(100mmHg),平均动脉压为5.3kPa(40mmHg);颈动脉血流仅为正常的1/4至1/3,这是支持大脑活动的最小循环血量。因此,进行胸外心脏按压时,患者应平卧,最好置于头低脚高位,背部垫木版,以增加脑的血流供应。

操作方法:使患者仰卧于硬板床或地上,急救者以一手掌根部置于患者胸骨的中、下1/3交界处,另一手交叉重叠于其手背上,肘关节伸直,充分利用上半身的重量和肩、臂部肌肉的力量,有节奏地、带有冲击性地垂直按压胸骨,使之下陷5~6cm(儿童相对要轻些)。每次按压后随即迅速抬手,使胸部复位,以利于心脏舒张。频率为100~120次/min,如有条件,应尽早除颤。

操作中,如能摸到颈动脉或股动脉搏动,上肢血压收缩压达8kPa(60mmHg)以上,口唇、甲床颜色较前红润或者呼吸逐渐恢复,瞳孔缩小,则为按压有效,应操作至自主心跳出现为止。

对呼吸、心跳均停止的患者,应同时进行上述两种急救措施。单人心肺复苏时,每按压胸部30次,吹气2次,即30:2。最好由两人配合进行,一人做人工呼吸,一人做胸外心脏按压(图4-1),双人心肺复苏时,不中断胸外按压,每6s吹气1次。

图4-1 口对口吹气和胸外心脏按压法

二、人工呼吸

人工呼吸是借助人工方法来维持机体的气体交换,以改善患者缺氧状态,并排出二氧化碳,为恢复患者自主呼吸创造条件。人工呼吸的方法很多,现介绍最常用的口对口人工呼吸法,此法简便有效。

操作方法:使患者置于仰卧位,松开领口、裤带和胸腹部衣服,清除口腔内异物,把患者口腔打开,盖上一块纱布。急救者一手掌尺侧置于患者前额,使其头部后仰,拇指和食指捏住患者鼻孔,以免气体外溢。另一手托起患者下颌,掌根部轻压环状软骨,使其间接压迫食道,以防吹入的空气进入胃内。然后深吸一口气,张开嘴巴,用双唇包绕封住患者的嘴外缘,并紧贴住向里吹气,吹气完成后立即放开鼻孔。待患者呼气,并吸入新鲜空气,准备下一次吹气,如此反复进行(图4-2)。吹气要深而快,每次吹气量为800~1200mL或每次吹气时观察患者胸部上抬即可。开始应连续两次吹气,以后每隔6s吹一次气,频率为10次/min,直到患者恢复呼吸为止。

进行心肺复苏时,急救一经开始,就要连续进行,不能间断,直至患者恢复自主呼吸、心跳或确诊死亡为止。心肺复苏的步骤应先进行胸外心脏按压,然后保持气道通畅,最后进行人工呼吸。此外,在实施急救的同时,应迅速拨打急救电话。

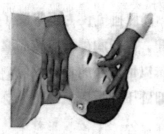

图4-2　口对口吹气

第五章 田径运动

田径运动是径赛、田赛和全能比赛的统称。它是人类传统的运动项目,是全部运动项目的基础部分。随着世界经济一体化的发展,田径运动的训练水平迅速提高,同时它也要求用更加先进的、科学的手段进行训练和研究。本章将重点讲述跑与健身、跳跃与健身、投掷与健身及欣赏田径运动中的美感等问题。

第一节 田径运动概述

一、田径运动的起源

田径运动是体育运动中最古老的项目,有"运动之母"的美称。田径运动是经人类长期社会实践发展起来的,包括男女竞走、跑跳、投掷等四十多个单项,以及由跑、跳跃、投掷部分项目组成的全能运动项目。以时间计算成绩的竞走和跑的项目,叫"径赛";以高度和远度计算成绩的跳跃、投掷项目叫"田赛"。田径运动是径赛、田赛和全能比赛的统称。公元前776年,在古希腊奥林匹亚举行了第一届古代奥运会,从那时起,田径运动就成为正式比赛项目之一。1894年,在法国巴黎成立了现代奥运会组织。1896年在希腊举行了第一届现代奥运会,在这届奥运会上田径的走、跑、跳跃、投掷等项目,被列为大会的主要项目。至今已举行的各届奥运会上,田径都是主要比赛项目之一。

二、田径运动的发展趋势

随着世界经济的迅速发展,将有更多的人参与不同项目的田径运动。世界田径运动国家竞争的格局将向多元化方向发展。美国在世界田径大赛上一枝独秀的局面将受到多国运动员的冲击,美国男子仍可保持金牌优势,女子田径夺金实力将会减弱,美国田径总体实力也会削弱。俄罗斯、德国将逐步恢复元气,尤其女子田径实力将变强,总体实力增强。中长跑项目优势将由一些发展中国家运动员保持。女子将争取到和男子比赛项目相同的权利,女子田径运动将进入崭新的阶段,女子训练内容、方法及负荷等将更接近于男子。

田径运动员职业化、训练科学化将会进一步发展。世界各国经济的发展,田径运动训练水平的迅速提高,夺冠军、获金牌难度的增加,比赛设立的高额奖金、出场费等,将使田径运动员职业化进一步发展,这也有利于田径运动的管理和训练工作,实际上也得到了国际田径联合会的承认和指导。世界田径运动水平的迅速提高,也要求采用更加先进的科学手段进行训练和研究工作。

三、田径运动的特点

(一)广泛的群众性

田径运动是最普及、参与人数最多的运动项目之一。它具有针对性强、可选择空间大、可参与性强的特点,具有广泛的群众基础。

(二)激烈的竞争性

田径运动的竞赛项目是能力、技术和心理的较量。田赛项目的成败取决于运动员瞬间发挥的水平,而径赛项目运动员在同一条起跑线开始,进行全程的"搏杀"。因此,田径运动员竞赛非常紧张而激烈,运动员不仅要注意力高度集中,还要不畏强手,充分发挥出自己的最高水平。

(三)严格的技术性

田径运动的项目有周期性和非周期性两种。就各项技术动作而言,不同于技术性项目,也不同于其他一些直接对抗性的项目,田径比赛中的技术相对稳定,动作结构也不是非常复杂,但是它对技术的要求却特别高。

(四)能力的多样性

田径运动的基本动作形式为走、跑、跳、投,有个人和集体项目,它们反映了人的速度、力量、耐力等方面的能力。每个项目都有自身的特点,突出地反映某一方面的能力,较全面地参加田径项目,可使人各方面的运动能力得到普遍提高。

四、田径运动的价值

田径运动在人类基本运动形式的基础上产生,随着田径运动的日益普及,它的教育价值、健身价值、竞技价值越来越突出,其特点也更加突出。

(一)田径运动的教育价值

田径运动的各个项目都要求运动员在具有一定限制的条件下表现出最大的能力,它能培养人勇敢顽强、拼搏进取的意志品质。运动员只有通过个人的努力才能取得优异的成绩,这一成绩与集体荣誉连在一起,能培养人遵守纪律、增进责任感的集体主义精神。田径运动是个人项目,更多地依靠自己独立地完成任务,它有助于个性的形成,有利于心理素质的培养。田径运动的技术变化小、单一重复动作多、训练量大、枯燥死板,从而能培养运动员吃苦耐劳、坚忍不拔的精神。

(二)田径运动的健身价值

田径运动的不同项目对提高身体的相关能力和相应的身体素质、人的健康水平有明显的作用。经常系统地从事田径运动,能促进人体的新陈代谢,协调神经系统与运动器官之间的联系,改善内脏器官的机能,并能全面地发展力量、速度、耐力、灵巧及柔韧等身体素质,促进人体的正常发育,提高健康水平。

(三)田径运动的竞技价值

在竞技体育中,田径是公认的大项,它的奖牌最多,素有"得田径者得天下"之说。各种大型综合运动会,最后一项比赛一般都是田径项目的比赛,往往在最后田径比赛的角逐中决出团体的胜负。田径训练一般要求的条件不高,选拔人才面广,参加人数多,而且是个人项目,项目投资相对于奖牌数比较少、效益高。

五、田径运动的组织机构

(一)中国田径协会

中国田径协会是具有独立法人资格的全国性群众体育社会团体,是中华全国体育总会的团体会员,是中国奥林匹克委员会所承认的管辖田径运动的全国性运动协会。

(二)亚洲业余田径联合会

亚洲业余田径联合会于1973年在菲律宾马尼拉成立,总部设在新加坡,简称亚田联,英文缩写为AAAA,现有协会会员45个。

(三)国际田径联合会

国际田径联合会是国际单项体育组织,于1912年在瑞典首都斯德哥尔摩成立,现有协会会员214个,在欧、亚、非、中北美、南美和大洋洲六个地区开展工作,其中五个地区根据各自的章程设有领导机构,它们分别是欧洲田径联合会、亚洲田径联合会、非洲田径联盟、南美洲田径联盟、大洋洲地区田径组。国际田径联合会在摩纳哥举行的第217届理事会上通过了更改名称和会徽的决议,于2019年正式更名为"世界田径"。

六、田径运动的比赛项目

世界田径比赛的项目有:

(一)竞走

场地赛5km、10km。

公路赛20km、50km。

(二)跑

男、女跑的项目见表5-1。

表5-1 跑的项目

项目	男子组	女子组
短距离跑	100m、200m、400m	100m、200m、400m
中距离跑	800m、1500m、3000m	800m、1500m

（续表）

项目	男子组	女子组
长距离跑	5000m、10000m	5000m、10000m
跨栏跑	110m栏、400m栏	100m栏、400m栏
障碍跑	3000m、三角障碍跑	3000m、三角障碍跑
马拉松	42.195km	42.195km
接力跑	4×100m、4×400m	4×100m、4×400m

（三）跳跃

男、女跳跃项目同为跳高、撑竿跳高、跳远、三级跳远。

（四）投掷

男、女投掷项目见表5-2。

表5-2 投掷的项目

项目	男子组	女子组
铅球	7.26kg	4kg
标枪	800g	600g
铁饼	2kg	1.5kg
链球	7.26kg	4kg

（五）全能

（1）男子十项全能：第一天100m跑、跳远、铅球、跳高、400m跑；第二天110m跨栏跑、铁饼、撑竿跳高、标枪、1500m跑。

（2）女子七项全能：第一天100m跨栏跑、铅球、跳高、200m跑；第二天跳远、标枪、800m跑。

第二节 跑步与健身

跑步是一种见效最快、锻炼最全面的运动。早在两千多年前古希腊的山岩上就刻下了这样的字句："如果你想强壮，跑步吧！如果你想健美，跑步吧！如果你想聪明，跑步吧！"我国民间也有俗话说："人老先从腿上老。"其强调了跑步对于健身的意义。跑步是一项基本活动技能，是人体快速移动的一种动作姿势。跑步和走路的主要区别在于跑步时两腿在交替落地过程中有一个腾空阶段。跑步是最简便且易见实效的体育健身项目。近二三十年来，跑步已成为国内外千百万人参加的群众健身运动，是深受广大群众欢迎的健身项目。人们普遍认为跑步是最好的健身方法，跑步可以促进身体器官的健康,增强心、肺、血液循环系统的耐久力,而心血管系统健康是身体健康的最重要标志。跑步具有增强心肺功能、促进新陈代谢、增强神经系统功能的作用。跑步是一项实用技能,运用它锻炼身体,对正在成长的青少年来讲,是发展速度、耐力、灵巧性、协调性等运动素质,促进运动器官和内脏器官机能发展,以及增强体质的有效手段。对中老年人来说,是保持精力与体力、延年益寿、强身祛病的好方法。

一、短跑

短跑,即短距离跑,是人体在有氧条件下进行的一种运动,它能使有氧系统的活性增强,能提高人体的最大摄氧量,同时还有助于提高中枢神经系统的兴奋和抑制。它是发展运动能力、提高有氧代谢水平的重要手段。

(一)短跑技术

短跑全程(图5-1)分为起跑、起跑后的加速跑、途中跑和终点跑四部分。

图5-1 短跑全程

起跑器的安装因人而异,可根据学生的身高、身体素质水平、技术水平等情况选择适合两腿发力的安装方法。普通式起跑器的安装:后起跑器离前起跑器支撑面一个小腿长,两起跑器左右之间距离为10~15cm,前起跑器支撑面与地面成40°~45°角,后起跑器支撑面与地面成70°~80°角。

拉长式起跑器的安装:前起跑器距起跑线后沿约两脚长,后起跑器离前起跑器支撑面约一脚长。起跑器支撑面和地面的夹角以及左右间隔大体上和普通式起跑器的安装方法相同。

1. 起跑

起跑包括"各就位""预备"和"蹬离起跑器"三个动作。

(1)"各就位"动作(图5-2)是前脚、后脚依次踏在起跑器上。后膝跪地,四指并拢,拇指张开,呈"八"字形撑在起跑线后沿的地面上,两手之间距离略宽于肩,颈部放松,形成双脚、单膝、双手五点支撑地面的姿势。

(2)"预备"动作(图5-3)是听到口令时,吸一口气,从容抬臀,使之稍高于肩,身体重心适当前移,两肩稍超出起跑线,体重主要落在两肩和前腿上,前膝角为90°左右,后膝角为120°左右,颈部自然放松,两脚掌蹬紧起跑器,两脚紧贴抵足板。此时,身体应稳定,集中注意力听枪声。

(3)"蹬离起跑器"动作(图5-4)是当听到枪声后,两手迅速推离地面,双肩屈肘做迅速有力的前后摆动,两脚同时用力蹬离起跑器,后腿蹬离起跑器后以膝领先迅速向前摆动。摆动时脚掌不应离地太高,前腿充分蹬直,把身体向前上方用力送去。此时,后蹬脚与地面成42°~45°角,上体前倾,与地面成15°~20°角。

图5-2 "各就位"动作　　　　图5-3 "预备"动作

图5-4 "蹬离起跑器"动作

2. 起跑后的加速跑

加速跑的任务是在最短的距离内尽快加速进入途中跑。加速跑开始时,上体保持较大的前倾,双臂摆动幅度大而有力,充分蹬伸支撑腿,与此同时,摆动腿迅速前摆,摆动腿前摆时,大、小腿折叠程度小,前摆幅度大。在整个加速跑阶段,随着速度的加快,上体逐渐抬起,步幅逐渐加大,起跑后两脚逐渐落在一条直线的两侧。第一步着地点应尽量靠近身体重心投影点,步长不宜过大,一般为三个半至四个脚掌长,以后每步约增加半个脚掌长,逐渐增至途中跑的最大步长。加速跑阶段完成以后,应顺势做2~3步自然跑,随即过渡到途中跑。

3. 途中跑

途中跑是短跑全程中距离最长、速度最快的一段,占全程跑60%~70%的距离,其任务是继续发挥和保持高速跑。其动作特点是:

(1) 上体动作:上体稍前倾或正直,头部与躯干在一条直线上。两眼平视,面部、颈、肩放松,口微张开。摆臂时,应以肩关节为轴两臂屈肘,两手放松地张开或半握拳,轻快而有力地做前后摆动,前摆时手的高度齐于下颌,上、下臂夹角为60°~70°,后摆摆至上臂约与肩平,肘关节的角度约为90°。

(2) 摆动腿动作:摆动腿前摆时,以髋关节为轴,快速折叠前摆,当摆动腿膝关节摆过支撑面稍前方时,大小腿折叠达到最大限度,脚跟几乎触及臀部,大腿前摆的高度与上体接近垂直。前摆结束后,摆动腿积极下压,膝关节放松,小腿自然向前伸出,并稍抬脚尖,随着大腿继续下压,小腿和前脚掌积极鞭打扒地。着地瞬间,小腿与地面垂直,膝关节稍弯曲,足踵距地面有一定高度。脚着地以后,膝、踝关节继续弯曲,脚后跟下沉,以利于身体重心迅速前移和进行后蹬动作。

(3) 蹬伸动作:后蹬是前移的主要动力,蹬伸动作是由伸展髋、膝、踝三关节完成的。蹬伸动作首先是由伸展髋关节开始的,当摆动腿脚着地后,髋关节继续伸展,脚掌有力地扒地,带动身体重心迅速前移,使髋关节逐渐伸展。重心移动到支撑腿前的适宜位置时,进一步伸展髋、膝、踝三关节,最后通过踝关节蹬离地面,完成蹬伸动作。

4. 终点跑

终点跑是全程跑的最后一个跑程,其技术与途中跑基本相同。由于疲劳的出现,此时应保持上体稍前倾的姿势,加强后蹬和两臂摆动,在距终点线前一步时,做上体急速前倾动作,以胸部或肩部领先通过终点,然后逐渐减慢速度。

(二)弯道跑技术

弯道跑技术是短跑技术中的一个重要技术,主要包括弯道跑和弯道途中跑等两项重要的技术。

1. 弯道跑

弯道起跑、加速跑动作同直道起跑和加速跑。为了起跑后有一段直线加速跑,起跑器必须要安装在跑道右侧正对弯道切点的位置上。相应地,在做"各就位"动作时,左手应撑在距起跑线后5~10cm处。

2. 弯道途中跑

为了克服离心力,弯道跑动时,整个身体向内倾斜,摆动腿前摆时,左膝稍向外展,以前脚掌外侧着地,右膝稍微内扣,以脚掌内侧着地,同时,加大右腿前摆的幅度。弯道跑摆臂时,左臂摆动幅度稍小,靠近体侧前后摆动,右臂摆动的幅度和力量稍大,且前摆时稍向左前方,后摆时肘关节稍向外。弯道技术变化的程度与跑的速度、弯道半径有关,速度越快、半径越小,技术变化的程度越大。从弯道进入直道,身体逐渐减小内倾程度,放松跑2~3步,然后全力跑完全程。

(三)短跑的练习方法

对于短跑,其练习方法如下:

(1)弹性的慢跑练习。前脚掌着地,脚跟离地较高,富有弹性慢跑,练习过程中逐渐加快腿摆动速度,并要求大小腿折叠前摆。

(2)中等速度反复跑练习。练习距离为60~100m,练习时跑的动作要协调,步幅要大,同时注意后蹬、高抬和摆动腿的正确技术。

(3)通过牵引跑、下坡跑、变速跑等各种练习方法来提高跑的能力。

(四)弯道跑的练习方法

对于弯道跑,其练习方法如下:

(1)练习进出弯道。直道跑15~20m,接着跑进或跑出弯道30~40m。

(2)完整的弯道跑练习。练习距离为150m,体会进出弯道的衔接技术。

二、跨栏跑

跨栏跑运动起源于英国。17~18世纪时,英国一些地区畜牧业相当发达,牧民们经常需跨越畜栏,追赶逃跑的牲畜。节日里,一些喜爱热闹的年轻牧民还常常举行跳越羊圈的游戏,他们把栅栏搬到平地上,设若干个高矮和羊圈相仿的障碍,看谁能跑在最前面,这就是跨栏赛的雏形。跨栏跑是在一定距离内,跨过规定的高度和数量的栏架,技术性较强的短跑项目。国际比赛男子为110m高栏,栏高106cm,栏数10个;女子为100m低栏,栏高84cm,栏数10个。

（一）跨栏跑的技术

跨栏跑的技术（图5-5）可分为起跑至第一栏技术、跨栏步技术、栏间跑技术及全程跑技术。

图5-5　跨栏跑的技术

1. 起跑至第一栏技术

起跑至第一栏的主要任务是：使身体迅速摆脱静止状态，积极加速并准确地踏上起跨点，为过好第一架栏和形成良好的栏间节奏做好心理与身体上的准备。适宜的起跑至第一栏技术应符合以下要求：

（1）明确起跑器的安装。起跑至第一栏如跑8步，应将起跨腿放在前起跑器上。应注意，起跑的"预备"姿势重心要保持在一个较高的位置，这有利于上体较早地抬起和快速地蹬离起跑器。

（2）积极地加速。起跑后要利用积极的后蹬和有力的摆臂使速度逐渐加快，上体抬起的速度比短跑要早些。大约在第6步时基本达到短跑途中跑的姿势。

（3）准确地踏上起跨点。起跑后步长要稳步准确地增加，起跨前倒数第二步达到起跑时的最大步长，最后一步要积极准确地踏上起跨点，并形成一个积极而又迅速的短步。

（4）快速积极的栏前短步。栏前最后一步是一个比倒数第二步短约10~15cm的短步，是为了保持起跨时较高的重心位置（起跨时重心下降约1cm）。提高重心前移的速度为跨越第一架栏做好心理及技术上的准备。

2. 跨栏步技术

跨栏步技术是指起跨脚踏上起跨点到摆动腿的脚着地这一时期所表现出的技术动作。为便于分析，下面将其分为起跨攻栏和下栏着地两个技术。

（1）起跨攻栏技术。起跨攻栏是指从起跨脚踏上起跨点至重心腾空后达到最高点这一时期。起跨攻栏阶段的任务是保持较高的水平速度，使身体重心达到过栏所必需的腾起高度。起跨攻栏技术是跑跨结合的关键技术，这一阶段中的任何失误都会在下栏着地及栏间跑时反映出来，因此起跨攻栏技术是整个跨栏步技术的关键。

（2）下栏着地技术。下栏着地是指身体重心腾空达到最高点，到摆动腿脚着地支撑这一动作过程。此阶段的任务是使身体平稳、快速地转入栏间跑，尽可能地减少水平速度的损失。从理论上讲下栏动作是从重心腾空达到最高点后开始的，因为此时重心开始处于下降阶段。但事实上，下栏的动作和意识均早于此时。从动作上讲，在摆动腿的前脚掌接近栏板就开始了下压动作，同时起跨腿也在此时开始向前提拉的动作。从意识上讲运动员要树立"抬腿即下压"的概念，而不应有腾空过栏的感觉。

3. 栏间跑技术

栏间跑技术是指从过栏后摆动腿脚着地点至起跨脚踏上起跨点这段距离中，所表现出来的技术动作特征。栏间跑阶段的主要任务是：尽可能地加快栏间节奏，提高跑速，为过下一栏创造必要的前提条件。在栏高固定、栏距固定的条件下，栏间跑也就形成了与短跑不同的特殊的步数、步频、步长等技术特点。

（1）栏间跑第一步步长最小，其距离约为1.60m，其任务是尽快地将跨栏动作转变为平跑动作，为栏间跑的节奏和速度的发挥奠定良好的基础。第一步小的原因在于过栏时腾空时间较长，腾空高度较高，速度下降较大；下栏时膝关节几乎无缓冲，后蹬时无法充分发挥大肌群力量；起跨腿从体侧向前提拉，减小了向前摆动的力量与幅度；后蹬角度大于平跑时的角度。因此，为争取第一步必要的步长，应充分发挥踝关节在后蹬时的力量，依靠起跨腿的积极前摆来获得所需要的步长，保证栏间跑速和节奏的发挥。近年来栏间跑第一步有增大的趋势，这点应引起人们的注意。

（2）栏间跑第二步步长最大，其步长约为2.10m左右。动作外形上与短跑基本相近。这是由于此时运动员的跑动已消除了栏架对运动员的影响，运动员的主要精力在努力争取步速上。对于身体较高的运动员来说，由于这样的步长仍短于他们的常态步长，因此"屈蹬"技术在此表现得较为明显，这对于步频的加快和步速的提高有着十分积极的意义。

（3）栏间跑第三步步长中等，步长约为1.95m。这与起跨攻栏阶段是紧密相连的，运动员在此时要为起跨攻栏做准备，动作特点表现为：摆动腿下压积极，着地点靠近重心投影点，重心处于较高的位置，起伏不明显，速度达到最高点。

4. 全程跑技术

全程跑的任务是合理地将跨栏步技术与快速的栏间跑技术紧密地结合起来，使运动员的体能得以充分的发挥。

(二)跨栏跑的练习方法

（1）攻栏腿栏侧过栏辅助动作技术练习。每人4组，每组8~10个栏架，栏间距2.5~3.0m。采用栏间一步跑栏侧攻栏腿技术练习，特别强调：跑速快，果断、主动、快速攻栏；攻栏腿运动方向正，高抬大腿正向攻栏；攻栏腿过栏时注意下压大腿前伸小腿的鞭打式压栏动作；起跨腿后蹬快速有力，离地后主动侧平拉积极过栏；摆动腿高抬从栏侧攻栏，起跨腿蹬地后侧屈，以膝关节为"前导"，使大腿侧平主动前拉，并形成高抬大腿跑出第一步。

（2）栏侧起跨腿动作技术的专门练习。学生分成两路纵队，依次单人进行练习。每人4~6组，每组8~10个栏架。

（3）攻栏、起跨动作技术的专门练习。栏中攻栏、起跨腿技术专门练习时栏架由低逐渐升高，也可先用皮筋代替栏架，待掌握后用竹竿放在栏架高度上代替栏架，最后过渡到正式栏架练习；起跨时在栏前尽可能提高重心，上体前倾，过栏时两腿交替动作快速、有力。

三、三角障碍跑

障碍跑是在田径场地上跑越一定障碍的竞赛项目。三角障碍跑（图5-6）是考核一个人的速度、力量、灵敏、协调、柔韧等各种素质于一体的项目。三角障碍跑全程30m，分3个10m跑段。

（一）三角障碍跑的技术

三角障碍跑由3个10m直线跑段组成，但由于途中需绕过9个立杆，交换两次手榴弹，因此，为了节省时间成功地交换手榴弹,适合的步法很重要。这里介绍一种训练中常用的方法——777法

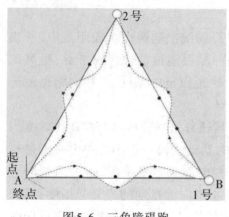

图5-6　三角障碍跑

或666法，即每个10m跑段用7步或6步跑完。起跑时左脚在前，右脚在后，一个10m跑段的跑动的步法。666法起跑时应是左脚在前、右脚在后，这样使得到达A、B、C（或D、E、F或G、H、J）三个立杆时，都是远离立杆的一侧脚在支撑，便于侧身转体，顺肩过杆；每一跑段跑至第5步时，都是右脚支撑完成第6步——交叉步，便于身体逆时针转体，左脚落在M（或N）处角的角平分线上，整个身体重心下降，面向下一跑段的前进方向，左脚前、右脚后，完成左、右手交换手榴弹。

侧身转体是此项目的一个突出特点，重心下降完成手榴弹的交换是本项目的技术难点。为顺利完成侧身转体，不触及立杆，跑动中支撑脚落在立杆侧25~30cm附近较为合适；在绕过每一跑段的第三个立杆后，第5步身体重心要适当下降，然后以右脚为支撑，在完成第6步——交叉步时，在空中逆时针转体，左脚在前，右脚在后，左脚落在角平分线上，身体面向下一跑段的前进方向，整个身体呈下蹲姿势完成左手拿弹，右手放弹。

（二）三角障碍跑的练习

（1）徒手单边练习。摆好三角障碍跑第一个跑段的标志杆，在相应的位置标好落脚点，练习者在起点处，左脚在前，右脚在后，以站立式起跑，踏标志点进行练习。

（2）两条跑段衔接的徒手练习。在能熟练通过第一条跑段的前提下，进行第二条跑段的练习。摆好三角障碍跑第一个圆圈就近的两根标志杆，在固定位置标出第5、6、7步和下个跑段第1、2步的位置，然后踏点进行练习。

第三节　跳跃与健身

跳跃能使人的感觉机能得到加强，是提高身体控制能力和集中用力能力，发展协调性、灵敏性的有效手段。

一、三级跳远

三级跳远起源于18世纪中叶的苏格兰和爱尔兰，两者跳法不同。苏格兰采用单足

跳、跨步跳、跳跃，而爱尔兰用的是单足跳、单足跳、跳跃。现规定必须使用苏格兰跳法。最早的正式比赛可以追溯到1826年3月17日首次举行的苏格兰地区运动会，比蒂（Andre Beattie）创造了12.95m的第一个纪录。比赛时，运动员助跑后应连续做3次不同形式的跳跃，第一跳为单足跳，用起跳腿落地；第二跳为跨步跳，用摆动腿落地；第三跳为跳跃，必须用双脚落入沙坑。男子三级跳远于1896年被列为首届奥运会比赛项目，女子三级跳远于20世纪80年代初逐渐广泛开展，1992年被列为奥运会比赛项目。

(一)三级跳远技术

三级跳远的完整技术(图5-7)是由助跑、第一跳(单足跳)、第二跳(跨步跳)和第三跳(跳跃)四部分组成。

图5-7 三级跳远的完整技术

1. 助跑

三级跳远助跑基本上和急行跳远相似。不同的是：三级跳远的第一跳不像在跳远中那样强调获得高度，因而最后几步助跑时，上体可稍前倾。助跑的距离可根据运动员情况，灵活掌握。一般可跑12~14步。

2. 第一跳(单足跳)

三级跳远的第一跳是用力的腿做起跳腿。起跳后经过空中交换腿的动作再用它落地，完成单足跳。第一跳的任务既要获得远度，又要为第二跳做准备。因此，要尽量加快起跳速度，以保持水平速度，使身体重心迅速前移，起跳的蹬地角和腾空角度均比跳远要小。起跳时腿的蹬地角约60°~65°，身体重心腾起角约16°~18°。起跳后，形成一个腾空步，在腾空步中，上体正直，保持一定的腾空时间。在腾空步的后半段，起跳腿以大腿带动小腿前摆，与摆动腿交换，称为"腾空步"。其动作要求是，起跳腿屈膝向前上方摆动，同时摆动腿由上向下、向后摆动，形成"交换步"。上体稍前倾，两臂配合腿的动作协调摆动，以维持身体平衡。在"交换步"后，起跳腿继续前摆至大腿与地面平行，然后大腿积极下压，由前向下。向后积极以"刨地式"落地，异侧臂由前向后侧摆，准备第二跳的起跳。

3. 第二跳(跨步跳)

三级跳远的跨步跳是以单足跳的落地腿为起跳腿。第一跳落地后，上体保持正直，髋关节尽量保持挺直。此时，摆动腿由后向前积极屈膝上摆，两臂协调配合由后侧向前上方摆动，同时，起跳腿快速有力蹬地，积极送髋，完成第二跳。在第二跳腾空的后半段，摆动腿继续向上摆动至大腿与地面平行或稍高，起跳腿仍然在身后弯曲，上体稍前倾。两臂同时由上成弧形向下、向后侧方摆动,快落地时,两臂已摆至身体的后侧方。摆动腿开始迅速而积极做"刨地式"的落地,准备第三跳。

4. 第三跳(跳跃)

三级跳远的第三跳是以跨步跳的落地腿为起跳腿,在摆动腿和双臂摆动的配合下完成起跳动作。腾空动作一般为蹲踞式,也可以采用挺身式或走步式。准备落地时,在两臂用力向体后挥摆动作的配合下,两腿尽量高抬,并尽可能地向远处伸腿。落地时,屈膝前倒,两臂同时向体前摆动。

(二)三级跳远的练习方法

(1)用4～8步做完整的三级跳远练习。注意各跳的技术衔接。

(2)短距离做三级跳远练习。要求上体姿势正确,腿和臂的动作配合协调。

(3)短距离助跑,按不同的远度标志来完成各跳的动作。要求第一跳、第二跳、第三跳的节奏要好,第三跳要用力,第二跳的距离要比其他两跳短些。

(4)中等距离助跑,做三级跳远练习。

(5)全程助跑的三级跳远练习。确定助跑距离,改进三跳中的技术细节。

(6)按照每个学生的特点,确定三跳的节奏和第三跳的空中姿势。

二、跳远

跳远是人体通过快速助跑积极起跳,采用合理的空中姿势和落地动作,使人体跳过更远距离的运动项目。跳远是锻炼身体的手段,经常练习跳远能有效地发展速度、力量、灵敏性等身体素质,增强心、肺功能,调节神经系统的灵活性,提高身体各部分协调用力的能力,培养勇敢、顽强、果断的意志品质。

(一)跳远技术

跳远完整技术包括助跑、起跳、腾空和落地四个部分。

1. 助跑

助跑的目的是使运动员获得可控制的最大水平速度并使身体达到最理想的起跳位置,为强有力的起跳做好充分准备。一般男子的助跑距离为35～45m,女子为30～40m,速度发挥得快的,助跑距离相应缩短;反之,适当加长。助跑的起动方式有静止状态起动和行进间起动两种。助跑时动作应舒展且富有弹性,身体重心高且移动平衡,摆动腿高抬膝至水平位置时,前脚掌积极着地,在一条直线上,两臂摆动协调有力,助跑开始时上体前倾约30°,助跑中上体逐渐挺直,起跳时上体与地面基本垂直。

2. 起跳

起跳的任务是改变身体重心向前运动的方向,跳远的腾起角是水平速度和垂直速度的合成角(一般为18°～24°)。起跳是决定跳远成绩的主要因素,起跳要快速积极、柔和、富有弹性,移动要快,同时积极摆动前手臂,并迅速完成起跳腿的蹬伸。跳起蹬伸时,整个身体向上伸展,两臂前后摆起。

3. 腾空

运动员结束起跳之后,便进入腾空阶段。腾空后,根据在空中的动作可以把跳远分为三种不同的技术：蹲踞式、挺身式、走步式。走步式对练习者的身体综合能力有较高要求。下面着重介绍蹲踞式和挺身式跳远。

(1)蹲踞式跳远腾空技术要点(图5-8)。起跳完成后,摆动腿的大小腿收紧,迅速高抬,身体躯干垂直,两手臂向前方迅速摆动,然后起跳腿向摆动腿靠拢,两腿一并上举,使膝接近胸部,落地时,大腿上抬,小腿前伸,两臂由体前向后摆动,空中要保持身体平衡,防止上体前旋。

(2)挺身式跳远腾空技术要点(图5-9)。起跳后,保持腾空步的时间比蹲踞式短,完成腾空步动作后,摆动腿向下摆动,带动小腿完成向前并向后方的弧线摆动,在髋关节伸展的同时,起跳腿在髋下折叠,向下后方摆动,与摆动腿并列,臀部前移,胸腰前挺,两臂向下。两臂后上方摆动超过头部,形成空中展体挺身的动作姿势。准备落地时,两臂由后上方向前、向下、向后方摆动,两腿前摆,收腹举腿,小腿前伸,上体前倾,接着做落地的动作。

图5-8　蹲踞式跳远腾空技术要点

图5-9　挺身式跳远腾空技术要点

4. 落地

正确的落地技术动作既有利于跳远成绩的保持或提高,又可避免伤害事故的发生。身体在落地前双膝尽可能伸直,上体适当前倾。落地时,两脚平行并拢,当脚跟落进沙坑时,膝关节迅速弯曲,臀部前移,两臂屈肘积极前摆,使身体重心迅速移过支撑点,以臀部落在支撑点上完成落地动作。

(二)跳远的练习方法

(1)原地模仿起跳练习。两脚前后站立,摆动腿在前,稍屈膝,起跳腿在后,身体重心落在前脚上。动作开始时,摆动腿蹬地,起跳腿积极地由后向前迈进,模仿向下放脚的踏板动作,全脚掌滚动着地,随即缓冲和蹬伸起跳,同时两臂要配合双腿的动作积极摆动。身体各部分配合要协调，起跳腿蹬伸迅速，摆动腿向前上方摆动积极，身体重心迅速跟上。

（2）在跑道上连续慢跑三步或五步并结合起跳练习，用摆动腿落地。

（3）利用弹簧板，短程助跑起跳，形成腾空步后，完成空中蹲踞式或挺身式姿势，然后做伸腿落地动作。

（4）做全程助跑蹲踞式或挺身式跳远练习，体会完整的技术动作。

第四节　投掷与健身

投掷项目是表现人体力量的运动，能使人体肌肉发达，力量增强，改善人体灵活性。推铅球是田径运动的"投掷项目之母"，是一个以力量为基础、以速度为核心的投掷项目。它对增强体质，特别是发展躯干和上下肢力量有显著的作用。运动员站在直径为2.135m的圆圈内，经过滑步（或旋转）单手从肩上将铅球推出，使铅球落在规定的投掷区域内。

一、推铅球技术

推铅球的方法目前主要有两种，即背向滑步推球和旋转推球。现介绍背向滑步推球技术（图5-10）。

预备　　　预摆　　　　滑步　　　　　　　最后用力

图5-10　背向滑步推球技术

1. 握球和持球

五指自然分开，把球放在食指、中指和无名指上，大拇指和小指自然地扶在球的两侧，手腕背屈，掌心不触球。握好球后，把球放在肩上锁骨窝处，贴在颈部，掌心向前，肘略低于肩或与肩同高，臂自然放松。

2. 预备姿势

预备姿势有高姿势和低姿势两种。

（1）高姿势。背向投掷方向，站在圈内靠近后沿处。两脚前后开立，右脚在前脚尖贴近投掷圈后沿，左脚稍后，前脚掌或脚尖着地，左臂微曲上举，上体正直，身体重心落在右腿上，两眼看前下方。

（2）低姿势。同高姿势的不同之处就是在圈内站好后，上体前屈，左臂自然下垂并稍向内，两眼看前下方，铅球投影点在右脚的右侧前方。

高姿势较自然放松,能协调进入滑步,但对腿部、腰背肌力量和平衡能力要求较高。低姿势容易维持身体平衡,但滑步前全身肌肉较紧张,右腿负担较大。多数人采用高姿势。

3. 滑步

滑步的目的是使铅球在最后用力之前,提前获得一定的速度。右腿伸直以全脚掌或前脚掌支撑身体,同时上体前屈,左臂前伸稍向内,左腿摆到一定高度,上体前屈约与地面平行。左腿收回的同时,右腿膝下蹲,当左腿靠近右腿时,全身呈团身状态。随后左腿以大腿带动快速向抵趾板方向摆动,同时右腿用前脚掌蹬离地面,并迅速收拉小腿。右脚贴近地面边收边向内转,落在投掷圈中心附近,与投掷方向呈90°～130°角。左脚积极以前脚掌内侧着地,落在中线左侧靠近抵趾板处,恢复成预备姿势,准备最后用力。

4. 用力和维持平衡

在完成滑步动作左脚落地瞬间,便开始最后用力,右腿用力蹬地,转髋、送髋、抬体,促使身体向投掷方向移动,这时左臂和左肩向投掷方向牵引,左腿做好左侧支撑,以防止出现过早转体和向左侧倾倒的现象,当身体重心由右腿逐渐移到左腿时,右腿迅速伸直,上体和头部向投掷方向转动,爆发式地挺胸推球出手,最后用手指快速拨球,出手角度一般为38°～42°。球出手后,右脚向前换步,降低身体重心,维持身体平衡。

二、推铅球的练习方法

(1)徒手或用实心球做原地推球练习,体会动作要领。
(2)原地推轻球练习,主要体会下肢蹬地力量,然后结合躯干和手臂力量练习。
(3)原地向上推实心球过2m高横杆,体会推球顺序和方向。
(4)原地向下推铅球,体会手指拨球时的动作要领。
(5)徒手背向滑步推球模仿练习。
(6)持轻球进行完整滑步推铅球技术练习。

第六章 篮球运动

篮球运动是在规定的场地内,通过集体配合用手将球投入对方防守的球篮得分的对抗性运动项目。篮球运动显著的特点是以投篮为中心,按得分的多少决定胜负,一切攻防技术和运用战术都是为了投篮和阻挠对方投篮。篮球场上的对抗是地面和空间的争夺,是有球队员、无球队员之间的攻守对抗和抢夺篮板球的对抗。因此,篮球运动是一项比速度、争高度并与战术相结合的综合性活动,要求球员手脚动作灵活,并结合躯干共同完成各种复杂的技术动作。

第一节 篮球运动概述

一、篮球运动的起源和发展

篮球运动起源于美国,1891年由美国马萨诸塞州詹姆士·奈史密斯教授发明。劳动生活与实践为篮球运动的创造提供了原型素材,奈史密斯从桃园中的工人和儿童从树上摘桃子扔入筐内这件事受到启发,设计了一种以投准为胜负而互相向桃竹篮筐内投射皮球的游戏,两个桃竹篮筐分别悬挂在离地面3.05m(也是当今篮筐高度标定的来历)高的两侧墙壁上,由于是向篮筐中投球,便形象地命名为篮球游戏。

篮球运动于1895年由美国基督教青年会的莱会理博士带入中国,中国是开展篮球运动最早的国家之一。

现代篮球运动经过了构思设计、规则完善等演变历程,从初创时期的19世纪90年代至今共5个发展时期。由一种娱乐性游戏项目到竞技性运动项目,发展成为一门将相关学科交叉融为一体的科学学科——篮球运动学。

篮球运动集强身健体、启智育人、娱乐观赏、社会交往于一体,已成为一种世界性文化,给人以启示和鼓舞,使人增智和受到教育。作为体育课程门类,它以全面系统的科学理论基础,解释篮球运动的本质,以丰富多彩的实践内容融入全面综合素质教育,开发智慧,陶冶情操,提高素质,开拓思路,在特殊复杂的环境下,掌握不同时间、空间条件下自身运动规律。作为特殊艺术,它以独特的活动形式形象地展示人体优美形态和心灵气质,和谐地反映人类对现代社会文明生活的创新与追求。现在,全球各类形式的篮球人口已达15亿左右,中国从事各类篮球活动的人口超过2亿,传统的"篮球之乡""篮球之城""篮球之校"遍及中国。

二、篮球运动的特点和锻炼价值

（一）篮球运动的特点

1. 以投篮为中心，按得分多少定胜负

篮球运动的一切攻守技术和战术都是为了投篮和制约对方投篮。为了投篮得分，进攻时要千方百计地创造好投篮时机，增加进攻的次数，提高投篮命中率。为了不让对方投篮，必须加强防守的攻击性，提高封盖、堵卡、抢断技术和协防、补防能力。比赛中，为了多投篮、多得分，双方都力求在攻防中拼抢，以争得更多的篮板球，减少攻防失误和犯规，增加进攻的次数。

2. 攻防对抗并不断转化

篮球运动的对抗有地面争夺和空间争夺两种，主要表现为有球队员、无球队员攻守之间以及争夺篮板球的对抗。因此，篮球运动是一项速度和高度相结合的运动。比赛中不仅需要速度和灵活性来加强地面争夺能力，而且还需要身高和弹跳能力以控制空间，争取空间优势。比赛中进攻与防守反复交替，决定了篮球运动的进攻和防守处于同样重要的地位。只有具备强有力的进攻和攻击性的防守，以及快速的攻守转化能力，才能真正取得比赛的主动权。

3. 篮球运动是一项综合性的运动

篮球运动是一项综合性的活动，以手臂和脚步动作为主，结合躯干共同完成技术、技能的施展，并要求技术动作之间相互衔接。因此，在训练中不仅要抓手脚的基本功，而且还要重视动作的转换速度，加强技术动作之间的结合和配套训练。只有这样，才能使技术动作的衔接更加完善，运用更加自如。

4. 运动强度大，争夺激烈，快速多变

篮球运动是直接对抗的运动项目。一场比赛错综复杂，瞬息万变。运动员必须在不断变化和紧张激烈的情况下做出快速准确的反应。因此，要求运动员不仅要掌握协调的动作，具备随机应变的能力，而且还要有很好的心理素质和很快的反应速度。

5. 有特定的规则限制

篮球运动中有时间、动作、暂停、换人等限制，目的是保证篮球运动尽量避免粗野动作，在合理的情况下以把球投进对方篮筐为得分，以双方得分多少定胜负。

6. 具有较强的集体性

篮球比赛由5人上场，7个人在场外准备替补。为了战胜对方，参加比赛的5名队员必须在攻守中团结一致，密切配合，同时为了保证比赛的高速度，在比赛中需要经常换人。因此，一个球队必须从思想上、技术上、战术上培养集体战斗能力，并根据队员的个人特点组织战术配合，充分调动每名队员的积极性，使每名队员的综合技能在集体配合中得到充分发挥。

（二）篮球运动的作用与锻炼价值

（1）篮球运动能培养运动员团结友爱的集体荣誉感、严格的组织纪律性、顽强的意志品质和积极拼搏的精神。

（2）篮球运动的教学、训练和比赛，能提高队员各感受器官的功能，对提高神经中枢的灵活性及协调支配各器官的能力、改善内脏器官的功能，有良好的促进作用。

（3）篮球运动能促进参加者力量、速度、耐力、灵敏、弹跳等身体素质的全面发展，同时，对提高分配和集中注意的能力，对空间、时间的掌握和定向能力，也起着很好的作用。

（4）篮球运动具有较大的吸引力，参加者不受年龄、性别的限制。它既能增强体质，促进健康，又能丰富人们的业余文化生活，振奋精神，从而提高劳动、工作和学习的效率。篮球运动对增进友谊，加强国际友好往来，加深各国人民之间的了解，也有着积极的意义。

第二节　篮球运动的基本技术

篮球技术包括移动技术，如跑、跳、急停、转身等无球动作方法；支配球技术，如传接球、运球、投篮等有球动作方法和争夺球技术以及在攻守对抗下运用技术动作的技巧等方面。

一、移动

移动是篮球比赛中队员为了改变位置、方向、速度和争取高度等所采用的各种脚步动作方法的统称。移动是篮球技术的基础，也是比赛中运用最多的技术，同时也是实现篮球战术配合的重要因素。

（一）准备姿势

两脚自然左右（前后）分开，两脚距离稍宽于肩，两腿弯曲，上体稍前倾，收腹、提臀，双手自然放于身体两侧，小臂在体前弯曲，两眼注视场上情况。

（二）跑

1. 起动跑

从基本姿势开始，起动时，重心向跑动方向移动，以后脚（向前起动）或异侧脚（向侧起动）的前掌突然用力蹬地，同时上体迅速前倾或侧转，充分利用蹬地的反作用力，迅速地向跑动方向迈出。起动后前两三步应步幅小、频率快。

练习方法：

（1）原地移动重心练习。

要求：动作正确，反应迅速，重心稳定。

（2）原地各种动作的起步跑练习。

（3）抢地滚球练习。

2. 侧身跑

侧身跑是队员向前跑的过程中为了观察场上情况，头与上体侧转，向着球的方向，脚尖朝着前进方向跑的动作方法。

练习方法：
(1)直线跑看目标练习。
(2)沿三分线跑看目标练习。

(三)跳

跳是队员在场上争取高度及远度，控制空间，争取主动的一种动作方法。

1. 跨步起跳

两脚开立，屈膝，快速下蹲，上体前倾，两脚用力蹬地，伸膝，提腰，两臂迅速上摆，上体在空中自然伸展。落地时，屈膝，用前脚掌着地，缓冲下落，保持身体平衡。

练习方法：
(1)由基本姿势开始，原地双脚向上起跳。
(2)由基本姿势开始，原地向前跨一步向上起跳。
(3)两人一组相距1m，一人持球向上投球，另一人双脚跳起封盖。

2. 单脚起跳

起跳时，踏跳腿屈膝前送，起跳腿用脚跟先着地再过渡到前脚掌用力蹬地，同时提腰摆臂，摆动腿屈膝上抬，当身体上升到最高点时，摆动腿自然伸直，落地时屈膝降重心。

练习方法：
进行助跑、单脚起跳、用手触摸篮板或篮筐练习。

(四)急停

急停是队员在跑动中突然制动的一种方法，是各种脚步动作衔接和变化的过渡动作，它多与其他技术组合在一起使用。

1. 跨步(两步)急停

在快速跑动中急停时，先向前跨出一大步，用脚跟先着地再过渡到全脚掌触地，迅速屈膝，同时身体后仰，后移重心；再跨上第二步，用前脚脚掌内侧蹬地，两膝弯曲，身体稍向内转，重心移至两脚之间，两臂屈肘自然张开，控制身体平衡。

2. 跳步(一步)急停

在中慢速移动时，用单脚或双脚起跳(离地不高)，上体稍向后仰，两脚同时平行落地，落地时全脚掌着地，用脚内侧蹬地；两膝弯曲，两臂自然张开，保持身体平衡。

练习方法：
(1)原地做跨步或跳步急停练习。
(2)在慢跑中听信号做跨步或跳步急停练习。
(3)跑动中做跨步或跳步急停接球后再传球练习。

(五)转身

转身是在一脚蹬地向前或向后跨出的同时，以另一脚为中枢脚进行旋转而改变身体方向的一种技术动作，转身动作用于摆脱防守和在防守中抢占有利位置。

1. 前转身

绕中枢脚尖方向转动的转身叫前转身。转身时，重心移向中枢脚，另一只脚的脚掌蹬地,同时中枢脚以前脚掌为轴用力碾地,上体随移动脚转动,转动过程中,要保持身体重心平衡,不要起伏,转身后重心迅速落在两脚之间。

2. 后转身

绕中枢脚跟方向转动的转身叫后转身。动作方法与前转身一致。

练习方法:

(1)由基本姿势开始,原地做前后转身练习。

(2)原地持球做前后转身练习。

(3)快跑中接球急停后,做前后转身练习,再做传球练习。

(六)跨步

跨步是一种起步的动作方法,它利用真假动作摆脱对手,争取空间和位置差,创造进攻机会。

1. 顺步跨步

以左脚为中枢脚,左脚蹬地,右脚向同侧跨出一大步,落地时,两脚尖向前,重心移向右脚,两腿弯曲。以右脚为中枢脚,动作相同,方向相反。

2. 交叉步跨步

以左脚为中枢脚,右脚前脚掌内侧迅速蹬地,向左侧前方跨出,落地时,两脚尖向前,重心移向右脚,两腿弯曲。以右脚为中枢脚做交叉步跨步时,动作相反。

3. 绕步跨步

绕步有绕前和绕后之分。绕前(从右侧绕前)时,右脚先向右滑,跨半步,左脚蹬地提起,同时右脚侧蹬,左脚绕过跨出或跃出,手臂根据防守需要做打球或抢断动作。绕后步与绕前步动作相同,方向相反。

练习方法:

(1)以基本站立姿势徒手做顺步和交叉步跨步练习。

(2)以持球站立姿势做顺步和交叉步跨步练习。

(3)自抛自接急停后做顺步和交叉步跨步练习。

(4)两人一组,一人原地站立,另一人做绕前、绕后步练习,轮换。

(七)滑步

滑步是防守移动的一种主要方法。它易于保持身体平衡,滑步时可向任何方向移动,可在防守中抢占有利位置,阻挠进攻者的行动。

1. 侧滑步

两脚平行站立,两膝弯曲,上体前倾,两臂侧伸。向左侧滑步时,右脚前脚掌内侧蹬地,左脚向左跨出,落地的同时,右脚跟进滑动,两脚保持一定距离,左脚继续,移动中重心要稳,保持一定的步幅。向右侧滑步时,动作相同,方向相反。

2. 前滑步(攻击步)

前滑步时,利用后脚蹬地,前脚迅速向前跨出,逼近对手。运用前滑步时,伸出前脚的同侧手以干扰对方。

3. 后滑步

基本姿势和手臂动作同前滑步。后滑步时,用前脚掌内侧蹬地,后脚向后撤跨,由脚跟至脚尖着地,然后再向后滑动前脚,保持低重心,宽步幅。

练习方法:

(1)原地基本步法练习。

(2)滑步堵位练习。

二、传接球

(一)传球

传球是篮球比赛中进攻队员之间有目的地转移球的方法,是进攻队员在场上相互联系和组织进攻的纽带,是实现战术配合的具体手段。传球质量的高低直接影响战术质量和比赛的胜负。

1. 持球

双手自然分开,拇指相对成"八"字形,用指根以上部位握住球的两侧后下方,手心空出,两臂弯曲,肘关节下垂,持球于胸前。

2. 双手胸前传球(图6-1)

动作要点:手臂伸向传球方向,两手腕下压、外翻,快速地抖腕、拨指,将球传出。

运用:常用于快速传球推进,阵地进攻时外围队员转移球以及不同距离的传球。它便于同投篮、突破等技术组合运用。

3. 双手反弹传球(图6-2)

动作要点:与双手胸前传球基本相同。两臂向前下方用力,腕、指快速抖动传球。球击地点和力量大小要以球反弹后接球队员能顺利接到球为宜。

运用:多用于向内线传球,突破分球、快攻一传和结束段的传球。

图6-1　双手胸前传球　　　　　　图6-2　双手反弹传球

4. 双手头上传球(图6-3)

动作要点:两手握球于头上,前臂稍前摆,用手腕和手指短促、有力地抖动将球传出。

运用:多用于高个队员转移球给中锋队员或传给切入篮下的队员。在抢到后场篮板球后,为避免对方封堵,可跳起用双手头上传球。

5. 单手肩上传球(图6-4)

动作要点:以右手传球为例。传球前,左脚向前跨半步,向右转体将球引至右肩侧上方;传球时,上体向左转动并带动肩、肘和前臂快速前摆、扣腕,手指用力将球传出。

运用：多用于中、远距离传球。在抢到防守篮板球后快攻，第一传和接应队员把球传给跑向篮下的队员时，经常运用单手肩上传球。

6. 单手胸前传球（图6-5）

动作要点：持球方法与双手胸前传球相同。传球时，传球手的前臂快速前伸，手腕急促前扣，手腕、手指用力将球传出。

图6-3　双手头上传球　　　图6-4　单手肩上传球　　　图6-5　单手胸前传球

运用：多用于近距离和快速传球。如果与防守队员距离较近，可以突然将球从防守队员头顶、耳旁传出。它便于和双手胸前投篮、运球突破组合运用。

7. 单手反弹传球

动作要点：单手反弹向前传球的手法与单手胸前传球基本相同，只是手臂向前下方用力，球击地后，反弹给同伴。

运用：它是小个子队员对付高大队员的传球方法。向内线队员和向空切篮下的队员传球时，也多用此种传球方法。

（二）接球

接球有双手接球和单手接球两种。双手接球的优点是握球牢、稳，易于转换其他动作。单手接球的优点是控制的范围大，能接不同方向的来球，但是单手接球不如双手接球牢、稳，因此一般情况下应尽量用双手接球。

1. 双手接胸部高度的球

接球时，两眼注视来球，两臂伸出迎球，手指向前上方，自然分开，两拇指成"八"字形；手指触球后，迅速收臂将球置于身前或体侧，两臂随球后引缓冲来球的力量，握球于胸腹之间。保持身体平衡，为下一个动作做好准备。

2. 双手接反弹球

接球时，迎球跨步，上体前倾，两眼注视来球反弹的高度，两臂迎球向前下方伸出，五指自然分开，两手握球，顺势将球移至胸腹间，保持身体平衡。

3. 单手接胸部高度的球

以右手接球为例，右脚向来球的方向迈出，右手自然伸出迎球，两眼注视来球方向，五指自然分开，手掌成勺形。当指端触球时，手臂顺势将球向后下方引，左手立即协助握球，双手持球于胸腹之间，保持持球基本站立姿势。

练习方法：

（1）原地相对做传、接球练习。

（2）扇形传、接球练习。

（3）两人相对跑动传、接球练习。

(4)全场直线跑动向左右传、接球练习。

(5)全场弧线跑动向左右传、接球练习。

三、投篮

投篮是进攻队员将球投入篮筐而采用的各种专门动作方法的总称,是篮球运动的主要进攻技术,是得分的唯一手段。投篮得分的多少决定一场比赛的胜负,任何战术的运用,都是为了创造更多、更好的投篮机会,因此想取得比赛的胜利,就必须正确和熟练地掌握投篮技术,提高命中率。

(一)原地单手肩上投篮

以右手投篮为例,右手持球于肩上,左手扶球的左侧,右臂屈肘,前臂与地面接近垂直,两脚左右(前后)开立,两膝微屈,重心落在两脚之间。投篮时,下肢蹬地发力,右臂向前上方伸直。接近最高点时,手腕前屈,用食指、中指拨球,通过指端将球投出,如图6-6所示。

(二)原地双手胸前投篮

双手持球于胸前,肘关节自然下垂,上体稍前倾,两腿微屈。投篮时,两腿蹬地,两臂向前方伸展,手腕同时外翻,最后用拇指、食指、中指将球投出,如图6-7所示。

图6-6　原地单手肩上投篮　　　　图6-7　原地双手胸前投篮

(三)行进间投篮

以右手投篮为例,当球在空中运行时,右脚向来球方向或投篮方向跨出一大步,同时接球,左脚向前跨出一小步,脚跟先着地,上体稍后仰;然后迅速过渡到前脚掌着地并用力蹬地起跳,同时双手向前上方举球;当身体接近最高点时,左手离球,右手外旋,掌心向上托球,并充分向篮筐的上方伸直,接着屈腕,食指、中指用力拨球,通过指端将球投出,如图6-8所示。

(四)跳投

以右手投篮为例,双手持球于胸前,两脚前后(或左右)开立,两腿微屈,重心在两脚之间。起跳时两腿迅速屈膝,脚掌用力蹬地向上起跳,双手举球至肩上,右手托球,左手扶球于左侧方;当身体接近最高点时,左手离球,右臂向前上方伸直,手腕前屈,用食指、中指拨球,通过指端将球投出;落地时,屈膝缓冲,为下一个动作做准备,如图6-9所示。

练习方法：

(1) 相对互投练习。

(2) 正面投篮练习。

(3) 跑动接球投篮练习。

(4) 连续切入投篮练习。

图 6-8　行进间投篮　　　　　　　　图 6-9　跳投

四、运球

运球是持球队员在原地或移动中，用手连续按拍，借助地面使球反弹起来的动作。运球是篮球比赛中的一项重要技术，它不仅可以突破防守，打乱对方的防守部署，形成良好的个人进攻机会，而且是调整进攻队形、发动战术配合的有力手段；运球还是快攻发动、快攻推进和快攻结束的重要方法之一。当对方采用全场紧逼防守时，娴熟的个人运球技术也是攻破紧逼的有力武器。

（一）高运球

两腿微屈，抬头目视前方，上体稍前倾，用力按拍球的后上方，球的落点在身体的侧前方，球反弹高度在胸腹之间，手脚要协调配合，使球有节奏地向前运行，如图 6-10 所示。

（二）低运球

两腿深屈，抬头目视前方，上体前倾，身体半蹲，用手短促地按拍球；不运球的手臂架起，用身体、手臂和腿保护球。球反弹的高度在膝关节以下，便于控制球和摆脱防守继续前进，如图 6-11 所示。

（三）急停急起运球

运球急停时，速度略降低，运球要低，手按拍球的正上方，使球垂直反弹，同时做跨步或跳步急停，双膝深屈，注意保护球；运球急起时，用力蹬地，上体前倾，迅速起动，手按拍球的后上方，加速向前运球，如图 6-12 所示。

图 6-10　高运球　　　　图 6-11　低运球　　　　图 6-12　急停急起运球

（四）体前换手运球

以由右向左做体前换手运球为例，运球向右前方推进，换手时，右手利用球的反弹力吸住球的右上部，由身体的右侧通过身前将球拉至身体的左侧下后拍球换手，同时转动腰、肩，右脚蹬地，迅速向左前方跨出，身体前倾，重心前移，带动球；换手后左脚向前迈出，右臂屈肘抬起保护球，左手及时按拍球的后上方，继续运球前进，如图6-13所示。

（1） （2） （3） （4）

图6-13 体前换手运球

（五）后转身运球

以右手运球为例，跨出左脚，左肩对着防守队员。以左脚为中枢脚，右手按在球的前上方，右脚蹬地做后转身动作，将球拉至身体的后侧方，然后换左手向前推进。拉球的幅度要大，上体不要上下起伏，拉球的动作与后转身的动作应协调一致，如图6-14所示。

（六）背后运球

以右手运球为例，右脚在前，右手将球拉至身后，迅速按拍球的右侧后方，同时左脚前跨，使球从身后拍至左脚的侧前方，右脚迅速向左前方跨步，上体左转侧肩，换左手快速运球前进，如图6-15所示。

练习方法：
(1)直线运球练习。
(2)换手变向运球练习。
(3)各种运球技术的结合练习。
(4)全场各种运球练习。

（1） （2） （3） （4）

（5） （6） （7） （8）

图6-14 后转身运球

图 6-15　背后运球

五、持球突破

持球突破是持球队员运用脚步动作与运球相结合的一种攻击性很强的进攻技术。持球突破不仅能创造良好的个人攻击机会，而且能使对方犯规、挫伤对方的有生力量和削减对方的战斗力。

如果将持球突破和投篮、传球很好地结合起来运用，它不仅能使突破技术更易奏效，而且能使进攻技术更加灵活、机动、富有攻击性，更容易击破对方的防守部署，为同伴创造出更好的攻击机会。

（一）原地交叉步突破

以左脚为中枢脚，两脚平行开立，两脚微屈，重心降低，持球于胸前，突破前做瞄篮或跨步假动作；突破时，重心移到左脚，右脚内侧迅速蹬地并向左前方跨出一大步，上体向左转、探肩，右肩向前下压，将球引至左侧，在左脚离地前用左手推拍球于迈出脚的侧前方；同时，左脚蹬地，迅速超越对手，如图 6-16 所示。

（二）原地同侧步突破

准备姿势与原地交叉步突破相同。突破时，左脚向内侧蹬地，右脚迅速向防守队员左侧跨出，上体稍右转，同时探肩，重心前移，在左脚离地前，用右手推拍球于右脚的侧前方，同时，左脚用力蹬地，加速超越对手，如图 6-17 所示。

图 6-16　原地交叉步突破　　　　图 6-17　原地同侧步突破

（三）后转身突破

以左脚为中枢脚，背向篮筐站立，两脚平行（或前后）开立，两腿弯曲，重心降低，两手持球于腹前；突破前，以左脚为轴转身，右脚向右侧后方跨步，上体右转，右手向右脚前方放球，左脚内侧迅速蹬地，向篮筐方向跨出，运球突破。

（四）前转身突破

以左脚为中枢脚，背向篮筐站立，突破时重心移至左脚上，右脚前脚掌内侧蹬地，以左脚为轴，右脚随着前转身向篮筐方向跨步时，左肩向篮筐方向压，右手运球后左脚蹬地,向前跨出,突破对手。

练习方法:

(1)在无防守的情况下做持球突破动作练习。

(2)原地持球突破练习,掌握交叉步突破和顺步突破的动作方法。

(3)原地持球做转身和后转身突破动作练习。

(4)原地持球转身后与交叉步和顺步突破结合练习。一般情况下,前转身多与交叉步结合,后转身多与顺步结合。

(5)向前、侧方抛球,然后跳步接球,做急停、突破练习。

(6)熟练掌握突破技术后,结合突破前运用假动作的练习,提高运用动作的变化能力和动作的转换速度。

(7)原地持球突破练习。

(8)跳步接球急停突破上篮。

(9)前转身、后转身跨步练习。

六、个人防守

防守是防守队员合理运用脚步动作、身体动作和手臂动作限制和破坏对手的进攻意图和行动,造成对方失误,并以争夺控球权为目的的一种基本技术。防守对手主要有两种:防守无球队员和防守有球队员。

(一)防守无球队员

比赛中,防守队员绝大部分时间都处在防守无球队员的状态。它的主要任务是尽可能不让对手在有效攻击区接到球,防守队员必须随时抢到"人球兼顾"的有利位置,要做到"内紧外松,近球紧,远球松,松紧结合",要及时、果断地进行协防配合,帮助同伴防守对方威胁大或持球进攻的队员,要有随时补防、夹击和换防的集体防守意识和能力,如图6-18所示。

(二)防守有球队员

防守有球队员的主要任务是尽力干扰和破坏其投篮,堵截其运球和突破,封锁其助攻传球,并积极地抢、打、断球以达到控制球权的目的。在防守中,合理运用防守动作,不要轻易被对方假动作迷惑,要及时发现对手的进攻特点,选择合理的防守位置,采取针对性的防守策略和行动,如图6-19所示。

练习方法:

选择防守位置练习。

图6-18 防守无球队员

图6-19 防守有球队员

七、抢篮板球

现代篮球比赛中,篮板球的争夺已成为攻守转化的关键,是获得控球权的重要手段。进攻时,如抢篮板球占优势,可增加进攻次数,拥有更多进攻得分机会,"外投里抢"在心理上给本队外线投篮增加信心,同时也可以减少对方获得篮板球发动快反击的机会。防守时抢篮板球,不仅可以阻止对方进攻,加重对方外线投篮时的心理压力,而且可以为本队创造更多的快攻条件,对取得主动权和发展快速打法有着重要作用。

空中抢球与控球有以下几种方法:

(1)双手抢球。当跳起达最高点指端触球后,用力握球,腰腹用力,迅速屈臂将球置于胸腹部或头上。此动作优点在于握球牢固,便于结合其他动作。

(2)单手抢球。抢球时,单臂向球反弹方向伸展,五指张开,用力屈腰、屈指、屈肘,收臂拉球置于胸腹,另一手迅速扶球保护。

(3)点拨球。在对手身材高大或高球较远不能直接获得球时,用挑、拨、捅等方法将球点拨给同伴或拨到自己便于控制的位置,以便获球。

(一)抢进攻(前场)篮板球

当同伴投篮时,进攻队员要观察对手的动向,判断球的反弹方向、速度和落点。当被防守方阻拦时,利用假动作和绕前步抢占有利位置。抢进攻篮板球,多采用上步起跳助跑、单脚起跳或侧身上步起跳。起跳时,两脚用力蹬地,腰腹协调用力,两臂上摆,向上伸展。

(二)抢防守(后场)篮板球

抢防守篮板球时,防守者应善于观察,与对方保持一定距离,这样便于人球兼顾。在判断球落点的同时,运用移动和转身动作,合理挡住对手向篮下的移动路线,判断好球的落点方向后及时起跳,在空中要伸展身体,同时注意在剧烈对抗中保持平衡。抢到球后迅速将球传给接应队员,发动快攻或落地后及时降低重心保护好球。

练习方法:

(1)原地连续双脚起跳,单手或双手触篮板。

(2)前、后转身跨步连续起跳,单手或双手触篮板。

(3)自抛自抢,跳到最高点时用单手或双手抢球。

(4)一对一投篮后,冲抢篮板球练习。

(5)半场二对二、三对三抢位练习,要求攻方只许传、投;投篮后,双方冲抢篮板球,进攻抢到继续,防守抢到,攻防转换。

第三节 篮球运动的基本战术

篮球战术是比赛中队员所运用的攻守方法的总称,是队员个人技术的合理运用和队员之间相互协同配合的组织形式。其目的是使个人能够合理地运用和更好地发挥技术水平,取得协同配合、整体作战的效应,力争比赛的主动权并获得最后的胜利。

一、攻防的基础配合

基础配合是组成全队整体攻防战术的主要基础,它是由两三个队员组成的一种简单配合。

(一)进攻的基础配合

1. 传切配合

传切配合是在两三个队员之间利用传球和切入组成的简单配合,对进攻人盯人防守、区域紧逼及联防等均有较好效果。

2. 突分配合

突分配合是进攻队员利用持球或运球突破技术吸引防守队员"关门""补位"等,从而打乱防守阵势,给同伴创造无人防守的机会,及时将球传给同伴的简单配合。

3. 掩护配合

掩护配合就是被人们习惯称为"挡人"的方法,它是进攻队员有目的地选择适当的位置,用身体挡住对方的去路,使同伴能摆脱防守并获得进攻机会的一种配合。一般有前掩护、侧掩护、后掩护和反掩护。

(二)防守的基础配合

1. 穿过配合

穿过配合主要是在对方采用掩护配合时使用。防守队员为了避免对方形成掩护,从对方与另一同伴之间穿过继续防守。

2. 挤过配合

挤过配合是一种积极的、带有攻击性破坏对方掩护配合的防守方法。当对方企图实施掩护时,防守队员抢步贴紧自己防守的对方旁边挤过去并继续防住对方,这种方法一般是在对方接近篮下或有投篮威胁的情况下使用。

3. "关门"配合

"关门"配合是当进攻方善于运球突破队员时防守者采取的一种防守配合。当进攻队员运球突破时,防守队员和邻近的同伴移动靠拢,堵住突破者的去路,形成"关门",将突破者堵在"门"外。一般是在对方突破能力较强,守方采用联防的情况下运用。成功的"关门"配合,往往会造成对方的失误和违规等。

4. 交换防守配合

在进攻者采用掩护配合使防守者来不及跟上的情况下,就要采用与同伴交换防守对象的方法。换防的关键是两个防守者之间的默契,比赛时一般不轻易换防,以免造成因实力上差异悬殊而导致防守失利。

5. 补防配合

主要是当防守同伴被对方突破或同伴的防守位置出现漏人时,临近的队员放弃自己的对方去补防可能造成得分的对方。

6. 夹击配合

夹击配合是一种带有攻击性的防守方法,主要体现在两个队员在特定的区域及位置上封堵和夹击持球进攻队员。

练习方法：
(1)纵切配合练习。
(2)横切配合练习。
(3)突分配合练习。
(4)掩护配合练习。

二、区域联防的方法

(一)区域联防的形式

区域联防的形式常用的有"2-1-2""3-2""2-3""1-3-1"等。

(二)区域联防的方法

1. "2-1-2"区域联防

"2-1-2"区域联防的优点是五个防守队员分布比较均衡，移动距离近，便于相互协作，并能根据进攻队员的特点改变防守位置，变换防守队形，所以它是区域联防的基本形式。

2. "2-1-2"区域联防的变化

"2-1-2"是各种区域联防的基本形式，根据对方的特点可变化出多种形式，如"3-2""2-3""1-3-1"等。由于站位形式不同，防守作用也各不相同，因此在比赛中如何运用则要根据对方特点有针对性地选用。

(1)"3-2"阵形。主要适用于外围中远投篮较准，但篮下进攻能力不强，控制、支配球和组织配合能力较差的队伍。

(2)"2-3"阵形。主要是为了加强篮下的防守，有效对付擅长篮下和底线进攻而外围相对较弱的队伍。

(3)"1-3-1"阵形。主要是加强罚球区附近的防守，适用于对付中锋、前锋在限制区和两腰进攻而底线进攻较弱的队伍。

三、半场人盯人防守与进攻半场人盯人防守

(一)半场人盯人防守

半场人盯人防守是当代篮球运动中普遍采用的一种战术方法。它是以防人为中心，每个防守队员负责盯住一个进攻队员，并与同伴相互协作的一种全队防守战术。

1. 人盯人防守战术的特点

(1)人盯人防守机动性、策略性强，根据对手的能力与经验，防守可紧可松，队员易于掌握和运用。

(2)在防守过程中，防守队员的职责与目的易于明确，从前场开始，对每一名防守者的行动都有明确的要求。

2. 人盯人防守的策略

(1)对持球队员要贴紧防守，阻挠其传球，迫使其向两边线运球；对无球队员要注意控制，阻截向其传来的球，切断其移动接球路线，遵循"球—我—人"原则。

（2）遇到进攻掩护、无法挤过的情况时，立即换防，但能挤过则要坚决挤过。换防时，由后面队员用语言提醒，化解暂时危机后，再各防自己的对手。

（3）半场人盯人防守时，要根据对手的身高、风格、特点和进攻位置来安排相应的防守人员，并做到"球动人动"，及时调整位置。

（4）根据"人—球—区"兼顾的防守原则，在不同区域（强、弱区，近、远球区）采用不同的方式防守，如"远球区松、近球区紧"等。

（5）在防守过程中，要明确防有球和无球间的内在联系，形成整体防守。

（6）不能让进攻者随意穿越限制区，更不能让其在限制区内轻易地接到球。

（7）处于内线或位于底线的防守队员，要随时用语言提醒同伴，统一思想，相互联络，内外、前后、左右互相呼应。

（8）防外线队员，特别是防向内线传球的队员时，要积极压迫，干扰其正常传球。

（9）防徒手进攻队员要用肩、腿、背的力量挤靠对手，尽力阻止与控制其移动，尤其是防内线队员时，要在规则允许的范围内进行身体对抗。

（二）进攻半场人盯人防守

进攻半场人盯人防守战术是由各种传切、突分、掩护与策应等基础配合组成的全队战术，每个队都要以一种或两种基础配合组成全队战术，熟练地掌握与运用全队战术，并不断加以改进，提高战术配合的质量，逐渐形成自己的一套打法，以对付各种不同类型的人盯人防守。

进攻半场人盯人战术的基本要求：

（1）进入半场后，应合理地组织进攻队形，迅速落位。

（2）要充分利用基础配合及其变化来创造进攻机会，要正面与侧面进攻、内线与外围进攻、主动与辅助进攻结合，扩大攻击面，增多攻击点，加强进攻的攻击性。

（3）在组织进攻中，要根据防守情况，攻其薄弱环节，有目的地穿插、换位，造成防守的漏防，同时注重速度，讲究节奏，快慢结合，动静结合，在动中配合，加强进攻中的针对性和灵活性。

第七章 足球运动

足球运动是三大球类运动之一,很受青少年喜爱。本章将陈述足球运动的历史,介绍足球运动的基本技术与练习方法、足球运动的基本战术等。

第一节 足球运动概述

据有关史料记载,我国古代足球游戏起源于公元前475至公元前221年的战国时代,当时被称为"蹴鞠"或"踏鞠"。汉代,"蹴鞠"已经成为一种重要的游戏活动,并演变为一项重要的军事训练手段。到了唐代,在场地及器材方面逐渐完善,并创造出多种游戏方式,"蹴鞠"游戏进入了兴盛期。到了宋朝,就开始出现了球会组织——齐云社。到了元、明、清时期,受儒家"中庸之道""君子无所争"和"谦让为美德"的思想观念影响,社会上兴起"重文轻武""立静恶动"之风,足球运动由对抗转变为表演,因而失去了群众基础,尤其在明朝还被明令禁止,以致足球游戏逐步走向衰落。

差不多在中国古代足球游戏兴起的同时,在古希腊的文明岛屿上,类似的游戏开始流行,并通过战争传入罗马,发展成为一种名为"哈巴斯托姆"的运动。这种比赛分为上下半时,参与双方的目的就是把球带过对方的底线。公元1066年,这种运动传入英国。1863年10月26日,伦敦11个最主要的俱乐部和学校在伦敦举行会议创立了英格兰足球协会,并制定了世界上第一个统一的足球规则——剑桥14条,因此这一天被公认为现代足球的诞生日,英国也被公认为现代足球的起源国。

足球世界杯的创始人是国际足球联合会(简称国际足联)第一任主席米尔里梅。1928年国际足联决定从1930年起每4年举行一届世界足球锦标赛。1930年、1934年及1938年连续举行了三届比赛以后,1942年及1946年两届因为第二次世界大战未能如期举行。1950年举办了第四届比赛,直到2014年共举办了20届。从1896年第一届现代奥运会到1908年第四届奥运会,足球一直是表演项目,直到1912年第五届奥运会时,才成为正式比赛项目。

随着世界女子足球运动的不断发展,1991年,中国举行了首届世界杯女子足球赛,美国、挪威、瑞典分别获得前三名。1995年第二届世界女子足球锦标赛在瑞典举行,挪威、德国、美国、中国分别获得了前四名。1999年在美国举行的第三届世界女子足球锦标赛中,美国、中国分别获得冠亚军。在1996年第二十六届奥运会上,女子足球成为奥运会的正式比赛项目。

第二节　足球运动的基本技术

足球技术是指运动员在足球比赛中所采取的合理动作的总称。按照队员在比赛中位置的不同,足球技术可以分为锋卫队员技术和守门员技术;按照比赛中队员是否接触球或支配球的技术动作,可以将足球技术分为有球技术和无球技术。

一、无球技术

对于一名高水平足球运动员来说,在一场比赛中控球的时间加起来不会超过3min,其余时间都是在无球情况下跑动,运动员要做的就是不停地观察比赛场上的形势变化,使自己始终处于有利的位置,既便于接应同伴传球,同时又要遏制对方的防守。显然无球技术在此起到了举足轻重的作用,无球技术主要有:

(1)起动:原地起动、运动中起动。
(2)跑:快跑、冲刺跑、曲线跑、折线跑、侧身跑、擦肩跑、交叉步跑。
(3)急停:正面急停、转身急停。
(4)转身。
(5)晃动。
(6)跳:双足跳、单足跳、跳跃。

二、有球技术

有球技术主要分为以下几种:颠球、运球、踢球、接球、头顶球、抢截球、掷界外球、假动作、守门员技术。

(一)颠球

颠球是指运动员用身体的各个有效部位连续地触击球,并加以控制,尽量使球不落地的技术动作。颠球是运动员熟悉球性的一种练习手段,用来增强对球的弹性、重量、旋转及触球部位、击球时用力轻重的感觉。

1. 技术动作要领
(1)双脚脚背颠球。脚向上摆动,用脚背击球,击球时踝关节固定,击球的下部。可两脚交替击球,也可用一条腿支撑,另一条腿连续击球。击球时用力要均匀,将球始终控制在身体周围。
(2)双脚内侧或外侧颠球。抬腿屈膝,脚的内侧或外侧向上摆动,击球的下部,两脚内侧或外侧交替击球。
(3)大腿颠球。抬腿屈膝,用大腿的中前部位向上击球的下部,两腿可交替击球,也可一条腿支撑,另一条腿连续击球。击球时用力要均匀,将球始终控制在身体周围。

(4)头部颠球。两脚开立,膝盖微屈,用前额部位连续顶球的下部。顶球时,两眼注视球,两臂自然张开,以维持身体平衡。

(5)各部位连续颠球。根据上述单一颠球技术动作要领,身体各部位配合连续颠球,配合的部位越多,难度越大。颠球的部位有脚背、脚内侧、脚外侧、大腿、头部、肩等。

2. 练习方法

(1)一人一球颠球。体会触球的时间、触球的部位、触球的力量和整个动作的协调配合。

(2)两人一球颠球。用脚背、大腿、头部以及身体各部位触球,掌握触球的力量,尽量不让球落地,每人可触球一次颠给对方,也可触球多次互颠。

(3)四五人一组,用两球颠球,可规定每人触球的次数与部位,也可自由掌握触球的次数与部位。颠传时要注意观察,防止两个球同时颠传给同一伙伴。

3. 易犯错误

(1)脚击球时踝关节放松,造成用力不稳定。

(2)击球时脚尖向下或向上勾,造成球受力后向前或向后触碰身体,使球难以控制。

(3)颠球时身体其他部位不够放松,动作僵硬。

(4)头部颠球时腿部、躯干、颈部配合用力不协调,仅靠颈部。

(二)运球

运球是指运动员在跑动中用脚连续拨球,使球处于自己控制范围内的触球动作。在比赛中,运球是运动员控制球和进攻能力的集中体现,是为完成战术配合和个人突破服务的。常用的运球方法主要分为:脚背正面运球、脚内侧运球、脚背外侧运球。

1. 技术动作要领

(1)脚背正面运球。身体为正常跑动姿势,上体稍前倾,步幅不宜过大,运球脚提起,膝关节微屈,髋关节前送,提踵,脚尖向下,在着地前用脚背正面部分触球后用中部将球推送前进。

(2)脚内侧运球(图7-1)。运球时,支撑脚稍向前跨,踏在球的前侧方,膝稍弯曲,上体前倾向里转。随着身体向前移动,运动脚提起,用脚内侧推球的后中部。

(3)脚背外侧运球(图7-2)。跑动时身体放松,上体稍前倾,两臂自然摆动,步幅宜小些。运球脚提起时膝弯曲,脚跟提起,脚尖稍内转。在迈步前伸着地前,用脚背外侧推拨球。

图7-1 脚内侧运球　　　　　　图7-2 脚背外侧运球

2. 练习方法

(1)在直线慢跑中分别用单脚脚背正面运球、脚内侧运球、脚背外侧运球。

(2)在慢跑中单脚交替用脚背内侧和脚背外侧运球,沿曲线运动。

(3)曲线运球绕过10根标杆(杆距2m),熟练后由慢到快。

3. 易犯错误

(1)初学者运球时眼睛直盯着脚下的球,观察不到周围环境,因而不能根据场上的情况及时采取措施。这主要是由于控球能力不强,没有抬头观察而造成视野狭窄。

(2)运球时步伐过大、重心过高、变向不突然,不易摆脱对手。

(3)运球者身体离球太远,重心没有跟上,易被对手抢断。

(三)踢球

踢球是运动员有目的地用脚的某一部位把球击向预定目标的技术,是足球技术中最主要的技术之一,在比赛中常用的踢球方法有脚内侧踢球和脚背正面踢球。

1. 技术动作要领

(1)脚内侧踢球。直线助跑,最后一步稍大,支撑脚后跟先着地,积极滚动至全脚掌,脚尖指向出球方向,位于球侧12~15cm处,膝关节微屈;支撑脚落地的同时,踢球脚大腿带动小腿由后向前摆动,并屈膝外展,使踢球脚脚弓正对出球方向,脚尖微上翘,脚底与地面平行,踝关节功能性地紧张起来使脚型固定。当膝关节摆至接近球的正上方时,小腿以膝关节为轴心做爆发式前摆,用脚内侧击球的后中部,髋关节前送,身体随之前移。

这种踢球方法也可称为"脚弓踢球"(图7-3)。其特点是脚与球接触面积较大,动作幅度小,触球平稳准确,易于掌握。但是由于踢球时大腿、小腿动作受到限制,故出球力量小。脚内侧踢球是比赛中运用最多的一种方法。

(2)脚背正面踢球(图7-4)。直线助跑,最后一步稍大,支撑脚后跟先着地,积极滚动至全脚掌,脚尖指向出球方向,踏在球侧10~12cm处,膝关节微屈,以形成稳固支撑,同时,踢球腿以髋关节为轴后摆,小腿折叠,然后大腿带动小腿由后向前摆动。当膝关节摆动至接近球的正上方时,小腿做爆发式前摆,击球瞬间,脚尖指向地面,脚背绷紧,以脚背正面部位击球的后中部,踢球腿前送,身体前移。

图7-3 脚弓踢球

图7-4 脚背正面踢球

2. 练习方法

(1)各种踢球技术的无球模仿练习。加强对各种踢球技术环节动作要领的认识,通过想象,在头脑中形成各种脚法的动作概念。

(2)双人一人踩球一人踢固定球练习。一人用脚底踩挡球,另一人进行各种脚法的踢固定球练习。

(3)利用足球墙进行各种踢球技术练习。

(4)双人一抛一踢空中球练习。

3. 易犯错误

（1）脚内侧踢球时翻脚底，脚弓与出球方向不一致。注意踢球腿前摆时，大腿充分外展，脚尖适当翘起。

（2）脚背松弛，容易造成出球无力且不准确，并可能导致脚趾受伤。注意踢球时脚背绷紧，用正确的部位触球。

（3）支撑脚位置偏后、踢球时身体后仰或臀部后坐、脚触击球的后下部等均能造成出球过高，这种情况下应注意在脚触球后将髋关节沿水平方向送出。

（4）踢球腿前摆过多，出球无力且偏高。注意在后摆时小腿要充分折叠，大小腿后摆加大即可。

（四）接球

接球的方法有很多种，常用的有脚内侧、脚背外侧、脚底、大腿、胸部等部位接球。

（1）脚内侧接地滚球（图7-5）。支撑脚脚尖正对来球，膝关节微屈，同侧肩正对来球，接球腿提膝，大腿外展，脚尖微翘，脚底基本上与地面平行，脚内侧正对来球并前迎，当脚内侧与球接触的一刹那迅速后撤，把球接在脚下。若需将球接在侧面，支撑脚脚尖应向同侧斜指，来球方向力量不大时，只需要将脚提到一定的高度，并使脚内侧与地面形成锐角轻触球，也可在出球时用下切动作使球前进之力部分转变为旋转力，从而将球接在脚下。

（2）脚背外侧接地滚球（图7-6）。将接球点放在接球腿的一侧，支撑腿膝关节微屈，接球腿提起并屈膝，脚内翻使小腿和脚背外侧与地面成一锐角，并对着接球后球运行的方向，脚离地面的高度约等于球的半径，然后大腿向接球后球运行的方向推送，同时身体随球移动。

（3）脚底接球（图7-7）。身体正对来球方向，移动前迎，支撑脚站在球的侧面（或前或后），脚尖正对来球方向，膝关节微屈，同时接球腿提起，膝关节微屈，脚背略屈，使脚底与地面的夹角小于45°（且脚跟离开地面），一般以前脚掌接触球的上部为宜。在触球瞬间接球脚可轻微跖屈（前脚掌下点）将球停住，也可根据需要在接球的同时将球推向前方或拉向身后。

图7-5　脚内侧接地滚球　　图7-6　脚背外侧接地滚球　　图7-7　脚底接球

（4）大腿接球。面对来球方向，根据来球高度，接球腿大腿微屈，髋关节前送迎来球，当球与大腿接触瞬间收撤大腿，使球落在所需要的位置上。

（5）胸部接球。面对来球站立（两脚左右或前后开立），两膝微屈，重心位于支撑面内，上体后仰，下颌微收，两臂自然张开，维持身体平衡，接触球瞬间，两腿蹬地，膝关节伸直，用胸部轻托球的下部使球微微弹起于胸前上方。

（五）头顶球

头顶球是运动员在比赛中，为了争取时间和取得空中的优势用头触击球的动作，可分为前额正面顶球和前额侧面顶球。这两个部分都可以做原地顶球、跳起顶球、跑动中顶球和鱼跃中顶球。

（1）原地前额正面顶球（图7-8）。身体正对来球，两脚前后站立，膝关节微屈，上体稍后倾，重心在后脚上，两臂自然张开，两眼注视来球。当球运行到身体垂直部位前的刹那，后脚用力蹬地，重心移到前脚，同时迅速向前摆体，颈部紧张，迅速甩头，用前额正面顶球的后中部，上体随球继续前摆。

（2）跳起前额正面顶球（图7-9）。两腿先屈膝，重心下移，然后两脚用力蹬地向上跳起，同时两臂屈肘上摆，在跳起上升过程中，挺胸展腹，两臂自然张开，双眼注视来球。在跳到最高点准备顶球时，将背弯成弓形。当球运行到身体垂直部位前的刹那，快速收腹，体前屈并甩头，用前额正面将球顶出，顶球后，两腿同时自然落地。

图7-8　原地前额正面顶球　　　　　图7-9　跳起前额正面顶球

（六）抢截球

抢截球是把对手控制的球抢夺过来，或者破坏掉，转守为攻，延缓对方的进攻速度，可分为抢球和截球。

（1）抢球。抢球是在规则允许的条件下，运用各种办法把对方控制的球夺过来，踢出界或破坏掉。抢球可分为正面抢球、侧面抢球等。正面跨步抢球：面向对手，两脚前后站立，两膝微屈，重心下降至两腿间，在对手的运球腿触球后即将着地或刚着地时，支撑脚立即用力后蹬，抢球脚以脚内侧对准球跨出，膝关节弯曲，上体前倾，重心移至抢球脚，另一脚立即前跨。如双方脚同时触球，则顺势向上提拉，使球从对方脚背上滚过，同时身体重心要迅速跟上把球控制好。侧面合理冲撞抢球：在与运球者平行跑动或从后面追成平行与对手并肩跑时，身体重心稍下降，同对手接触一侧要紧贴身体。当对手靠近自己一侧的脚离地时，用肘关节以上、肩关节以下的部位冲撞对手的相应部位，使其失去平衡从而将球抢过来。

（2）截球。截球是把对方球员传出去的球堵截住或破坏掉。比赛中要根据临场具体情况选择适当的位置，果断、快速地利用踢球、顶球、铲球或停球等技术完成截球。

（七）掷界外球

掷界外球时面对出球方向，双脚前后或左右开立，膝关节弯曲，上体后仰或背弓，双手持球屈肘置于脑后。掷球时，脚用力蹬地，两腿迅速伸直快速摆体，同时两臂急速前摆，重心前移，当球摆到头上时，用力甩腕将球掷入场内。

（八）假动作

假动作是为了隐蔽自己的意图，运用各种动作的假象迷惑和调动对手，使其判断错误或失去身体的平衡，从而取得时间、位置、距离等有利条件，更好地实现自己真正的意图。在比赛中，队员在传球、射门、运球过人及战术配合中均可运用此技术。

（1）无球假动作。为了摆脱对手的紧逼，可先慢跑诱使对手放慢跑动速度，而后突然加速摆脱对手。可用声东击西的方法摆脱对方的紧逼，如先向右侧跑，当对手也想从右侧紧跟时，突然向左侧快速跑摆脱对手。另外，可先做向回跑假动作，然后突然向前插。

（2）有球假动作。先摆动右腿向左假踢，使对方向左前方堵截，再突然改用其他脚法将球从右前方传出或运球。向前假踢球，然后将球让过，急速转身控制球。在对方紧逼下停球时，可先假装向左方停球，然后突然改变方向。

（九）守门员技术

守门员是全队最后一道防线，其主要的任务就是不让球射入本方球门，同时要善于观察全局，起到协助指挥全队防守和进攻的作用。守门员技术有位置选择、准备姿势、移动、接球、扑球、拳击球、托球、掷球、踢球等。

（1）准备姿势。两脚左右开立，约与肩同宽，两膝自然弯曲并稍内扣，脚后跟稍提起，重心落在前脚掌上，上体稍前倾，两臂于体前自然屈肘，手指自然张开，掌心向下，两眼注视来球。

（2）接地滚球。接地滚球可分为直腿式和单腿跪撑式两种。直腿接球时，两腿自然开立，脚尖正对来球，上体前屈，两臂并肘前迎，两手小指靠近，手掌对球，手触球时，随球后引并屈肘、屈腕，两臂靠拢，将球接于胸前。

（3）接低于胸部的平直球。身体正对来球，两脚自然开立，上体稍前倾，两臂下垂屈肘，两手小指相靠，手掌对球。当手触球刹那，两臂后引，屈肘，顺势将球抱于胸前。

（4）接高球。确定接高球点后，迅速移动跳起，两臂上伸迎球，两手拇指成"八"字形，手指微屈，手掌对球，手掌和手指适当地用力将球接住，顺势屈压，回缩下引并转腕将球抱于胸前。

第三节　足球运动的基本战术

一、比赛阵型

比赛阵型是指比赛场上队员基本位置的排列，是本队攻守力量搭配和分工的形式。选择阵型要以本队队员的特长、体能、技术水平为依据。

场上位置根据队员的职责和排列的层次分为后卫线、前卫线和前锋线。阵型的人数排列原则是从后卫数向前锋，守门员不做计算。

目前普遍采用的阵型有"4-4-2""4-3-3""4-5-1""3-5-2"等。在以上阵型中,除了"4-4-2"阵型以防守为主、以反击为辅外,其他阵型均以进攻为主,尤以"3-5-2"阵型最为突出。

阵型绝不是僵化的规定,它只是队员在场上活动的大体安排,可根据临场情况不断变化,场上每个队员都应在明确基本位置和主要职责的前提下,进行创造性的活动。

二、局部进攻配合

比赛中经常使用的二人配合进攻方法有踢墙式二过一、交叉掩护二过一、回传反切二过一。二过一是足球比赛中最常用的进攻配合方法。

1. 踢墙式二过一

踢墙式二过一是两名攻击队员通过两次传球越过一名防守队员的配合方法。持球者迎面向对手运球,距对手2~3m处,抬头观察接应同伴位置后,突然传球给同伴,并向防守队员身后奔跑摆脱对手,接应人直传地滚球,力量适中,方向准确。

2. 交叉掩护二过一

交叉掩护二过一是两名进攻队员通过运球和身体的掩护越过一名防守队员的配合方法,一般在试图摆脱对手、掩护本方队员时采用。持球队员故意运球到防守人前,进攻同伴由外线迎面跑动,两人在防守人前交叉,运球队员拨球给同伴并引开对方,同伴运球迅速越过对方。

3. 回传反切二过一

回传反切二过一一般在被对手紧逼的情况下采用,要求队员事先观察队友的情况,在不能转身突破时,及时回传给其他队员,自己快速反切至对方队员身后接同伴的传球。

三、基础进攻战术

1. 边路进攻

边路进攻是指在对方两侧地区展开的进攻,主要通过边锋、交叉到边路的中锋、直接插上的前卫或后卫,个人带球突破或者传球配合突破对方的防线,达到传中的目的,然后由中锋跑位至另一侧包抄射门,有时根据场上的情况也可以直接射门。

2. 中路进攻

中路进攻是指在对方半场中间地区展开进攻。中间地带正对着球门,一旦突破就能直接威胁球门,但中间防守队员密集,不易攻破。中路进攻主要是通过中锋和内切的边锋或插上的前卫之间配合或依靠个人技术运球过人等方法突破对方的防线。

3. 快速反击

在一方进攻时,其后卫压至中线附近,由于防守的人数减少,后场空区大,在进攻失误后,来不及回防或回防中位置出错或有漏洞时,另一方发动快速长传进攻往往会取得较好的效果。

4. 转移进攻

当进攻在一侧展开、难以突破防线时,应及时转移进攻方向。因此,在另一端的防守队员较少、空隙较大时,应抓住时机,及时传球转移。这样,守方要有一定的时间进行转移和调整防守位置,可能出现空当和漏洞,要抓住机会,实施突然、快速的攻击。

四、防守战术

防守战术一般有区域防守、盯人防守、混合防守三种。

1. 区域防守

区域防守是指队员分工负责一定的防守区域,进攻队员进入防区就盯防,离开防区就不跟踪盯防。这种战术节省体力,但在两个防区的结合部和同一防区内出现两名进攻队员时,容易出现漏人的情况。

2. 盯人防守

盯人防守分全场盯人、半场盯人及30m内即后场盯人,被盯防的队员跑到哪里就盯防到哪里,即使离开自己的位置,也要盯住自己的对手。特点是分工明确,体力消耗较大,对身体训练水平要求高,但一人被突破后,防守容易出现漏洞。

3. 混合防守

这种防守战术是指有的队员进行区域防守,有的队员进行盯人防守,两者结合运用;或者有的地区进行盯人防守,有的地区采取区域防守。混合防守的具体方法较多,目前被较普遍地采用。

五、定位球战术

定位球战术分为角球、球门球、任意球、点球等战术。

1. 角球战术

角球进攻有两种:一种是直接将球踢向球门,由头球能力强的同伴争抢头球射门;另一种就是短传配合。后一种配合在本方头球能力差或碰到较大逆风时运用。

2. 球门球战术

发球门球的原则是及时、快速、准确、有效。守门员与后卫配合,由守门员发球进攻,也可以踢远球给进攻的一线队友。

3. 任意球战术

任意球分为直接任意球和间接任意球两种。罚直接任意球时可采用穿墙球或弧线球直接踢入球门,或采用过顶吊入、传切配合;罚间接任意球时,传球次数要少,运用假动作声东击西,传球要及时,以免越位。

4. 点球战术

点球要求主罚队员沉着、机智、非常自信、有熟练的假动作技术和过硬的脚法。

第八章 排球运动

排球运动是指比赛双方(每方六人)各占球场的一方,在用球网隔开的各自场地上,按照规则运用发球、垫球、传球、扣球和拦网等技术进行攻防对抗,不使球在本方场区落地的一种球类运动项目。英文名称为"Volleyball",中文名称为排球,这是因为场上队员按排站位,故称之为排球。

第一节 排球运动概述

一、排球运动的起源与传播

1895年7月,美国马萨诸塞州(旧称"麻省州")霍利约克城(Holyoke)基督教青年会(YMCA)来了一位名叫威廉·基·摩根(Williams. G. Morgan)的体育干事,从事指导人们进行娱乐和体育锻炼的工作。当时,美式足球、篮球和网球运动在美国已经比较盛行,但美式足球和篮球运动的身体接触和冲撞较多,过于激烈,只适合青年人,而网球运动对参加活动的人数又有限制。所以摩根希望找到一种运动负荷适当、身体接触和碰撞较少、参加人数多且富于趣味性的娱乐活动方式,以满足不同年龄和性别的人们参与体育活动的需要。

摩根从网球运动中受到启发,他将网球的球网升高,让多人隔着球网用手直接拍击球进行游戏,并先后用网球、篮球和篮球胆进行了试验。结果,网球太小不易拍击,篮球太重容易挫伤手指、手腕,篮球胆又太轻不易控制。最后制作了历史上第一批排球:这种球外表为皮制,内装橡胶球胆,圆周为63.5~68.6cm(25~27英寸),重量为252~336g(9~12盎司),与现代排球近似。现在国际标准用球虽历经百年,进行了千百次的改进,但球的规格和第一代的球几乎差不多。

摩根将这种隔网用手拍击球的游戏叫作"Minitonette",意为"小网子"。"小网子"活动满足了中年人娱乐和体育之需,受到人们欢迎。于是,排球运动就这样从嬉戏篮球胆的游戏中发展起来了。

1905年,排球运动传入中国。最初,中国开展排球运动采用的是十六人制的比赛。每队十六人上场,分别站成四排,每排四人,故中国人称此项运动为排球。排球在中国的发展先后经历了十六人制、十二人制、九人制和六人制的演变。经过百余年几代排球工作者的努力,排球运动在中国逐步得到普及和发展,运动技术水平不断提高。先后发明了快球、平拉开扣球、单脚起跳扣快球、防守快速反击等排球技术。中国女排先后10次荣获世界冠军称号,其中三次摘得奥运会桂冠,对世界排球运动的发展起到了积极的推动作用。祖国至上、团结协作、顽强拼搏、永不言败的女排精神,在2021年9月被中国共产党中央委员会批准纳入中国共产党人精神谱系第一批伟大精神。

二、排球运动的特点

(一)具有形式的多样性和广泛的群众性

排球运动的场地、设备比较简单,室内、室外、木板地、沙地、草地、雪地等都可以作球场。运动形式多样,既可以用正式排球,也可以用软式排球、气排球、小排球等;既可以隔网对抗,又可以围成圆圈托来托去。人员组成、性别、年龄不限,可以是家庭成员娱乐,也可以是年轻人对抗,还可以是男女混合一起活动。比赛规则易掌握、好变通,运动量可大可小,不会出现强烈的身体接触对抗,因此具有广泛的群众性。

(二)具有激烈的对抗性

排球比赛虽隔网相争,但也具有激烈的对抗性。水平越高的比赛,对抗越激烈。攻防不断转化,扣球与拦网、发球与接发球都体现出限制与反限制的关系,霹雳般的扣杀、城墙似的拦网、鱼跃救球、猛力踏跳,这些对于提高人的中枢系统和内脏系统的功能,促进健康发展,增强弹跳、力量、速度、灵敏等身体素质,培养勇猛果断、机智灵活、顽强拼搏的良好品质和竞争意识,都有很大的作用。

(三)具有技术的全面性和高度的技巧性

正式比赛规则规定队员从对方手中获得发球权必须轮转,这就要求场上队员要尽可能做到攻防兼备,技术全面。比赛中每项技术既能得分,又能失分,这就要求队员必须全面、熟练地掌握技术。在快速的攻防转换中要求三次击球过网,球不得在手中停留,双方都不希望球在本方场内落地,因此排球运动具有技术的全面性和高度的技巧性。

(四)具有集体性,能体现团队精神

排球比赛是一项集体配合的项目,每个技术环节都体现出团结协作的精神,每个环节的失误都会造成集体的被动和全队的失败,好的进攻配合便于撕破对方防线,好的拦防配合又打下了反击进攻的基础。高水平的球队,必然有着默契的配合,体现出集体性和协作性。因此,排球运动能培养人们团结协作的团队精神,这是现代生活所需要的基本素质之一。

三、世界排球运动发展概况

百年来世界排球运动发展的历程大致可分为:娱乐排球、竞技排球和现代排球三个阶段。

（一）娱乐排球

排球运动诞生之初，是作为一种娱乐性较强的游戏为人们所接受的。人们隔网拍打，追击嬉戏，以不使球落地为乐趣。这一阶段排球运动的特点是从开始的娱乐游戏性质，慢慢向竞技对抗方向发展。国际的比赛没有统一的组织、统一的竞赛制度和统一的竞赛规则。

（二）竞技排球

1946年8月26日，法国、捷克斯洛伐克、波兰三国排球的代表在布拉格召开会议，倡议成立国际排球联合会。1947年4月，国际排球联合会（简称国际排联）在巴黎正式召开成立大会。会议制定了国际排联宪章；选举了法国的保尔·黎伯为第一任主席；指定巴黎为总部所在地，英语和法语为联合会工作语言；成立了技术委员会、竞赛委员会和裁判委员会，并正式出版通用国际排球竞赛规则。同时会议决定于1948年在罗马进行欧洲排球锦标赛，1949年在布拉格举行世界男排锦标赛。国际排联的成立标志着排球运动从娱乐游戏时代进入了竞技时代。其后，国际排联出色地领导和组织了一系列的世界大赛。

（三）现代排球

排球运动自20世纪80年代进入了现代排球阶段。现代排球的概念是广义的，它包括全攻全守排球，社会化、商业化、职业化排球和"大排球"三个内涵。

1. 全攻全守排球

全攻全守的整体排球不仅是战术打法，更是指导思想。现代排球的战术发展要求运动队和运动员必须全面发展，它不仅包括攻防技术的全面、战术打法的全面，还包括运动体能、心智等各种素质的全面。在高强度、高技术水平的激烈对抗中，任何一个缺陷、一个薄弱环节都可能造成失败。

2. 排球的社会化、商业化和职业化

在1984年国际排联代表大会的换届选举中，墨西哥人阿科斯塔担任了国际排联主席。他决心把排球运动发展成为世界上最受欢迎的运动项目之一。在他的领导下，国际排联的有识之士对国际排联本身机构和排球运动进行了一系列的改革和调整。要想使排球成为世界上最受欢迎的运动，首先要把它推向社会，为社会所接受。在以市场经济为主要形势的世界经济体系中，没有市场就没有竞技体育的社会生存环境。只有进入市场并占有市场，竞技体育才能发展。现代化的传播媒介，给予了发展、推广体育运动和促进提高竞赛水平的绝好的机会。没有传媒介入，特别是没有电视转播的体育运动就不是世界性的体育运动，更不可能成为世界上最受欢迎的体育运动。而传媒的商业性，必然要影响到体育的商业化。顺应潮流的国际排联以明智的改革，将排球运动推向了市场。世界男排联赛、女排大奖赛就是改革赛制、修订规则后，成功走向市场的范例。它将排球比赛在世界舞台上导演得轰轰烈烈、有声有色，取得了前所未有的社会效益和经济效益。除意大利外，法国、德国、比利时、荷兰等西欧国家的职业排球也开展得十分红火。日本、俄罗斯、韩国以及美国、拉美和东欧国家也在排球职业化的道路上跃跃欲试。现代排球运动战术的高水平为排球运动走向社会化、商业化、职业化奠定了基础，国际排联的系列体制改革也为此创造了良好的条件，而排球运动的社会化、商业化和职业化必将而且已经大大地促进了排球运动的发展。

3."大排球"观念的形成

推向市场的排球运动确实在国际体坛上引起了轰动效应。国际排联的队伍空前壮大，至1998年会员国已发展到210多个，是世界上最大的单项运动协会。排球比赛的影响在世人中闻名遐迩，一场排球比赛的现场观众和电视观众则以亿万数计。排球运动为适应不同群体和环境条件的需要，繁衍成为多种多样的运动形式。国际排联不仅有计划、有目的地普及和推广室内六人排球，同时还大力提倡开展各种形式的排球运动。20世纪90年代国际排联成立了"沙滩排球委员会"，开始将其列入了整体发展规划，先后举行了世界沙滩排球锦标赛和世界沙滩排球巡回赛，并于1993年出版了第一部正式的沙滩排球竞赛规则，还成功地将沙滩排球列入了1996年亚特兰大奥运会正式比赛项目。此外，为在青少年中开展排球运动，国际排联成立了"学校排球部"，大力推广和开展"学校排球"和"迷你排球"（"小排球"）活动，每两年都要举行一次世界少年排球锦标赛。学校排球中近年来兴起的软式排球运动也是不可忽视的一支力量。在残疾人的体育运动中，排球项目也是很活跃的。其他形式如气排球、墙排球、雪地排球、水中排球也应运而生。总之，排球运动一切形式的发展都将受到重视。"大排球"的观念已经形成。

四、排球运动的发展趋势

（一）技术全面

世界排坛的战术风格，多年来形成了以快速多变为主体的亚洲型和以高打强攻为主体的欧洲型两种主要的不同风格。随着国际交流的加强和技术战术的发展，两种风格不断取长补短、相互为用、互相糅合、结合运用，根据自己的具体条件在继承发扬原有特长的基础上，学习新的打法，形成自己的独特风格。在比赛中各项技术不仅可以直接得分、得发球权，而且也能失分、失发球权。高水平排球队要能拦能扣、能攻善防、能快攻也能强攻、能前排攻也能后排攻，而且要在全面的基础上形成个人有特长、球队有特点。另外，运动员的身体素质、心理品质、战术意识、比赛经验、知识水平也都要求全面，任何一方面有所欠缺的球队和队员，都不可能达到高水平。

（二）绝对高度

身高弹跳不断增长，扣拦矛盾更加突出。随着规则的修改和技术的发展，高度因素已成为当前世界强队必须考虑的一个重要条件。高度因素表现在两个方面：一是身高手长。从1980年奥林匹克运动会排球赛看，目前世界强队，女排平均身高都在1.77m左右，一般都拥有4~5名1.80m以上的队员；男排平均身高都在1.92m以上，1.94m以上的高大队员，各队均有7~9名，一些身材较矮的队也正在极力物色高大选手进行培养。二是弹跳高度。各队都极重视专项弹跳力的训练与提高。作为世界优秀排球运动员，女排摸高一般都在3.05m以上，高者可达3.30m左右，男排摸高一般都在3.50m以上，高者可达3.76m。

（三）进攻快速

当前，世界排球进攻战术发展得很快，正在向着高度加速度、强攻加快攻、力量加技巧、前沿加纵深的方向发展，包括一传、二传的速度、弧度，扣球队员起跳和挥臂扣球的速度。当前在快攻中经常出现的单脚起跳快攻战术，已明显提高了快攻的节奏，同时跳发球在比赛中的运用，以及后排快攻的出现，都加快了比赛的节奏。

（四）灵活多变

世界强队在加强进攻的同时，都十分注重防守的训练与提高。随着进攻的发展，在防守战术上都注意运用比较灵活多样的形式。加强集体战术和个人战术紧密结合，主攻和副攻、前排和后排相互掩护，同时加上个人"三差"（时间差、位置差、空间差）的自我掩护，构成立体进攻体系。

（五）注重发球和后排进攻

当前发球虽无更多新技术，但各队竞相采用长距离远程飘球、"高吊球"和一些新的发球方法与策略，以努力寻求破坏对方的垫球，进而破坏其快攻战术的组成。后排进攻是近些年逐渐成熟和普遍采用的一种技术，它能够较好地避开对方的拦网，增加己方的进攻点，打破了前排3点进攻的限制，成为各队主要得分手段之一。

第二节　排球运动的基本技术

排球技术是运动员在排球规则允许的条件下所运用的各种合理击球动作和配合动作的总称。它是排球运动中组织各种攻防战术的基础和重要组成部分。

排球技术有两种：一种是有球技术，包括传球、垫球、扣球、发球和拦网；另一种是无球技术，包括准备姿势、移动、起跳及各种掩护动作等。排球技术主要由步法和手法组成，同时与视野活动、躯干活动和意识活动相配合。

一、准备姿势与移动

（一）准备姿势及其应用

为了便于完成各种技术动作而采取的合理的身体姿态称为准备姿势。合理的准备姿势是指既要使身体重心处于相对稳定的状态，又要便于移动和完成各种击球动作，为迅速起动、快速移动及击球创造最好的条件。

按照身体重心的高低，准备姿势可分为半蹲准备姿势、稍蹲准备姿势和低蹲准备姿势三种。

1. 半蹲准备姿势

两脚左右开立（或前后开立），稍比肩宽，两脚尖适当内收，脚跟微微提起，膝关节保持一定弯曲，两膝内收，膝部的垂直面超过脚尖。上体前倾，重心靠前，两臂自然弯曲下垂，两手放松置于腹前。两肩的垂直面超过膝部，全身肌肉适当放松，两眼注视来球方向,两脚始终保持微动,随时准备移动,以取得合理的击球位置。它一般用于扣球助跑之前、对方正在组织进攻不需要快速反应起动时,如图8-1所示。

2. 稍蹲准备姿势

稍蹲准备姿势(图8-2)比半蹲准备姿势重心稍低,动作方法相同。它多用于接发球、拦网和各种传球。

3. 低蹲准备姿势

低蹲准备姿势(图8-3)比半蹲准备姿势的身体重心更低、更靠前,两脚左右、前后的距离更大一些,膝部投影过脚尖,手置于胸腹之间。它主要用于防守,便于倒地和插入球下,防守低远球。

图8-1 半蹲准备姿势　　图8-2 稍蹲准备姿势　　图8-3 低蹲准备姿势

(二)移动及应用

移动是为了迅速接近来球,取得合理的击球位置,便于完成各种合理的击球动作。在排球运动和比赛中,除极少数技术动作外,完成任何一项技术动作都离不开移动。因此,移动能力和水平对排球技、战术的质量起着关键性的作用。移动步伐主要分为并步与滑步、交叉步、跨步与跨跳步、跑步、后退步、综合步法。

1. 并步与滑步

当来球距离身体一步左右时可采用并步法。移动时,移动方向的同侧脚先向移动方向跨出一步,另一只脚迅速并上,做好击球前的准备姿势。连续的并步称为滑步,主要用于传球、垫球和拦网等,如图8-4所示。

2. 交叉步

当来球距离身体两到三步时可采用交叉步(图8-5)。当采用向右交叉步时,上体稍向右移,左脚从右脚前面向右迈出一步,然后右脚再向右跨出一大步,同时身体转向来球方向,保持击球前的准备姿势。它主要用于传球、接发球、接扣球和拦网等。

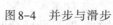 图8-4 并步与滑步　　　　　　　　图8-5 交叉步

3. 跨步与跨跳步

跨步步法是当来球较低、距离身体1m左右时使用,可向前、向斜前、向左右侧方向

跨。采用跨步移动时，一脚用力蹬地，另一脚向来球方向跨出一大步，同时膝部弯曲、上体前倾、身体重心下降并移至跨出腿上。它主要用于接发球、接扣球、接拦回球。

4. 跑步

采用跑步移动时，首先判断好来球方向，两臂要迅速用力摆动，逐步加大步幅，加快步频，在接近来球时降低重心并减速制动，做好击球准备。它主要用于距离较远的传球、垫球、扣球和拦网等。

5. 后退步

后退步是当来球在身体背后，来不及迅速转身时使用。移动时身体重心适当降低并向前，两脚迅速交替向后退步，上体不要后仰。

6. 综合步法

以上各种步法的综合运用就是综合步法，如跑步之后再侧滑步，滑步之后再接交叉步或跨步等。

（三）练习方法

1. 准备姿势练习方法

（1）成两列横队，听不同的信号，做不同的准备姿势。

（2）原地跑步，在跑的过程中看手势、听口令、听哨声或其他信号做不同准备姿势。

2. 移动的练习方法

（1）两人一组相对站立，一人跟随另一人做同方向的移动。

（2）以滑步和交叉步进行3m往返移动，手触及两侧线。

（3）两人一组，一人持球向不同方向抛出2~3m，另一人移动对准球，用双手在额前接住球。

（四）易犯错误及纠正

准备姿势与移动的易犯错误及纠正方法见表8-1。

表8-1　准备姿势与移动的易犯错误及纠正方法

项目	易犯错误	纠正方法
准备姿势	臀部后坐	重心靠前，使双膝投影超过脚尖
准备姿势	直腿弯腰	多做低蹲准备姿势移动辅助练习
准备姿势	全脚掌着地	提脚跟，使其两脚前后略分开些
移动	起动慢	做起动辅助练习，如各种姿势下的起跑
移动	移动时身体起伏大，重心过高	多做穿过网下的往返移动

二、发球

发球是排球运动的一项重要基本技术，是比赛开始的标志，是重要的得分手段。发球是1号位队员在发球区内自己抛球，用一只手或手臂将球击入对方场区的一种击球方法。发球的三个重要因素是抛球稳定、击球部位准确和手型正确、击球用力合理。

发球技术的种类可分为正面下手发球、侧面下手发球、正面上手发球、正面上手飘球、勾手大力发球、勾手飘球、大力跳发球、跳发飘球等。

(一)正面下手发球

正面下手发球是正面对网,手臂由后下方向前摆动,在腹前将球击入对方场区的一种发球方法。

动作方法:发球队员面对球场站立,两脚前后开立,左脚在前,右脚在后(以右手发球为例),两膝稍弯曲,上体前倾,左手持球于腹前下方。发球时,左手将球平稳抛起在腹前右侧,离左手高度30cm左右,抛球的同时,右臂伸直往身体后下方向腹前挥摆,在体前右侧以全手掌、掌根或虎口击球的后下方,身体重心随之前移。击球后,迅速进场比赛。

(二)侧面下手发球

侧面下手发球(图8-6)是侧面对网站立,转体带动手臂由体侧后下方向前挥动,在肩以下的高度击球过网的一种发球方法。

动作方法:队员左肩对网,两脚左右开立,约与肩同宽,两膝微屈,上体稍前倾,重心落在两脚间。左手将球平稳抛送至胸前,距身体约一臂远,离手高约30cm。在抛球的同时,右臂摆至右侧下方,接着利用右脚蹬地向左转体的力量,带动右臂向前上方摆动,在腹前用全手掌、掌根或虎口击球的右下方。

图8-6 侧面下手发球

(三)正面上手发球

正面上手发球时面对球网站立,便于观察,发球的准确性较高,并能充分利用蹬地、转体、收腹,带动手臂加速挥动,运用手指手腕的推压动作,可以加大发球的力量和速度,不易出界。

动作方法:发球时,队员面对球网将球平稳地抛于右肩的前上方,高度适中。击球时,在右肩前上方伸直手臂,手指自然张开,以全手掌击球的中下部,主动做推压动作,使击出的球呈上旋飞行。为了加强发球的力量和攻击性,许多队员还采用走一步、两步或多步的助跑发球方法。

(四)练习方法

(1)徒手抛球练习。
(2)模仿发球挥臂动作击固定球练习。
(3)自抛球练习,抛球高度和位置应符合发球动作的要求。

(4)结合抛球进行引臂练习,做好抛球引臂与挥臂击球动作的配合。
(5)近距离对墙发球练习,将动作有机地衔接起来。
(6)两人一组相距9m左右发球。

(五)易犯错误及纠正

发球的易犯错误及纠正方法见表8-2。

表8-2 发球的易犯错误及纠正方法

项目	易犯错误	纠正方法
正面下手发球	准备姿势过高	练习前倾准备姿势,结合抛球练习
	抛球不高、过近或过远	明确抛球的重要性,反复进行抛球与挥臂击球练习
	挥臂方向不正,手击球部位不准	徒手练习,击固定球
正面上手发球	击球点偏前或偏后	找一高度位置合适的悬挂物,反复向上抛球或设一圆圈,使垂直上抛的球落入圈内击固定球,徒手练习挥臂动作
	转体过大没有推压带腕	对墙近距离发球,要求手包住球,使球旋转
	全身协调用力不好	上手抛羽毛球或者实心球,注意抛和挥的配合

三、传球

传球是排球运动的一项重要技术,是组织进攻战术的基础。传球主要用于衔接防守和进攻。由于传球是用手指和手腕的动作去击球,而且手指、手腕灵活,感觉能力强,两手的手指控制球的面积大,因此传球准确性较高。

传球的技术种类较多,主要有正面双手传球、背传、侧传、跳传、单手传等。

(一)正面传球

正面对传球目标的传球动作,称为正面传球。正面传球是最基本的传球方法,是其他一切传球技术的基础。

动作方法:采用稍蹲准备姿势,抬头看球,双手自然抬起,放松置于脸前。当来球接近前额时,开始蹬地、伸膝、伸臂,两手微张经脸前向前上方迎球。击球点在额前上方约一球距离处。当手触球时,两手自然张开成半球形,手腕稍后仰,两拇指相对成"一"字或"八"字形,两手间有一定距离,用拇指内侧、食指全部、中指的二、三指节触球的后下部,无名指和小指在球两侧辅助控制传球方向(图8-7)。两肘适当分开,两前臂之间约成90°,传球时主要靠蹬地伸臂和手指手腕力量,以及球的反弹力将球传出(图8-8)。

图8-7 正面传球(一)

图8-8 正面传球(二)

(二)背传

背对传球目标的传球动作叫背传(图8-9)。

动作方法：传球前身体背面对传球目标，上体保持正直或稍后仰，身体重心在两脚之间，双手自然抬起，放松置于脸前。迎球时，抬上臂、挺胸、上体后仰。击球点保持在额上方，击球的下部，手形与正面传球相同。背传用力要靠蹬地、展腹、抬臂、伸肘和手指手腕的弹力，把球向后上方传出。

图8-9　背传

(三)练习方法

(1)原地做徒手传球练习。

(2)传固定球，一人持球，一人传，体会伸臂及手指手腕的缓冲动作。

(3)每人一球，向自己头顶上方抛球然后用传球手形接住，自我检查手形。

(4)一人一球，对墙做传球的练习，体会击球点要在额头上方。

(5)传抛来球，两人一组，相距3～4m，一抛一传。

(6)两人一组，相距3～4m对传。

(7)两人一组，相距3～4m对传，一传出球，立即用双手触及地面。

(8)两人一组，相距3～4m隔网对传。

(9)两人一组，顺网相距3～4m对传。

(四)易犯错误及纠正

传球的易犯错误及纠正方法见表8-3。

表8-3　传球的易犯错误及纠正方法

项目	易犯错误	纠正方法
正面传球	手型不正确，不能形成半球状	一抛一接轻实心球，自抛自传后自我检查手型
	击球点过前或过后	击球点过前，多做自传；击球点过后，多做平传或者平传转自传
	传球时臀部后坐，用不上蹬地力量	了解协调用力的重要性；一人手压球，另一人做传球的模仿练习
	传球时上体后仰	两人对传中，一传出球，立即用双手触及地面
	传球时有推压或者拍打动作	多做原地自传或对墙传球，增加指腕力量，体会触球感觉
背传	背传翻腕太大，身体过多后仰	自传中穿插背传；距墙3m，自抛自做背传；近距离背传过网

四、垫球

垫球是排球运动的基本技术之一,是用手臂从球的下部,利用来球的反弹向上击球的技术动作,它是接发球、接扣球和拦回球的主要手段,是组织战术进攻的基础,是争取比赛胜利的重要保障。

垫球技术一般可分为正面双手垫球、跨步垫球、体侧垫球、低姿垫球、背身垫球、单手垫球、前扑垫球、滚翻垫球、鱼跃垫球和挡球等。

(一)正面双手垫球

正面双手垫球是双手在腹前垫击来球的一种垫球方法,是各种垫球技术的基础,是最基本的垫球方法,适用于接各种发球、扣球和拦回球,有时也可以用来组织进攻,如图8-10所示。

动作方法:正面双手垫球的基本手型有抱拳式、叠掌式和互靠式(图8-11),但无论采用哪种手型都应该注意手腕下压,两臂外翻。正面双手垫球按来球力量大小可分为垫轻球、垫中等力量来球和垫重球。

(1)垫轻球。采用半蹲位准备姿势,当球飞来时,双手成垫球手型,手腕下压,两臂外翻形成一个平面,当球飞到腹前一臂距离时,两臂夹紧前伸,插到球下,向前上方蹬地抬臂,迎击来球,利用腕关节以上10cm左右处的桡骨内侧平面击球的后下部,身体重心随击球动作前移。击球点保持在腹前一臂距离。

(2)垫中等力量来球。动作方法与垫轻球相同,由于来球有一定力量,因此击球动作要小,速度要慢,手臂适当放松。

(3)垫重球。要根据来球的高低和角度,采用半蹲或低蹲准备姿势,击球时采用含胸、收腹的动作,帮助手臂随球屈肘后撤,适当放松,以缓冲来球力量。在撤臂缓冲的同时,用微小的小臂和手腕动作控制垫球方向和角度。

图8-10 正面双手垫球

   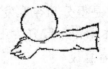

抱拳互握式　　叠掌式　　互靠式　　垫球部位

图8-11 正面双手垫球的基本手型

(二)体侧垫球

体侧垫球简称侧垫,是在身体侧面垫球的一种垫球方法。其特点是控制面宽,但较难把握垫击的方向、弧度和落点。

动作方法：以左侧垫球为例。右脚前脚掌内侧蹬地，左脚向左跨出一步，身体重心随即移至左脚，并保持左膝弯曲，两臂夹紧向体侧伸出，左臂高于右臂，右肩向下倾斜，再用向右转腰和收腹的力量，配合两臂在体侧截击球的后下部，切忌随球摆臂。

（三）背身垫球

背对出球方向的垫球方法叫背身垫球。大多用于接应同伴垫飞的球或将球处理过网。其特点是垫击点较高。由于背对垫球方向，不便于观察目标和控制击球的方向和落点。

动作方法：背垫时，首先判断来球的落点、方向和离网的距离，迅速移动到球的落点处，背对出球方向，两臂夹紧伸直，插到球下。击球时，蹬地、抬头挺胸、展腹，直臂向后上方摆动击球。在垫低球时，也可利用屈肘、翘腕动作，用虎口处将球向后上方垫起。

（四）练习方法

(1) 原地做准备姿势，徒手模仿正面双手垫球、体侧垫球等技术动作练习。

(2) 结合移动步法，向前、后、左、右移动后，徒手做垫球技术动作练习。

(3) 两人或三人一组相距约6m，一抛一垫或一抛两垫。

(4) 一人一球，自抛自垫练习或连续对墙自垫，距离为4～6m。

(5) 两人或三人一组，连续对垫练习。

(6) 两人一组，隔网一发一垫，距离为6～8m。

（五）易犯错误及纠正

垫球的易犯错误及纠正方法见表8-4。

表8-4　垫球的易犯错误及纠正方法

项目	易犯错误	纠正方法
正面垫球	屈肘，两手并不拢，垫击面不平	徒手模仿练习，垫固定球
	移动慢，对不准来球	结合球做各种步法辅助练习
	垫击球动作不协调	垫固定球体会用力和协调发力，明确击球用力的动作方法

五、扣球

扣球是排球的基本技术之一，是攻击性最强、最有效的进攻手段，是完成进攻战术的关键环节，是得分和夺取发球权的重要武器，在排球技术中占有非常重要的地位。

扣球技术动作一般分为正面扣球、扣球调整、勾手扣球、扣快球、自我掩护扣球等。

（一）正面扣球

正面扣球（图8-12）是最基本的扣球技术，其他扣球技术都是在此基础上发展和派生出来的。由于正面扣球面对球网，便于观察来球和对方的防守布局，因此击球准确性较高。由于挥臂动作灵活，能根据对方拦防情况，随时改变扣球路线和力量，能控制击球落点，因而进攻效果好。

图8-12　正面扣球

动作方法：扣球助跑前采用稍蹲准备姿势，两臂自然下垂，站在离球网3m左右处，观察判断，做好向各个方向助跑起跳准备。助跑时（以右手扣球助跑两步为例），左脚先向前迈出一小步，接着右腿迅速跨出一大步，左脚及时并上，踏在右腿之前，两脚尖稍向后内转，准备起跳，在助跑跨出最后一步的同时，两臂绕体侧向后引，左脚在并上踏地的过程中，两臂自后积极向前摆动。随着双脚蹬地向上起跳，两臂快速上摆，配合起跳。两腿从弯曲制动的最低点，猛力踏地向上起跳。起跳后，挺胸展腹，上体稍微向右转，右臂向上方抬起，身体成反弓形。挥臂时，以迅速转体、收腹动作发力，依次带动肩、肘、腕各部位成鞭打动作向前上方挥动。击球时，五指微张呈勺形，并保持紧张，以全手掌包满球，掌心为击球中心，击球的后中部。同时主动用力屈腕向前推压，使扣出的球加速上旋。落地时，以前脚掌先着地，同时顺势屈膝、收腹以缓冲下落力量。

（二）扣调整球

将球由后场调整至网前称为扣调整球。

动作方法：扣调整球难度较大，要求扣球队员能适应来自后场不同方向、角度、弧度、速度和落点的球，以灵活的步法和空中动作，及时调整好人、球、网的关系，运用不同手法，控制扣球的力量、方向、路线和落点。在助跑时可边助跑边看球。对小角度二传来球，要后撤斜向助跑；对大角度二传来球，可采用外绕助跑。

（三）扣近体快球

扣球队员在网前距离二传队员约一臂之处起跳扣击快球，称为扣近体快球。

动作方法：扣近体快球时，助跑的距离应较短，助跑的角度一般应保持在45°左右为宜。扣球队员应随一传球同时助跑到网前，在二传队员传球前或传球同时迅速有力地起跳。球上升到高出球网上沿约一个半球高度时，迅速挥动手臂以带动前臂和手腕加速猛甩，以手掌击球的后上部或后中上部。

（四）练习方法

（1）原地徒手模仿扣球的挥臂击球动作。

（2）面对球网做助跑起跳练习，体会助跑起跳的衔接和节奏。

（3）原地对墙自抛自扣和自抛起跳扣球练习。

（4）两人一组，距离9～10m，自抛起跳对扣。

（5）两人或多人一组，一人网前抛球，其他人轮流助跑起跳，进行扣球练习。

（6）在网前4、3、2号位做直线、斜线球练习。

（五）易犯错误及纠正

扣球的易犯错误及纠正方法见表8-5。

表8-5　扣球的易犯错误及纠正方法

项目	易犯错误	纠正方法
正面扣球	上步起动时间或早或晚	抛固定高度的球，练习扣球
	助跑起跳前冲，击球点偏后	练习助跑，最后一步跨大，在网前起跳接抛球或扣固定球
	挥臂动作不正确	扣固定球，原地自抛自扣
	击球时手法不正确	低网自抛自扣，学会手腕推压、鞭打击球动作

六、拦网

拦网是排球的基本技术之一，是防守的第一道防线，也是反攻的重要环节。拦网是队员在球网上空拦阻对方击球过网的一种技术动作，是一种具有进攻性的防御技术。拦网可分为单人拦网、双人拦网和集体拦网。

（一）拦网动作

动作方法：队员面对球网，两脚左右开立约与肩宽，距网30～40cm，两膝微屈，两臂在胸前自然屈肘。移动可采用并步、交叉步、跑步、向前或斜前移动。原地起跳时，重心降低，两膝弯曲，用力蹬地，使身体垂直起跳。如果是移动后起跳，制动时，双脚尖要转向网，同时利用手臂摆动帮助起跳。拦网时两手从额前平行球网向网上沿前上方伸出，两臂平行，两肩尽量上提，两臂尽力过网伸向对方上空，两手接近球，自然张开，手触球时两手要突然紧张，用力屈腕，主动盖帽捂住球。

（二）练习方法

(1) 原地徒手学习手型和伸臂动作，模仿拦网的拦击球动作。

(2) 原地做网前起跳的徒手拦网动作。

(3) 网前两人一组，隔网相对，做并步、交叉步、跑步徒手移动拦网练习。

(4) 分为两组进行扣、拦练习，一组在网前2、3、4号位扣球，另一组轮流在2、3、4号位做拦网练习。

（三）易犯错误及纠正

拦网的易犯错误及纠正方法见表8-6。

表8-6　拦网的易犯错误及纠正方法

项目	易犯错误	纠正方法
拦网	起跳过早	起跳前深蹲慢跳，按照拦网节奏给予起跳信号
	手下压触网	一对一原地扣拦练习
	身体前扑触网	多练顺网移动起跳
	拦网时低头、闭眼睛	隔球网拦对方抛来的排球，逐步过渡到拦轻扣球

第三节　排球运动的基本战术

一、阵容配备

　　阵容配备指比赛时场上人员的搭配布置。阵容配备的目的是合理地把全队的力量搭配好，更有效地发挥每一个队员的特长和作用。为此，在组织阵容时，应该根据队员的身体素质、技术水平合理安排其在阵容中的位置，把进攻力量强的和防守技术好的队员搭配好，使每一轮次都有较强的进攻能力和较好的防守能力。主攻手、副攻手和二传手分别安插在对称的位置上，以便在轮转时保持比较均匀的攻防力量。根据战术需要和队员间默契程度，把平时配合较好的进攻队员和二传队员安排在相邻的位置上；扣球好的主攻手一开始站在最有利的位置上，如4号位；防守好的队员，应站在后排；本方有发球权时，发球好的队员最好站在1号位；发球权在对方时，发球好的队员可站在2号位；一传较差的队员尽可能不要安排在相邻的位置上，避免形成薄弱地区。

　　根据各队不同的技术水平和战术特点，一般可分为以下三种阵容配备。

　　（一）"四二"配备

　　"四二"配备即场上两个二传手、四个攻手（其中两个主攻手、两个副攻手），安排在对称的位置上。每一轮次前排都有一个二传队员和两个进攻队员，便于组织前排二传传球的两点进攻和后排二传插上传球的三点进攻。但每一个进攻队员必须熟悉两个二传队员的传球特点，否则配合比较困难。

　　（二）"五一配备"

　　"五一配备"即场上一个二传队员，五个进攻队员。为了弥补有时主要二传队员来不及传球所出现的被动局面，通常在二传队员的对角位置上，配备一名有进攻能力的接应二传队员。

　　"五一"配备中，全队进攻队员只需适应一名二传队员传球的习惯、特点，容易建立配合间的默契。但防守反攻时，二传队员如果在后排，要插上传球，难度较大。

　　（三）"三三"配备

　　"三三"配备即三名进攻队员与三名二传手队员间隔站位，使每一轮次都有传有扣，是初学者常用的阵容配备。

二、个人战术

　　（一）发球个人战术

　　发球个人战术包括：把球发给对方接发球差的队员；把球发给插上准备二传的队员；把球发给接发球连续失误而表现紧张、急躁的队员；把球发给技术发挥不好而情绪低落、士气不旺的队员;把球发给刚上场的队员;把球发给最强的进攻队员或打快攻的队员,使其难以参与进攻;把球发到几人之间的空当,造成对方让球或抢球的现象;把球发到进攻线前面的2或4号区,使队员接球后难以跑动进攻;把球发到底线附近或发到两侧死角,使对方即使接到球也难以有效反攻;把球发在插上队员附近,破坏对方预期战术配合;把球发到二传不便于组织战术的地方;时而发到对方后场区,时而发到对方前场区;时而发大力旋转球,时而发飘球;时而发重球,时而发轻球;时而以进攻性发球为主,时而以准确性发球为主。

(二)二传个人战术

二传个人战术包括:传球瞬间突然改变传出方向,让对方事先看不出传球方向;以眼睛或手势示意某一扣球队员,引起对方的注意,但突然把球向后或向前传出;看准来球先做转体动作,佯做向前或向后传球,但突然把球向前或向后传出;采用跳传、晃传动作传球,迷惑对方;佯做二传,突然改为单手吊球、两次球进攻、传到对方空当或跳传转移。

(三)扣球个人战术

扣球个人战术包括:运用转体、转腕扣球技术,达到突然改变扣球路线的目的;运用高点超手扣球,或改为轻扣或吊入空当;运用起跳后在空中的停留时间延迟扣球时机,使拦网难以奏效;运用向两侧打手出界,破坏对方拦网;运用平打使球触拦网队员的手后飞向后场;运用轻扣或吊球将球打到拦网人手上,使球随对方拦网人一同落下;运用轻扣使球打到对方拦网人手上弹回再次组织进攻;避开身材高大和技术好的拦网队员,选择身材矮、弹跳差的队员为突破口;将球扣到对方防守差的队员,或场上的空当。

三、进攻战术

(一)"中一二"进攻战术

"中一二"进攻战术是由3号位队员做二传,把球传给4号、2号位队员进行扣球的一种战术进攻形式。

(二)"边一二"进攻战术

"边一二"进攻战术是由2号位队员担任二传,将球传给4号、3号位队员进行扣球的一种战术进攻形式。

(三)"后排插上"进攻战术

"后排插上"进攻战术是由后排一名队员插到前排担任二传,前排三名队员进行扣球的一种战术进攻形式。

四、防守及其反攻战术(防反)

防反是对方组织进攻后,本方所进行的一系列防守与重新组织进攻的战术行动。其全过程由防守与进攻两部分组成。

（一）防守

1. 单人拦网防守战术

一般是在对方扣球威力不大、变化不多或本方来不及组成双人拦网等情况下采用。单人拦网的防守方法有两种。

（1）人盯人拦网。当对方在4号或2号位进攻时，由本方2号或4号位队员进行单人拦网，3号位队员后撤防守。

（2）以3号位队员为主拦网。当对方进攻时，由3号位队员去拦对方三个位置上的扣球，本方2、4号位队员后撤防守。

2. 双人拦网的防守战术

通常所用的双人拦网有"心跟进"和"边跟进"两种防守战术。

（1）"心跟进"防守战术，又称"中跟进"或"6号位跟进"。当对方扣球威力较大，又善于轻吊球时采用这种防守战术。6号位队员前移至限制线附近，保护前排的拦网并准备接对方吊球。但在1、5号位队员之间和靠近端线处有较大的空隙地区。因此在防守中，首先要求拦网者封住中路，同时要求1、5号位队员具有高度的灵活性和较好的防守技术。

（2）"边跟进"防守战术。在对方扣球威力较大，扣球路线较多，能较多地运用超手扣球时采用。由1号位队员跟进至限制线附近，保护拦网和接吊球，如对方扣直线球就不跟进。"边跟进"的主要缺点是空隙大。

（二）防反

在排球比赛中阻止对方扣球后，可以组织各种战术配合，向对方进行"反攻"。防守时一般处于被动地位，防反战术的组织比"一攻"较困难些。因此要求场上队员注意攻防转换，把握好时机，及时有效地组织各种防守反攻战术。

第九章 乒乓球运动

乒乓球运动于19世纪末起源于英国,当时是作为"桌上网球"而逐渐发展起来的。20世纪初乒乓球运动传入中国,自1959年举行的第25届世界乒乓球锦标赛,我国选手容国团首次夺得男子单打世界冠军后,我国乒乓球运动水平一直处在世界前列,我国也在世界上有着"乒乓王国"之称。截至2022年10月,中国乒乓球队117人成为世界冠军,共获得254枚金牌,其中奥运会金牌32枚,包括8个团体冠军,24个单项冠军;世乒赛金牌151枚,包括44个团体冠军,107个单项冠军(两次跨国配对按0.5块金牌计算);世界杯金牌71枚,包括21个团体冠军,50个单项冠军(含1个女双冠军)。荣耀,始终与中国乒乓球队相伴而行;国球,又提醒中国乒乓人勿忘使命。

第一节 乒乓球运动概述

一、世界乒乓球发展简况

(一)乒乓球运动的起源

乒乓球运动是一项历史悠久,且深受人们喜爱的体育活动。这项运动最早出现于英国,进而流行于全世界。乒乓球运动的出现与网球有着密切的关系。19世纪末,在资本主义比较发达的英国盛行网球运动,特别是在上层社会中更是如此。由于当时网球比赛一般都是在室外进行,一旦遇到恶劣的天气往往不能继续进行,于是有人受到网球运动的启示,在室内以餐桌作为球台,依照网球拍的形状做球拍,以橡胶或软木做球,用打网球的方式在台上击来击去。由于它的出现和形式与网球有着非常密切的关系,因此当时人们又称之为"桌上网球(Table Tennis)",其英文名称一直沿用至今。大约在1890年,有个英国运动员从美国带回了一种赛璐珞制成的空心玩具球,并将它用作"桌上网球"。由于这种球有较大的弹力,在与球拍和球台的碰击中发出"乒、乓"的声音,所以有人就将它称之为"乒乓球"。到20世纪初,乒乓球运动又传入中欧一些国家和日本,继而扩展到非洲和亚洲其他国家,使这项运动在世界范围内开展起来。

(二)乒乓球发展的阶段

经过若干年的发展,到20世纪初乒乓球运动已逐渐成为一项竞赛性的、有规则规定的体育运动。从1926年第1届世界乒乓球锦标赛至今,乒乓球运动的发展可大致概括为以下几个阶段：

1. 第一发展阶段（1926—1951年）：欧洲的全盛时期

20世纪50年代以前，欧洲人主宰了世界乒坛，特别是1902年美国人发明了胶皮球拍，使得乒乓球技术发生了变化。由于胶皮拍较之木制球拍的弹性和摩擦力都要大，可以制造出一些旋转的变化，因而也就创造了一些新的打法。在这一时期举办的数届世界锦标赛中，欧洲人夺得绝大部分的冠军，因此这一时期成为欧洲乒乓球运动的全盛时期。当时，主宰乒乓球技、战术的指导思想是重守轻攻，以稳健、不失误为原则，这样就导致在一些比赛中出现了"马拉松"现象。一个球能打上几十甚至上百个回合而不分胜负，致使比赛时间拖延很长，最后只得以抽签或掷币的方式决定胜负。这种冗长的比赛也使观众看得兴味索然。为了改变这种状况，国际乒乓球联合会（简称国际乒联）决定修改规则，如增宽球台、降低网高，以及规定比赛时间等。这些措施鼓励了进攻打法，加快了比赛节奏，在某种程度上限制了消极的防守打法，使乒乓球运动向攻、防平衡方向前进了一大步。

2. 第二发展阶段（1952—1959年）：优势转向亚洲，日本长抽打法称霸乒坛

1952年，日本运动员在参加第19届世界乒乓球锦标赛（简称世乒赛）中采用远台长抽打法结合快速的步法移动，击败了欧洲的下旋削球，从此使上旋打法占了优势。日本运动员的远台正手攻球，力量大、速度快，配合威胁性较大的反手发急球抢攻，在第19届世乒赛中一举夺得4项冠军，从而打破了欧洲运动员的垄断地位。这一时期举行过了7届世乒赛（第19至25届），世界冠军金牌共49枚，日本选手夺走了24枚，占总数的49%。在第25届锦标赛上，日本运动员达到了高峰状态，获得了7项冠军中除男子单打外的6项冠军，使乒乓球运动的优势从欧洲转到了亚洲。

3. 第三发展阶段（1959—1969年）：中国直拍近台快攻打法崛起

在20世纪50年代日本称霸世界乒坛的时候，中国也开始登上世界乒坛。通过参加几届世界锦标赛，在总结经验的基础上，逐渐形成和创造了以"快、准、狠、变"为技术风格的独特的直拍近台快攻打法，在1961年第26届世界锦标赛中，中国队既过了欧洲削球关，又战胜了远台长抽加"弧圈球"打法的日本选手，第一次获得男子团体世界冠军，并连续获得了第27届、第28届男子团体冠军，震撼了世乒坛。中国近台快攻的优点是站位近、速度快、动作灵活、正反手运用自如，比日本的长抽打法又向前发展了一步。在第26至28届的三届世界锦标赛中，世界冠军金牌共21枚，中国运动员共夺得11枚，占总数的52%，标志着中国男女乒乓球队均已进入世界先进行列。

4. 第四发展阶段（1971—1979年）：欧洲的复兴和欧亚对抗

在日本、中国乒乓球运动发展的同时，欧洲乒乓球选手一直处于探索和动荡之中。他们学习并发展了日本的弧圈球技术，吸取了中国近台快攻打法的优点，创造了适合于他们的以弧圈为主结合快攻和以快攻为主结合弧圈球这两种先进打法，前一种打法以匈牙利的克兰帕尔约尼尔为代表，后一种打法以瑞典的本格森、捷克的奥洛夫斯基、波兰的格鲁巴为代表。他们把旋转和速度紧密地结合起来，把乒乓球技术又推到了一个新的水平。20世纪70年代以来，我国近台快攻打法也有一定的提高和发展，如创新了正反手高抛发球，发展了推挡技术中的加力推、减力推和推挤弧圈球，增加了正手快拉

小弧圈、正手快带弧圈球等新技术,在历届世乒赛中显示出一定的威力。另外,我国直拍快攻结合弧圈球打法也取得了较好的成绩,削攻结合和以削为主打法的选手,也达到了世界先进水平。在第31届到第39届的9届世界锦标赛中,中国队共获得42项世界冠军,占总数67项的66.6%(其中一次是与朝鲜运动员合作)。

5. 第五发展阶段(1981—1988年):进入奥运时代,欧亚竞争更加激烈

1981年,中国队在第36届世乒赛上囊括7项冠军及5个单项的亚军,创造了世界乒坛55年来第一个国家包揽全部冠军的空前纪录。此后,在第37届、38届、39届世乒赛上,又连续3次夺得6项世界冠军。1988年,乒乓球被列入奥林匹克运动会的正式比赛项目,这大大推动了世界乒乓球运动进一步的发展。世界各国更加重视乒乓球运动的普及和发展。

6. 第六阶段(1991—):中国队走出低谷,重攀高峰

自乒乓球项目1988年进入奥运会以后,欧洲乒坛职业化迅速发展,各种比赛频繁,加上待遇优厚,极大地促进了欧洲乒乓球技术的发展。"世界打中国"成绩显著:在第41届世乒赛上,欧洲男队囊括了团体前5名,以瑞典为首的男队已领先于中国队和亚洲其他各队。此后,中国男队走出低谷,男双项目最先有所突破,由第40届世乒赛的第3名开始,一直升至第42届的男双金、银、铜牌以及混双的金牌。在第43届世乒赛上,中国队继1981年囊括冠军之后,历时14年,又一次从低谷奋起,夺得全部比赛的7项冠军,真正重攀高峰,再创辉煌,这次中国队的全胜,改变了自20世纪80年代末和90年代中期世界乒坛的实力次序。在第44届世乒赛上,中国男女队再次保持荣誉,夺得6金。1999年第45届世乒赛单项比赛中,中国队又一次大获全胜,包揽了5个单项的冠亚军,但在第二年举行的第45届世乒赛团体赛上,中国男队再一次负于老对手瑞典队,在小球时代的最后一次世乒赛中失去了斯韦思林杯。在2001年第46届世乒赛上,中国乒乓球队再次创造奇迹,继1981年第36届、1995年第43届之后,第三次包揽全部7项冠军,使得中国队在步入大球时代后,再次从整体上走了世界乒坛的前面,在创造辉煌的同时,乒乓球运动也不得不面对长期以来由中国队一花独放的尴尬局面。

(三)世界乒乓球运动发展的方向

根据乒乓球运动的发展规律可以预见,各种打法还会不断充实和完善,技术将更加精益求精。今后,乒乓球运动的发展趋势将有以下几个特点:第一,技术打法向快速发展是总趋势中的一个重要方面,速度和旋转相互渗透,要求更好地结合;第二,弧圈技术和反弧圈技术将在相互牵制、相互斗争中发展和提高;第三,力争主动、先发制人,争取"前三板"发挥出个人技术特长;第四,除加快进攻速度外,还会进一步提高反手攻球的威力,力争更加全面地掌握技术。概括起来,世界乒乓球技术将朝着"更加积极主动,特长突出,技术比较全面,战术变化多样"的方向发展。目前,横拍两面拉弧圈球和近台快攻相结合的打法,是世界乒乓球运动发展的一个趋势。

二、乒乓球运动的特点及锻炼价值

乒乓球运动是由两名或两对选手用球拍在中间隔放一个球网的球台两端轮流击球的一项球类运动。乒乓球运动的特点是球小、速度快、变化多、设备简单、趣味性强,不

受年龄、性别和身体的限制，深受人们的喜爱。它具有广泛的适应性和较高的锻炼价值，比较容易开展和普及。经常参加这项运动，可以发展人的灵敏、协调等素质，提高动作速度和上下肢的活动能力，改善心血管系统机能，促进新陈代谢，增强体质，还能培养人的机智、沉着、果断、勇于拼搏等品质。

第二节　乒乓球运动的基本技术与练习方法

一、乒乓球基本知识

（一）球与球拍

1. 球

球为圆球体，直径为38mm，球重2.50g，称为小球；直径为40mm，球重2.70g，称为大球。大球为国际乒联指定的比赛用球，呈白色、黄色或橙色，且无光泽。

2. 球拍

球拍由底板、胶皮和海绵组成，有直拍和横拍两大类。依据性能，球拍可分成生胶海绵拍、长胶海绵拍、防弧圈球海绵拍，如图9-1所示。

生胶海绵拍

长胶海绵拍

防弧圈球海绵拍

图9-1　球拍的分类

（二）球台和球网

1. 球台

球台由两个半区组成，台面呈长方形，长2.74m，宽1.525m，高0.76m。

2. 球网

球网架设在球台两个半区中间，球网高度为15.25cm。

二、握拍法、基本姿势、站位和步法

（一）握拍法（以右手为例）

握拍法即指单手持球拍的方法。世界上流行着直式和横式两种握拍方法，不同的握法各有其优点，从而产生各种不同的打法。初学者可以根据各自的爱好和习惯，选择适合自己的握拍方法。

（1）直式握拍法。正面拇指第一指节和食指第二指节握拍，拍柄压住虎口（两指间距离适中），背面中指、无名指和小指自然弯曲斜形重叠，中指第一指节顶住球拍的后上部使球拍保持平稳。直式握拍法根据不同的技术动作又分为近台快攻型握拍法、弧

圈球型握拍法、直拍削球型握拍法等,如图9-2所示,但无论是哪一种握拍法其基本的手指动作大致都相似。

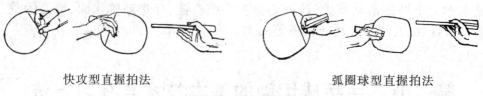

快攻型直握拍法　　　　　　　弧圈球型直握拍法

削球型直握拍法

图9-2　直式握拍法

(2)横式握拍法。中指、无名指和小指自然地握住拍柄,拇指在球拍正面轻贴在中指的旁边,食指自然伸直斜放于球拍的背面,虎口轻微贴拍,击球时拇指和食指帮助手腕调节拍形和加大挥拍作用。正手攻球时食指向上移动,反手攻球时拇指向球拍中部移动帮助手腕下压加大击球力量。横式握拍法根据不同的技术动作又分为削球型横握拍法、攻击型横握拍法,如图9-3所示。

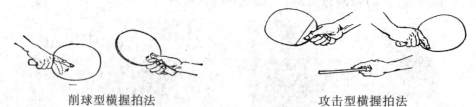

削球型横握拍法　　　　　　　攻击型横握拍法

图9-3　横式握拍法

削球型握拍法与攻击型握拍法大体相同,只是食指靠近中指,拇指更加弯曲放松,虎口不紧贴柄。横式握拍法的重点和难点是击球时拇指和食指要熟练地移动,帮助手腕下压和移动。

横拍握拍法的特点是正反手攻球力量大,攻削球时握法变化小,反手攻球容易发力也便于拉弧圈,但正反手交替击球时,需变换击球拍面,攻斜、直线时调节拍形的幅度大,易被对方识破。

(3)易犯错误及纠正方法。

易犯错误:握拍过大、过小、过紧、过深,手腕僵硬。

纠正方法:讲清动作要领,正确握拍,手指、手腕放松。

(二)基本姿势、站位和步法

1. 基本姿势

技术动作要领:

两脚平行开立略比肩宽,两膝微屈稍内扣,以前脚掌内侧着地,身体重心在两脚中间,上体微前倾下颌微收,两眼注视来球,持拍手臂自然弯曲,手腕放松,球拍自然后仰置于腹前,左手自然弯曲抬起高于台面。

易犯错误及纠正方法：
易犯错误：全脚掌着地，上体过直，重心偏高
纠正方法：提踵屈膝略内靠，上体前倾。

2. 基本站位

技术动作要领：

(1)左推右攻型打法基本站位在近台偏左侧，离台约30cm。
(2)两面攻打型打法基本站位在中台中间，离台约50cm。
(3)以弧圈球为主打法基本站位在中台偏左侧，离台约50cm。
(4)横拍攻削结合打法基本站位在中台附近。
(5)以削为主打法基本站位在中远台附近。

站位姿势（准备姿势）如图9-4所示。

左推右攻　　　两面攻　　　弧圈球

图9-4　站位姿势

3. 基本步法

技术动作要领：

(1)单步。以一脚为轴，另一脚向前后左右移动一步。
(2)跨步。以来球同方向的脚向侧跨出一大步，另一脚再跟着移动一步。
(3)跳步。以一脚蹬地，两脚同时离地向前后左右跳动。
(4)交叉步。以来球方向的脚向来球方向移动一大步，另一脚随着移动一步。
(5)侧身步。以左脚为轴，右脚向左右移动一步，或左脚先向左跨一步，右脚向左后移动一步。

易犯错误及纠正方法：

易犯错误：蹬地不及时，起动慢和不到位。
纠正方法：用口令提示"快提脚"，做增强下肢力量和脚的灵巧性练习。

三、发球和接发球技术

（一）发球技术（以右手为例）

发球是乒乓球的基本技术之一，在比赛中占有很重要的地位。发球多变并且质量好，不仅可以通过发球直接得分，还能起到控制对方和破坏对方进攻的作用。

1. 平击发球

(1)反手平击发球。站位于左半台，离台30cm，右脚稍前，身体略向左转，左手掌心托球，右手持拍于身体左侧。持球手轻轻向上抛球，同时持拍手向后引拍，上臂自然靠

近身体右侧,待球下落低于球网时,持拍手以肘关节发力,由左后向右前挥拍击球中部,拍面稍前倾,第一落点在本台中区。

(2)正手平击发球。站位于中近台偏右,左脚稍前,身体稍右转,球向上抛起,持拍手由右后向前挥动,其余动作同反手平击发球。

2. 反手发急球

准备姿势同反手平击发球。抛球同时持拍手向左后方引拍,待球下落到网高时,持拍手由左后向右前加速挥拍,拍面稍前倾,以前臂和手腕发力为主击球中上部,第一落点靠近本方端线,第二落点在对方端线附近,如图9-5所示。

图9-5　反手发急球

3. 正手发左侧上(下)旋球

站位于左半台,抛球同时持拍手迅速向右上方引拍,身体随即向右转,手臂自右上方向左下方挥拍,球拍从球的右侧中下部向左侧面摩擦。发左侧下旋球时,手臂自右上方向左前下方挥拍,拍从球的右侧中部向左侧下部摩擦,第一落点在本方端线附近。

4. 反手发右侧上(下)旋球

站位和准备姿势同反手平击发球。抛球同时持拍手向左后引拍,用前臂带动手腕向右前上方挥动,拍面逐渐向左稍前倾,拇指压拍手腕内转从球的中部向右侧上摩擦,第一落点在本方端线,第二落点在对方左角。发落点短的球时,减小前臂向前力量而增强手腕摩擦力量,第一落点在本方中区。若发下旋球,击球时拇指加力压拍,使拍面略后仰从球的中部向侧下摩擦。

5. 正手发奔球

站位于近台,左脚稍前,身体略向右转,两膝微屈上体稍前倾,持拍手自然放于身前。抛球同时拍手向右后上方引拍,手腕放松拍面较垂直,待球下落至与网同高时,上臂带动前臂由右后方向左前方挥拍,腰同时向左扭转。击球刹那拇指压拍的左侧,手腕同时从后向前使劲抖动,球拍沿球的右侧中部向侧上摩擦,第一落点在本方端线,第二落点在对方右角,如图9-6所示。

图9-6　正手发奔球

6. 正手发短球

动作同发奔球,其区别是触球刹那突然减力并向左下切球,第一落点在本方中区,第二落点在对方近网处。

7. 正手发转球和不转球

发转球时,两脚左右开立,左脚在前,前臂向后上方引拍,拍面略后仰。抛球后,手臂略外旋,待球下落时前臂迅速向前下方挥动,手腕用力转动使拍面后仰,约与网高时击球,摩擦球的中下部。发不转球时,手臂向前下方挥摆,前臂外旋,使拍面后仰角度稍小些,用球拍下部偏右的地方撞击球,减小向下的摩擦力。

8. 易犯错误及纠正方法

易犯错误1:球未向上抛起,或高度不够。

纠正方法:讲明要领并用数次抛球动作来练习。

易犯错误2:击球点过高或过低。

纠正方法:强调按动作要点要求掌握正确恰当的击球点。

易犯错误3:拍面前倾过多或不够,击球时向前力量小或大,落点过远或过近。

纠正方法:用正确的拍面击悬空球,在台上划出第一落点的范围。

(二)接发球技术

近年来,随着乒乓球技术的发展,出现了许多新的发球技术,在比赛中已显示了很大的威力,这就要求接发球技术也必须相应地提高。

在一局比赛中,接发球的机会和发球相同。如果接发球能力较差,不仅给对方以较多的进攻机会,而且在处理关键时会延误战机,影响全局。

接发球常用推、搓、削、拉、抽等方法来回击。推、搓、削是靠旋转和变化落点去抑制对方攻势的,带有一定的防御性质。拉球和抢攻时可以直接破坏对方的攻势,打法上积极主动。所以,在接发球时应根据不同的情况做到时搓时拉,忽攻忽守,只有这样才能掌握比赛的主动权。

1. 接发球的站位

要接好对方的球,必须根据对方发球的站位来决定自己的站位。如对方在右面正手发球,接发球者的站位应在中间靠右;对方在左面反手发球,接发球者则应在中间靠左。接发球时,还要密切注意对方发球的挥拍动作、球拍移动方向以及触球瞬间用力的大小,以正确地判断对方发球的性质和落点,及时用相应的、正确的方法回击。例如,在接上旋球时,用快推或正反手攻球来击球的中上部;接下旋球时,球拍后仰,搓击或拉抽球的中下部;接左、右侧旋球时,则必须将球回击到对方球拍移动的相反的方向。如对方向左挥拍,接发球方就应击向右方;对方向右方挥拍,就击向左方。回接左侧上、下旋球时,对左侧上旋球应将球拍向左前下方击球,对左侧下旋球则应向左前上方提拉击球。

2. 接发球的方法

接发球的基本方法是由点、拨、带、拉、攻、推、搓、削、摆短、撇侧等各种技术综合而成。下面是一般接发球的规律和最基本的回接方法:

(1)接急球。可采取侧身回接,一般用反手推挡或反手攻回击。右方急球用正手快带、快攻借力回接。

(2)接下旋球。用搓球回接,但要注意拍面要后仰以增加向前上方的力,用拉攻或弧圈球回接时,一定要增加向上提拉的力量。

(3)接左侧上、下旋球。左侧上旋球是左侧旋与上旋结合的旋转球,一般用推、攻回击为宜,拍面角度要稍前倾并向左偏斜,向前下方用力以抵消来球的左侧旋。接左侧下旋一般用搓、削回击为宜,拍面角度要稍后仰并向左偏斜,稍向上用力以抵消来球的左侧旋。接右侧的上、下旋球则刚好相反。

(4)接短球。由于对方发来的球是台内近网短球,回接时要及时上前站在适合自己击球的位置上,接球后应迅速还原。

(5)接转球与不转球。在判断不准的情况下可轻轻地托一板或撇一板,但要注意弧线和落点。

(6)接高抛发球。如球着台后拐弯的程度大,应向拐弯方向提前引拍。

3. 易犯错误及纠正方法

易犯错误:接发球判断不准,移动不到位,回击手法不当。

纠正方法:多实践认准判断目标,加快移动练习,根据来球采用正确手法击球。

三、基本击球技术(以右手为例)

(一)推挡球

挡球是初学者首先应学习的一项基本技术。推挡球是我国近台快攻传统打法的独特技术,同时也是采用其他各种类型打法的运动员必须掌握的一项技术。

1. 挡球

(1)特点与应用。球速慢,力量轻,动作较简单,初学者容易掌握。它可以帮助初学者熟悉球性,认识乒乓球的击球规律,提高控制球的能力。

(2)要点。

①挡球是推挡球技术的基础,初学者应形成正确的动作手法。

②引拍时,上臂应靠近身体。

③前臂前伸近球,手腕手指调节拍形,食指用力,拇指放松。

2. 快推

(1)特点与运用。快推的特点是站位近、动作小、借力还击、速度快、线路变化多,适用于回击一般的拉球、推挡球和中等力量的攻球。在相持中能发挥回球速度快的优势,推压两大角或袭击对方空当,为自己的进攻创造条件。它是推挡球最常用的一项技术。快推的直拍动作和横拍动作如图9-7和图9-8所示。

(2)要点。

①击球前靠近身体,前臂适当后撤向上引。

②在前臂向前推送的过程中,完成外旋动作。

③转腕动作不宜过大,关键是时机要恰当。

图 9-7　直拍动作

图 9-8　横拍动作

3. 加力推

（1）特点与运用。回球力量重，速度快，击球点较高，充分发挥手臂的推压力量。比赛中运用加力推可迫使对方离台，陷于被动局面（如侧身正手攻前一板，加力推底线或大角度），与减力挡搭配使用，能有效地调动对方，获得主动。它适用于对付速度较慢、旋转较弱的上旋球或力量较轻、着台后弹起比网稍高的来球。

（2）要点。

①球拍后撤上引是为了增大用力距离。

②击球点适当离身体远一点。

③击球时间不宜过早或过迟。

④要有效地把身体各部分的力集中在击球的一瞬间。

4. 减力挡

（1）特点与运用。回球弧线低、落点低、力量轻。回接对方的大力扣杀或加力推挡时能减弱回球的力量，如与加力推结合运用，可以前后调动对方，是对付中台两面拉或两面攻打法的有效战术，它还常用于接加转弧圈球。

（2）要点。

①击球前身体重心略升高，稍屈前臂，球拍保持合适的前倾角度。

②触球瞬间，有意识地做手臂和手腕后收的动作。

③削弱来球反弹力的同时，借来球的力量将球挡过去，回球速度快。

5. 易犯错误及纠正方法

易犯错误 1：挡球易犯判断落点不准，拍面掌握不好的错误。

纠正方法：提高判断能力，加强手腕的灵活性和调整拍面的能力。

易犯错误 2：推挡球易犯手臂没有向前伸出的错误。

纠正方法：强调击球后上臂和肘关节前送，上体向左转动。

(二)攻球

攻球是快速进攻最重要的一项基本技术,杀伤力强,是解决战斗的关键技术。攻球从大的动作结构来讲,可分为正手和反手攻球两大类;按站位又可以分为近台、中台和远台攻球;按击球点和击球时间又可以分为拉、抽、拨、带、扣、杀等方法。正手攻球速度快、力量大、球路广、照顾范围大,是克敌制胜的主要技术,各种技术类型的乒乓球运动员都需练好这项技术。反手攻球速度快、力量大、线路活,也是克敌制胜的主要技术。使用反手攻球可以不用或少用侧身攻球,从而避免或减少出现较大的右方空当。反手攻球与正手攻球相配合,可发动威力强大的全台进攻。它是两面攻打法的主要技术,采用其他各种类型打法的运动员也要学会这种技术。常用的技术有:

1. 正手快带

正手快带属于攻球技术的一种,速度快、弧线低、路线活、借力还击,是对付弧圈球的一种比较积极的技术。

(1) 特点与运用。击球时要注意击球点,在来球跳至上升期时,拍面前倾,球拍高于来球(这是个要注意的细节,很多球友击球时重心过低),击球的中上部,借助腰髋转动,手臂迎前带击,手腕保持相对稳定,不宜发力,手臂借来球反弹力量带击,在此过程中身体重心要从右脚转至左脚。

(2) 要点。击球前,左脚稍前,站位靠近球台,离球台约40cm,正确的站位是保证动作规范和发力的基础。引拍时手臂保持自然弯曲,大胆内旋使拍面前倾,动作幅度小,向后引拍很少,迎球时手臂、手腕向右前方迎球,腰髋开始向左转动。

2. 正手快攻球

(1) 特点与运用。站位近、动作小、球速快,借球反弹力还击,与落点变化结合,可调动对方为扣杀创造条件,是近台快攻打法的一项主要技术。

(2) 要点。近台中偏右站位,左脚稍前,身体斜对球台,持拍手自然放松置于腹前,拍成横状。顺来球路线略向右侧引拍,约与台面齐高,拍面与台面成80°左右角,前臂与台面基本平行。当球从台上弹起,持拍手由右侧向左前上方挥动,以前臂快速内收发力配合手腕内转沿球体做弧线挥动,在上升期击球的中上部,击球位置在身体右前方一前臂距离处。直拍正手快攻和横拍正手快攻如图9-9、图9-10所示。

图9-9 直拍正手快攻

图9-10 横拍正手快攻

3. 正手扣杀

(1) 特点与运用。动作幅度大、力量大、球速快、攻击性强,是得分的重要手段。常用来对付着台后弹起比网高的机会球或前冲力不大的半高球。

(2) 要点。
① 击球点离身体稍远,球拍应与球同高。
② 在高点击球,不宜打"落地开花球"。
③ 击球瞬间,整个手臂应发挥出最大力量,配合腰部转动及蹬地的力量。
④ 如来球带有下旋,球拍略低于来球,触球瞬间手腕向上抖动发力。

4. 正手杀高球

(1) 特点与运用。动作幅度大、击球点高、力量大,配合落点的运用,能给对方致命的打击,多用于对付弹起较高的来球。

(2) 要点。
① 要集中全身的力量于触球的一瞬间。
② 击球点适当离身体稍远一点(增大挥拍动作的半径)。
③ 近网高球只需向下用力,但杀落点远、落点后有一定前冲力的高球,应保持足够的向前力量。

5. 侧身正手攻

(1) 特点与运用。左半台的来球,不用反手动作回击,而是根据来球落点,移动步法,侧身正手攻回击。

(2) 要点。首先迅速移动脚步到侧身位置,身体侧向球台,左脚在前,右脚稍后,上体略前倾并收腹。击球时,根据来球情况,可以在侧身位置用正手近台攻球、中台攻球、台内攻球、拉球和扣球等技术击球。

6. 正手拉攻

(1) 特点与运用。站位稍远,动作较小、线路活,依靠主动发力摩擦回击来球,是还击下旋球的有效方法。在对付下旋发球、搓球和削球时,也能作为过渡技术为扣杀创造条件。

(2) 要点。站位靠近球台,右脚稍后,重心支撑点在右脚上。击球前,引拍至身体右侧下方成半横状,拍面近乎垂直。上臂与身体约成35°角,与前臂约成130°角。当球从最高点开始下降时,上臂和前臂由后向前上方挥动,前臂迅速内收,结合手腕转动的力量磨擦的中下部。击球后,重心支撑点移至左脚,球拍随势挥至头部。

7. 反手快带

(1) 特点与运用。击球时要注意击球点,在来球跳至上升期时,拍面前倾,球拍高于来球,击球的中上部,借助腰髋转动,手臂迎前带击,手腕保持相对稳定,不宜发力,手臂借来球反弹力量带击,在此过程中身体重心要从右脚转至左脚。

(2) 要点。站位稍偏左,身体离台约40cm。右脚稍前(或平站),身体重心放在左脚或双脚上,两膝微屈,收腹含胸,身体稍向左转。右臂自然弯曲,前臂上提并外旋,将拍引至身体左前方略高,并使拍形前倾。来球从台面弹起后,以前臂和手腕为主向右前方挥拍迎球,同时,腰、髋带动上体向右转动,在来球的上升期,以前倾拍形迎击球的中上部。球拍击球瞬间,借助腰、髋的转动,使手臂迎前"带"球,勿发力,并使拍面前倾度保持稳定。击球后,手和臂顺势向右前方挥动,并迅速还原成准备姿势。动作过程中,身体重心从右脚移到双脚之间。

8. 反手快攻

(1)特点与运用。站位近、动作小、球速快、落点活、带上旋,能借用来球的反弹力提高球速,创造扣杀机会。比赛中能以攻代守对付对方的进攻,是两面攻打法的常用技术之一。

(2)要点。站位偏左,身体离台40~50cm。两脚平站或右脚略前,两膝微屈,收腹含胸,身体向前或稍向左转(直拍运动员右上臂靠近身体右侧,肘部略前出;横拍运动员右上臂不要紧靠身体),手臂自然弯曲,引拍至腹前或偏左,前臂外旋,使拍面稍前倾。来球从台面弹起后,以前臂和手腕为主根据来球的上旋强度向右前方或右前上方挥拍迎球,在来球的上升期,以前倾拍形击球的中上部。球拍击球瞬间,以前臂和手腕为主向右前方或右前上方发力击球,并使前臂外旋。击球后,前臂和手腕顺势挥拍至右肩前,并迅速还原成准备姿势。动作过程中,身体重心放在双脚之间,或从左脚移至右脚上。

9. 反手扣杀

(1)特点与运用。动作幅度大、力量大、球速快、攻击性强,是得分的重要手段。常用来对付着台后弹起比网高的机会球或前冲力不大的半高球。

(2)要点。站位在球台中间或偏左,多半在近台位置,右脚稍前,身体重心放在左脚上,两膝微屈,收腹含胸,腰、髋及上体稍向左转。右臂自然弯曲(直拍运动员右上臂靠近身体右侧,肘部略前出;横拍运动员右上臂不要紧靠身体),前臂后引并外旋,将拍引至身体左侧偏后,并使拍面稍前倾。来球从台面弹起后,腰、髋右转带动身体及上臂向右转动,与此同时,上臂积极发力带动前臂和手腕向右前方挥拍迎球,在来球的高点期,以前倾拍形猛击球的中上部。球拍击球瞬间,以上臂和前臂为主向右前方或右前下方发力,腰、髋部亦积极协助用力。击球后,手和臂顺势向右前方挥动,并迅速还原成准备姿势。动作过程中,身体重心从左脚移到右脚上。若来球下旋,则拍形不要过分前倾,可击球的中部,并适当增加向上的力量。

10. 易犯错误及纠正方法

易犯错误1:正手攻球时不敢大胆挥拍,有停顿,弧线制造不好。

纠正方法:徒手模仿挥拍练习。

易犯错误2:上臂与身体夹角过小。

纠正方法:放松肩部,加大上臂与身体的距离。

易犯错误3:抬肘抬臂。

纠正方法:做近台快攻练习,强调击球时肘肩向后下方。

易犯错误4:手腕下垂,球拍与前臂垂直。

纠正方法:强调手腕内旋,拍柄向左,徒手模仿练习。

易犯错误5:判断球的落点不准,引拍动作不到位。

纠正方法:先做接平击发球的练习,再做连续推挡球的练习。

易犯错误6:反手攻球时拍面前倾过早。

纠正方法:徒手做引拍练习使拍面稍后仰。

易犯错误7：拍面前倾不够。

纠正方法：做平击发球练习，体会击球时手腕外旋动作的方法。

（三）搓球

搓球是近台还击下旋球的一种基本技术，特点是站位近、动作小，回球多在台内进行，也是初学削球必须掌握的入门技术。

1. 慢搓

动作要点（以右手为例）：近台站位，右脚稍前，持拍手臂自然弯曲。击球时用前臂和手腕向前下方用力，拍面后仰，在下降期击球中下部。

2. 快搓

动作要点（以右手为例）：站位及击球方法与慢搓相同，击球时拍面稍横立，避免出界或回球过高。直拍反手快搓和横拍反手快搓如图9-11和图9-12所示。

搓球的重点和难点是前臂和手腕的挥拍路线和用力方法。

图9-11　直拍反手快搓

图9-12　横拍反手快搓

3. 易犯错误及纠正方法

易犯错误1：引拍不够致使击球的前臂由上向下动作不明显。

纠正方法：持拍练习前臂和手腕向上再向下做切的动作。

易犯错误2：击球时拍面后仰不够。

纠正方法：在球下降期搓对方发来的下旋球，体会拍面后仰前送动作。

易犯错误3：前臂前送力量不够，击球后动作停止。

纠正方法：两人对练慢搓，体会击球后小臂继续前送的动作。

易犯错误4：击球点离身体过远，重心偏后，击球部位不准。

纠正方法：两人近台站位对练慢搓，在球下降期击准球的中下部。

（四）削球

削球是我国乒乓球传统手法之一，也是乒乓球防守技术之一，削球技术正在向转、稳、低、攻方向发展。

1. 正手远削

动作要点(以右手为例):中台站位,左脚稍前,上体稍向右转重心落于右脚,持拍手臂自然弯曲于腹前。顺来球方向向右上方引拍与肩同高,拍面后仰。当球从台上弹起时,持拍手上臂带动前臂由右上向左前下方加速切削,手腕向下转动用力,在右侧离身体40cm处击准下降期球的中下部,并顺势前送。

2. 反手远削

动作要点(以右手为例):中台站位,右脚稍前,上体左转重心落于左脚,持拍手自然弯曲放松置于胸前。顺来球路线向左上方引拍约与肩高,拍柄向下。当球弹起时持拍手从左上方向右前下方挥动,拍面后仰,用前臂和手腕加速用力切削,球拍在胸前偏左30cm处击准下降期球的中下部,并顺势挥至右侧下。削球的重点和难点是手臂、腰、腹和腿的协调用力。

3. 易犯错误及纠正方法

易犯错误1:引拍上提不够,削击路线短。

纠正方法:按动作要点徒手反复做引拍练习。

易犯错误2:拍面过于后仰。

纠正方法:拍面稍竖,多练削对方平击发球。

易犯错误3:向下挥拍削球时球拍向前用力过大。

纠正方法:进行多球练习,体会接重板球时前臂的下压动作。

易犯错误4:击球后上臂前送不够使球下网。

纠正方法:多练远削球,体会上臂前送动作。

(五)弧圈球

弧圈球是一种非常强的进攻技术。目前,弧圈球的发展是横拍多直拍少,主要是直拍反手拉弧圈球,由于握拍所限,前倾角度不如横拍,身体阻碍不易发力。如果直拍改用拍面的反面拉,就可以弥补上述的缺陷。弧圈球可分为加转弧圈球、前冲弧圈球和侧旋弧圈球等,正、反手都可以拉。下面以右手为例简单介绍一下加转正手弧圈球、前冲弧圈球的技术。

1. 正手加转弧圈球

(1)特点与运用。与一般正手攻球相比较,站位稍远、动作稍大、速度稍慢、弧线曲度大、带强烈上旋,第一弧线较高,第二弧线较低,落台后前冲并向下滑落。对方回击不当,容易出高球或出界。一般用它对付下旋球,可创造扣杀机会。

(2)要点。站位离台约60cm,左脚稍前,身体重心放在右脚上,两膝微屈,收腹含胸,身体稍向右转。右肩下沉,右臂自然弯曲,前臂后引并下沉,将拍引至身体右后下方,同时,前臂内旋,使拍面微前倾。待来球弹起飞到高点期时,在上臂带动下,以前臂为主向上兼向前挥拍迎球(与此同时,右侧腰、髋向左上方转动),在来球的下降期,以微前倾拍形击球的中部偏上。球拍击球瞬间,右脚前掌蹬地,右侧腰、髋向左上方转动、助力,前臂在上臂带动下向上兼向左前方发力摩擦击球。同时,还要充分运用手腕的力量,使球强烈上旋。击球后,手和臂顺势向左前上方挥动,并迅速还原成准备姿势。动作过程中,身体重心从右脚移到左脚上。

2. 正手前冲弧圈球

（1）特点与运用。球速快、弧线低而长、上旋强、弹起后前冲力大，并向下滑，是弧圈球运动员的主要得分手段。

（2）要点。站位根据来球位置而定，左脚稍前，身体重心放在右脚上，两膝微屈，收腹含胸，腰、髋和上体稍向右转。上臂离身带动前臂后引并下沉，将拍引至身体右侧下方约与球台齐高，同时前臂内旋，使拍面前倾。待来球弹起后，以前臂为主，向前并兼向上挥拍迎球，同时，腰、髋带动上体稍向左转动，在来球的高点期或下降前期，以前倾拍形迎击球的中上部。球拍击球瞬间，以前臂为主向前并略兼向上发力摩擦击球，并注意运用手腕的动作和力量，使球强烈上旋。击球后，手和臂顺势向前上方挥动，并迅速还原成准备姿势。动作过程中，身体重心从右脚移到左脚上。

3. 易犯错误及纠正方法

易犯错误1：引拍幅度小，方向不对。

纠正方法：加大引拍距离，纠正引拍方向。拉加转向下引拍，拉前冲向后引拍。

易犯错误2：撞击多，摩擦少。

纠正方法：纠正击球部位、用力方向及拍面角度，使击球时作用力线远离球心。

易犯错误3：拉加转弧圈击球时间过晚，只向上用力。

纠正方法：击球时间提前，纠正发力方向，除向上外略向前。

易犯错误4：拉前冲弧圈球拍面角度向前不够。

纠正方法：加大拍面前倾角度。

易犯错误5：发力不集中。

纠正方法：不但要用上臂、前臂、手腕发力，同时要加强腰、髋部位的配合。

易犯错误6：击球点不准。

纠正方法：加强下肢步法移动。

第三节　乒乓球运动的基本战术

在比赛中，应根据自己和对手的具体情况，正确而有目的、有意识地运用所掌握的各种技术，充分发挥自己的特点，限制对方的长处，紧紧抓住对方的弱点，为战胜对手而采取合理有效的方法，就形成了战术。战术是以基本技术为基础的，掌握越全面、越娴熟，越能更好地完成比赛中的战术实施。

一、制订战术的基本原则

（一）知己知彼，有的放矢

比赛前，不但要对自己的技术情况做到心中有数，还要通过观察了解和分析对手的整体作战情况，客观地摸清对手的球拍性能、基本打法、技术战术的运用特点、主要弱点，然后有针对性地制订出自己切实可行的作战方案。

（二）机动灵活，随机应变

制订战术时，必须灵活多变，不能只是单一刻板式的战术。例如，对方开始连续吃自己的发球，一旦对方适应了自己的发球方式，就应该改变另一种发球方式；比赛时连续进攻对方反手，一旦对方适应了，就应该改变球的旋转、落点、速度，给对方制造困难，以达到自己取胜的目的。

（三）以己之长，制彼之短

每个人都有自己的打法和风格，也有自己的长处和不足，比赛时就要根据自己和对方的特点与不足，发挥自己的长处，抓住对方的弱点，以我为主，积极进攻，争取掌握比赛的主动权，使自己得分获胜。

（四）勇猛顽强，敢打敢拼

战术制订后，实施时要干脆大胆，勇猛顽强，敢打敢拼。自己的比分领先时，要一鼓作气，主动进攻；自己的比分落后时，要不气不馁，奋勇拼搏，做到每分必争，使比分差距逐渐减小，从而超过对方直至获胜。

二、乒乓球运动的基本战术

（一）发球抢攻

发球抢攻是快攻型打法利用发球力量争取主动和先发制人的主要手段，是我国乒乓球运动员的重要战术之一。发球抢攻战术因打法的类型不同而有所差异，但常用的发球抢攻战术，主要有以下几种：

(1)正手发转球与不转球。
(2)侧身正手(高抛或低抛)发左侧上(下)旋球。
(3)反手发右侧上(下)旋球。
(4)反手发急球或急下旋球。
(5)正手发急球后抢攻。

（二）搓攻技术

搓攻战术是进攻型打法的辅助战术之一，主要利用搓球旋转的变化和落点的变化为抢攻创造机会，这一战术在基层比赛中被普遍采用。搓攻战术也是削球型打法争取主动的主要战术之一。常用的搓球战术有：

(1)慢搓与快搓结合。
(2)转与不转结合。
(3)搓球变线。

（三）对攻战术

对攻战术是进攻型打法在相持阶段常用的一项重要战术。快攻类打法主要依靠反手推挡(或反手攻球)和正手攻球(或正手拉弧圈球)的技术，充分发挥快速多变的特点来调动对方。常用的对攻战术有以下几种：

(1)紧逼对方反手，伺机抢攻或侧身抢攻、抢拉。
(2)压左突右。

（3）调右压左。
（4）攻两大角。
（5）攻追身球。
（6）变化击球节奏，加力推和减力挡结合，发力攻、拉与轻打轻拉结合，以造成对手的被动局面。
（7）改变球的旋转性质，如加力推后、推下旋，正手攻球后，退至中远台削一板使对方来不及反应，从而直接得分或创造机会球。

（四）拉攻战术

拉攻战术是以攻为主的选手对付削球的主要战术。为了发挥拉攻的战术效果，首先要具备连续拉的能力，并有线路、落点、旋转、轻重等变化，其次要有拉中突击和连续扣杀的能力。常用的拉攻战术主要有以下几种：
（1）拉反手后，侧身突击斜线或中路追身球。
（2）拉中路杀两角或拉两角杀中路。
（3）拉一角或杀另一角。
（4）拉吊结合，伺机突击。
（5）拉搓结合。
（6）稳拉为主，伺机突击。

（五）削中反攻战术

我国乒坛名将陈新华以及第43届世乒赛男单季军丁松成功地运用削中反攻的战术创造了辉煌，令欧洲选手手足失措，无以应对。这种战术主要靠稳健的削球，限制对方的进攻能力，为自己的反攻创造有利条件。它不仅增强了削球技术的生命力，也促进了攻防之间的积极转化，常用的削中反攻战术主要有以下几种：
（1）削转与不转球，伺机反攻。
（2）削长短球，伺机反攻。
（3）逼两大角，伺机反攻。
（4）交叉削两大角，突击对方弱点。
（5）削、挡、攻结合，伺机强攻。

（六）接发球战术

接发球战术是与发球抢攻战术相抗衡的一项战术，目的是破坏对方发球抢攻战术的运用，争取形成相持或主动的局面。常用的接发球战术主要有以下几种：
（1）用拉球、快拨或推挡回击，争取形成对攻的局面。
（2）用快搓摆短回接，使对方难以发力抢攻。
（3）用削球或搓球的旋转、落点变化来控制对方，以造成对方击球失误。
（4）用反手拉或侧身正手拉回接侧下旋球，控制对方发球抢攻。
（5）用反手攻或快推回接侧上旋球和急球。
（6）用推挡压住对方反手或中路，然后侧身攻击。

第十章　羽毛球运动

羽毛球运动是青少年非常喜爱，既简便又相当普及的运动项目。本章将简述羽毛球运动的起源，介绍羽毛球运动的基本技术、练习方法和基本战术。

第一节　羽毛球运动概述

一、羽毛球运动的起源与发展

羽毛球运动的起源众说纷纭，主要的说法有以下几种：

1. 起源于日本

相传羽毛球最早出现于14—15世纪时的日本，球拍是木制的，球用樱桃核插上羽毛制成，这种球由于球托是樱桃核，太轻，球飞行速度太快，因此球的羽毛极易损坏，加之球的造价太高，所以使该项运动时兴了一阵子就慢慢消失了。

2. 出现在印度

大约至18世纪时，印度的浦那出现了一种与早年日本的羽毛球极相似的游戏，球用直径约6cm的圆形硬纸板，中间插羽毛制成（类似我国的毽子），板是木质的，玩法是两人相对站立，手执木板来回击球。

3. 诞生在英国

现代羽毛球运动于1800年左右诞生于英国，由网球派生而来。现今的羽毛球场地和网球场地仍非常相似。1870年，出现了用羽毛、软木做的球和穿弦的球拍。1873年，英国公爵鲍弗特在格拉斯哥郡的伯明顿镇的庄园里进行了一次羽毛球游戏表演。从此，羽毛球运动便逐渐开展起来，"伯明顿"也成了羽毛球的名字，英文的写法是"Badminton"，那时的活动场地是葫芦形，两头宽中间窄，窄处挂网，直至1901年才改作长方形。

1875年，世界上第一部羽毛球比赛规则出现于印度的浦那。三年后，英国又指定了更趋于完善和统一的规则，当时规则的不少内容至今仍无太大的改变。

1893年，世界上最早的羽毛球协会——英国羽毛球协会成立，并于1899年举办了全英羽毛球锦标赛，每年举办一次，沿袭至今。

4. 羽毛球运动在世界的发展

1934年,由加拿大、丹麦、英国、法国、爱尔兰、荷兰、新西兰、苏格兰和威尔士等国发起了国际羽毛球联合会(2006年改名为羽毛球世界联合会)。从此,羽毛球国际比赛日渐增多。

1939年国际羽毛球联合会通过了各会员国共同遵守的《羽毛球竞赛规则》。

5. 羽毛球运动在中国的兴起

羽毛球运动约于1920年传入我国,1949年后得到迅速发展。20世纪70年代我国羽毛球队已跻身于世界强队之列。20世纪70年代的国际羽坛,印度尼西亚与我国平分秋色。

20世纪20年代到40年代,欧美国家的羽毛球运动发展很快,其中英国、丹麦、美国、加拿大的水平相当高。20世纪50年代亚洲羽毛球运动发展很快,马来西亚取得两届汤姆斯杯赛冠军,同时印度尼西亚队在技术和打法上有所创新,很快取得了霸主地位。20世纪60年代以后,羽毛球运动的优势逐渐移向亚洲。

1981年5月,国际羽毛球联合会重新恢复了中国在国际羽联的合法席位,从此揭开了国际羽坛历史上新的一页,进入了中国羽毛球选手称雄世界的辉煌时代。

在1988年汉城奥运会上,羽毛球被列为表演项目;在1992年巴塞罗那奥运会上,羽毛球被列为正式比赛项目,设立男、女单打和双打等比赛项目;在1996年亚特兰大奥运会上,混合双打被列为比赛项目,从此羽毛球运动进入了新的发展时期。

二、羽毛球运动的价值

1. 自娱性

羽毛球作为一种娱乐活动,参与者在打球的过程中,通过不停地奔跑和身体的变化,努力把球击到对方场地,击球者每击出一个好球或者赢得一个球时,都能获得一种成功的喜悦。同时羽毛球运动又能展示参与者灵活、机智、潇洒的气质,促使参与者尽情地表现自己,因而使这种运动充满了乐趣。

2. 观赏性

羽毛球技术千变万化,导致球路变化莫测,让有力度的进攻与有韧性的防守密切结合起来,尤其是参与者在运动中所表现的坚强斗志、潇洒作风和优美造型,都在一定程度上展示着羽毛球运动的力与美,观赏者像在吟读一首动人的诗词或浏览一幅悦目的画,使观赏成为一种享受。

3. 增强体质

羽毛球运动可以全面增强人的体质,它要求参与者要具有完成比赛所需要的较强动作发力和长时间的奔跑、蹬、跳、跨以及上肢的连续击球动作的能力;具有一定的反应速度、动作速度和急停、变向、变速的移动速度;具有突然改变动作方向和击球力度的能力以及肩、腕、腰、髋、踝等关节的柔韧性。因此,经过参与者长时间活动,羽毛球运动可以增强人体的灵活性、协调性,可以提高人们上下肢及躯干的活动能力,改善呼吸系统和心血管的功能,调节神经系统功能并提高其抗乳酸的能力,起到增进健康、调节精神的作用。

4. 培养意志

在羽毛球活动中,参与者为了更好地适应这项运动,需要不断努力地追求自己技术上的进步和心理上的成熟。参与者永无止境的追求、每个好球的出现、每场比赛的精彩表现,都是这种奋斗精神的集中表现和生动写照。

三、羽毛球运动的特点

作为一项体育运动和娱乐活动,羽毛球运动之所以受到了人们广泛的欢迎,是因为它具有独特的魅力。

羽毛球运动对场地设施没有很高的要求,一个人一只拍一个球一个很小的空间,就可以进行简单的自我娱乐。羽毛球运动的参与者不受性别、年龄、身体条件和技术水平的限制,人们可以按照自己的意愿进行锻炼和比赛,通过运动,人们不仅可以提高自己的羽毛球技术水平,同时还可以提高自己的身体素质,增进健康,扩大自己的交际范围。

第二节 羽毛球运动的基本技术与练习方法

一、手法

(一)握拍法(本章节均以右手握拍为例)

羽毛球拍握法正确与否,对于掌握羽毛球技术和提高羽毛球水平有着重要的影响。羽毛球技术中的握拍和指法是多种多样的,但是基本的握拍法有两种,即正手握拍法和反手握拍法。

(1)正手握拍(图10-1)。握拍之前,先用左手拿住球拍,使拍面基本与地面垂直,再张开右手,拇指放在宽柄上,食指在上,与大拇指分开,下面三个手指自然靠拢,虎口对准边上细小的棱,握拍留有空隙,自然放松。正手发球、右场区各种击球及左场区头顶击球等,一般都采用这种握法。

(2)反手握拍(图10-2)。在正手握拍的基础上,拇指和食指将拍柄稍向外转,拇指顶点在拍柄内侧的宽面上或内侧棱上,中指、无名指和小指并拢握住拍柄,柄端靠近小指根部,使掌心留有空隙。球拍斜侧向身体左侧,拍面稍后仰。一般说来,击身体左侧的来球,大都先转体(背对网),然后用反手握拍法击球。

 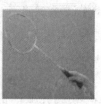    

图10-1 正手握拍　　　　　　　图10-2 反手握拍

（3）正手握拍和反手握拍共同的关键技术。

①要放松。击球前手部肌肉适当放松，食指和中指间有一定的距离，手心不要靠在拍柄上，手心与虎口之间应留有空隙。

②要灵活。不同情况下灵活地对握拍法进行调整。

③手指、手腕要大限度地发挥力量。

（二）发球法

发球按发出的球在空中飞行弧线的不同分为发高远球、发平高球、发平快球和发网前球，如图10-3所示。

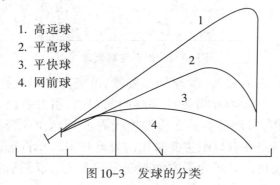

1. 高远球
2. 平高球
3. 平快球
4. 网前球

图10-3　发球的分类

1. 正手发球

单打发球在中线附近，离前发球线1m左右站位。双打发球的站位可靠近前发球线，身体左侧对球网，左脚在前，右脚在后，重心在右脚上，右手持拍向右后侧举起，肘部放松微屈，左手拇指、食指和中指夹住球，举在胸腹间。发球时，身体重心由右脚移至左脚。

用正手发球，不论是发何种弧线的球，在发球前应该注意动作的一致性，这样就会给对方的接发球造成判断上的困难。

（1）正手发高远球（图10-4）。做好准备姿势后，右手向后引拍、展腕，随之向上挥动，左手撒手放球，以转体和上臂的挥动带动前臂，当球拍快要与球接触时，前臂加速带动手腕向前上方闪动，由原来的伸腕姿势经前臂内旋指屈腕，利用手腕力量向前上方鞭打击球。击球点应在右侧前下方，在拍面仰角（拍面与地面形成的角度）大于135°的情况下把球击出去。

（2）正手发平高球。发球前准备姿势同发高远球，发球的动作过程大致同发高远球，只是在击球的一刹那，小臂加速带动手腕向前上方挥动，拍面要向前上方倾斜，以向前用力为主。发平高球时要注意发出球的弧线以对方接球时伸拍打不着球的高度为宜，并应发到对方场区底线。这种方法能发比高远球低、速度较高远球快、具有一定攻击性的球。

（3）正手发平快球。发球准备姿势同发高远球。站位比发平高球稍后些（防止对方很快回到本方后场），充分利用前臂带动手腕向前的爆发力，球直接从对方的肩稍上高度越过，直攻对方后场。发平快球的关键是出手的动作要小而快，但前期动作应和发高远球一致。发平快球时还应注意不要过手、过腰，否则犯规。这种球比平高球的弧线还要低、速度还要快，适用于对付反应较慢、站位较前、动作幅度较大的对手或是初学者。

图 10-4　正手发高远球

（4）正手发网前球（图10-5）。发球动作要领、准备姿势同发高远球。击球时，握拍要放松，大臂动作要小，主要靠小臂带动手腕向前切送，用力要轻。发网前球时应注意手腕不能有上挑的动作，另外落点要在前发球线附近，发出的球要贴网而过，这样可免遭对方扑杀。发网前球是在双打中主要采用的发球技术。单打比赛时，如发高球，怕遭到对方球速较快的直接攻击时或为了主动改变发球方式借以调动对方时采用该法。

2. 反手发球

反手发球（图10-6）动作小、出球快、对方不易判断，是双打比赛中经常采用的一种发球技术。

反手发球时，站在前发球区内前发球线及中线的附近。准备时，面向球网，两脚前后站立，上体稍前倾，身体重心在前脚上，右手反手握拍，左手拇指、食指和中指捏住羽毛球，球托明显朝下置于前腰下，球体与拍面平行或球托对准拍面放在拍面前方。发球时主要靠小臂带动手腕朝前横切推送，动作小，力量也较小，但速度快。发平快球时，发力要突然，击球时拍面要有"反压"动作。

图 10-5　正手发网前球

图 10-6　反手发球

（三）接发球法

还击对方发过来的球叫接发球。接发球和发球一样，都是羽毛球最基本的技术，在比赛中同样起着重要的作用。如果说发球发得好是走向胜利的开始,那么也可以说,接发球接得好是走向胜利的第一步。发球方可利用多变的发球来打乱接发球方的阵脚,争取主动。接发球方则可通过多变的接发球来破坏发球方的企图。因此,对初学羽毛球的人来说,接发球也是不可忽视的技术。

接发球的站位和姿势:

(1)单打站位(图10-7)。单打站位于离前发球线1.5m处。在右发球区要站在靠近中线的位置,在左发球区则站在中间位置。主要是防备对方直接进攻反手部位。一般左脚在前,右脚在后,双膝微屈,收腹含胸,身体重心放在前脚上,后脚脚跟稍抬起。身体半侧向球网,球拍举在身前,两眼注视对方。

(2)双打站位。由于双打发球区比单打发球区短0.76m,发高远球易被对方扣杀,所以双打发球多以发网前球为主。接发球时要站在靠近前发球线的地方。双打接发球准备姿势和单打的接发球准备姿势基本相同。略有区别的是身体前倾幅度较大,身体重心可以随意放在任何一脚,球拍举得高些,在球来到网上最高点时击球,争取主动,但要注意右场区对方发平快球突袭反手部位。

图10-7 单打站位

(四)击球法

1. 高远球

高远球是自后场打到对方后场端线并经过高空飞行的球。高远球分为正手、反手和头顶三种手法。

(1)正手击高远球(图10-8)。正手击高远球是羽毛球上手击高远球技术中的基础。击球前先判断来球的方向和落点,侧身后退使球在自己右肩稍前上方的位置,左肩对网,左脚在前,右脚在后,重心在右脚上,左臂屈肘,左手自然高举,右手持拍,大小臂自然弯曲,将球拍举在右肩上方,两眼注视来球。击球时,由准备动作开始,大臂后引,随之肘关节上提至高于肩部的位置,将球拍后引至头后,自然伸腕,然后在后脚蹬地、转体和腰腹的协调用力下,以肩为轴,大臂带动小臂快速向前上方甩动手腕,在手臂伸直的最高点击球。击球后,持拍手臂顺惯性往前下方挥动并收拍至体前。与此同时,左脚后撤,右脚向前迈出,身体重心由后脚移到前脚。

图10-8 正手高远球

(2)反手击高远球。反手击高远球同正手击高远球一样,首先判断对方来球的方向和落点,迅速将身体转向左后方,移动到位后,右脚前交叉跨到左侧底线,背对网,身体重心在右脚上,使球在身体的右肩上方。击球前,由正手握拍迅速换为反手握拍,并持拍于胸前,拍面朝上;击球时,以大臂带动小臂,通过手腕的闪动、自上而下的甩臂将球击出;在最后用力时,要注意拇指的侧压力与用腕的配合,同时还要利用两腿的蹬地、转体等协调全身用力。

（3）反手头顶击高远球。反手头顶击高远球是在自己的左后场区,用正手在头顶中间部位或在左肩上方将来球击到对方底线去的高远球击球方法。击球前的准备姿势以及击球动作与正手击高远球基本一致,不同的是头顶击高远球的击球点在左肩上方。准备击球时,侧身(左肩对网)稍向左后仰;击球时,大臂带动小臂使球绕过头顶,将拍从左上方向前加速挥动,在用力击球时,注意发挥手腕的爆发力,并充分利用蹬地以及收腹的力量;击球后,左脚在身后着地并立即回蹬,同时右脚前移,重心移至右脚。

2. 吊球

把对方击来的后场高远球还击到对方的网前区的击球方法称作吊球。它的作用是调动对方站位,以利于组织进攻。在后场,若将吊球与高球或杀球结合起来运用,就能给对方以很大的威胁。吊球可以用正手、反手或头顶击球技术来完成。

（1）正手吊球(图10-9)。

①劈吊。击球前期动作同正手击高远球动作。击球时,拍面正面向内倾斜,手腕作快速切削下压动作。若劈吊斜线球,则球拍切削球托的右侧,并向左下方发力。若劈吊直线球,则拍面正对前方,向前下方切削。

②轻吊。击球前期动作同正手击高远球动作。击球时,可以使拍面变化同劈吊基本一致,但用力要更轻些,还可以使拍面正击球托或借助来球的反弹力用球拍轻挡,使球过网后贴网而下。

（2）反手吊球(图10-10)。击球前的动作同反手击高远球,不同之处在于触球时拍面的掌握和力量的运用。吊直线球时,用球拍反面切削球托的中后部,向对方右网前发力;吊斜线球时,用球拍反面切削球托的左侧,朝对方左网前发力。

（3）头顶吊球(图10-11)。头顶吊球也可分为劈吊和轻吊,其击球前的动作同头顶击高远球一样,不同的是球拍触球时,拍面的变化和力量的运用。吊直线球的动作同正手吊直线球基本一致,只是击球点不同;吊斜线球时,球拍正面向外转,切削球托的左侧,朝右前下方发力。

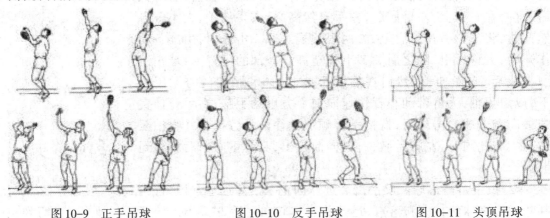

图10-9　正手吊球　　　　图10-10　反手吊球　　　　图10-11　头顶吊球

3. 杀球

把对方击来的高球全力向下扣压叫杀球,其击球的准备姿势和击球动作与击高球基本一样,不同的是最后用力的方向朝下,而且要充分利用蹬地、转体、收腹以及手臂和手腕的爆发力全力将球向下击出,击球的一刹那要紧握球拍。

杀球分为正手杀直线和对角线球、头顶杀直线和对角线球、正手腾空突击杀直线球。

（1）正手杀直线和对角线球。正手杀直线球的准备姿势和动作要领与正手击高远球大体相同。步子到位后，屈膝使重心下降，准备起跳。侧身起跳时，往右上方提肩带动上臂、前臂，球拍上举，以便向上伸展身体，起跳后，身体后仰，挺胸，呈反弓形。接着右上臂往后上摆起，前臂自然后摆，手腕后伸前臂带动球拍由上往后下挥动，这时握拍要松。随后凌空转体、收腹、带动右上臂往右上摆起，肘部领先，前臂全速往前上方挥动，带动球拍高速前挥。当击球点在肩的前上方位置时，前臂内旋，腕前屈微收，闪腕发力杀球。这时手指要突然抓紧拍柄，把手腕的爆发力集中到击球点上。球拍和击球方向水平面的夹角小于90°，球拍正面击球托的后部，使球直线下行。杀球后，前臂随惯性往体前收，在回位过程中将球拍回收至胸前。正手杀对角线球的准备姿势和动作要领与正手杀直线球相同。不同点是起跳后身体向左前方转动用力，协助手臂向对角方向击球。

（2）头顶杀直线和对角线球。头顶杀直线和对角线球的动作要领和准备姿势与头顶击高远球相同。不同点是挥拍击球时，要集中全力往直线方向或对角线方向下压，球拍面和击球方向水平面的夹角小于90°。

（3）正手腾空突击杀直线球。

动作要领：侧身，右脚后退一步准备起跳，起跳后，身体向右后方腾起，上身右后仰，呈反弓形，右臂右上抬，肩尽量向后拉。击球时，前臂全速往上摆起，手腕后伸经前臂内旋至屈收，同时握紧球拍，压腕产生爆发力，高速向前下方击球。突击扣杀后，右脚在右侧着地，屈膝缓冲，重心在右脚前，右脚在左侧前着地，利用左脚蹬地向中心位置回动，手臂随惯性自然往体前回收。

4. 搓球

搓球是用球拍搓击球的左侧或右侧下部或球托底部，使球向右侧或左侧旋转与翻滚过网。搓球分为正手搓球和反手搓球。

5. 推球

推球是把对方击来的网前球推击到对方的后场两底角去，球飞行的弧线较低平，速度较快。推球分为正手推球和反手推球。

6. 勾球

勾球是把在本方右（左）边的网前球击到对方左（右）边网前去的技术动作。勾球分为正手勾球和反手勾球。

7. 扑球

对方发网前球或回击网前球时，在球刚越到网顶即迅速上网向斜下扑压，这一动作被称为扑球。扑球分为正手扑球和反手扑球。

8. 抽球

抽球（图10-12）是把在身体左、右两侧，肩以下，腰以上的来球平扫过去的技术。抽球分为正手抽球和反手抽球。

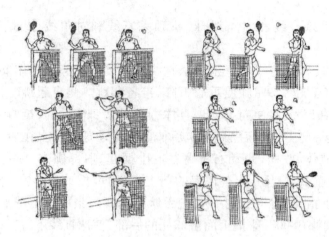

图 10-12 抽球

9. 挑球

挑球（图 10-13）是把对方击来的吊球或网前球挑高回击到对方后场去的技术，这是在比较被动的情况下采取的一种防守性技术。挑球分为正手挑球和反手挑球。

图 10-13 挑球

二、步法

（一）基本步法

（1）垫步。当右（左）脚向前（后）迈出一步后，后脚跟进，紧接着以同一脚向同一方向再迈一步，为垫步。垫步一般在调整步法时用。

（2）交叉步。左右脚交替向前、向两侧或向后移动为交叉步。一只脚向前面的为前交叉步，而另一只脚向后面的为后交叉步，交叉步一般在后退打后场球时用得较多。

（3）小碎步。以小的交叉步移动的称为小碎步。由于步幅小、步频快，一般在起动或回动起始时用。

（4）并步。右脚向前（或向后）移动一步时，左脚即刻向右脚跟并一步，紧接右脚再向前（向后）移动一步，称为并步。

（5）蹬转步。以一只脚为轴，另一只脚向后或向前称为蹬转步。

（6）蹬跨步。在移动的最后一步，左脚用力向后蹬的同时，右脚向来球的方向跨出一大步，称为蹬跨步。它多用于上网击球，在后场底线两角移动抽球时也常采用。

（7）腾跳步。起跳腾空击球的步法为腾跳步，它可分为两种：一种是上网扑球或向两侧移动突击杀球时，以领先的脚（或双脚）起跳，做扑球或突击杀球；另一种是对方击来高远球时，右脚（或双脚）起跳到最高点时杀球。

（二）组合步法

1. 基本站位法

发完球后,右脚在前,左脚在后,双脚之间大约是一脚半的距离,同时两脚的脚后跟要向上提起,不要着地,人呈半蹲姿势,同时稍向前倾斜。

2. 后场正手起跳交叉步法

右脚先向右后方迈出一小步,左脚跟着右脚并一步,右脚单脚起跳,重心在右脚上,在击球的一刹那,右脚与左脚交叉,交叉之后上网,击球以后,左脚先落地,右脚前进一步,然后回到中间。

3. 后场正手起跳突击步法

要领大致同后场起跳交叉步法,只是在击球的一刹那,脚落地时不一样,右脚先往后退一步,左脚跟着并一步,起跳以后,两只脚同时落地,然后回到原位。

4. 后场正手低球被动步法

被动步法和准备动作一样,出脚也是一样,先出右脚,身体不是往上而是往下,右脚先出一步,左脚交叉到右脚后面之后,右脚再大跨一步,在球很低的时候击球,击球之后回到原位（退一步、垫一步、跨一步）,这是后场正手被动步法。

5. 后场头顶球步法

（1）起跳交叉步法。右脚先站平,往后退一步,左脚跟着右脚垫一步,之后右脚再踏一步,侧身,然后用右脚单脚起跳,左脚落地,右脚跟一步,回到场地中间。

（2）突击起跳步法。这种步法不同于起跳交叉步法,因为来球的球路比较平,因此要求步法很快。左脚先踏出一小步,右脚紧跟垫一步,在左脚踏出的同时起跳,双脚同时落地,回到场地中央。

（3）头顶被动步法。当来球的球路很低时,要求人的重心也要低,降低重心的同时左脚先迈出一步,然后转体,右脚跨出一大步,在右脚落地的同时将球击出。

6. 正手上网步法

（1）主动上网。左脚往前踏一小步,同时右脚蹬起一大步,称为主动上网。

（2）被动步法。重心要低,右脚先踏一小步,左脚垫一步,右脚再踏一大步,把球打起来,这里,膝关节不能超过脚尖,髋关节往下,同时后脚稍微往下带一点,手臂在击球时置于右腿外侧,以便回到中心位置。

7. 反手上网步法

反手上网前,准备时重心降低一些,左脚先跨一步,右脚再蹬跨一步,被动上网的时候重心更低一点。

8. 正手接杀步法

人的重心一定要低,两脚弯曲。个子高的人可采用平步法,右脚横跨一步,这时步伐要拉大,髋关节往下;个子较矮的人可以采用垫步,方法是左脚到右脚的后面去,然后再打开一步。

9. 反手接杀步法

高个子的人转体,右脚迈出一大步,重心要低,髋关节往下;个子不高的人先出左脚,左脚垫一步,然后转体跨步,击球后回到场地中间。

第三节　羽毛球运动的基本战术

羽毛球运动的战术是指运动员在比赛中为表现出高超的竞技水平和战胜对手而采取的计谋和行动。在羽毛球比赛中，双方都想要控制对手，力争主动，因此能够根据不同对手的特点，采取相应变化的技术手段战胜对手，这便是战术的意义。羽毛球战术又分为单打战术和双打战术两种。

一、单打战术

（一）发球抢攻战术

在羽毛球比赛中，发球过程不受对方干扰，发球者可以根据规则随心所欲地以任何方式将球发到对方接球区的任意一点，善于利用多变的发球术，能先发制人，取得主动。将发平快球和网前球配合，以争取创造第三拍的主动进攻机会，这种战术称为发球抢攻战术。

（二）攻后场战术

采用重复打高远球或平高球的技术，压对方后场两角，迫使对方处于被动状态，一旦其回球质量不高，便伺机杀、吊对方的空当。

（三）逼反手战术

一般说来，后场反手击球的进攻性不强，球路也较简单。对后场反手较差的对手要毫不放松地加以攻击，先拉开对方位置，使对方反手区露出空当，然后把球打到反手区，迫使对方使用反拍击球，例如：先吊对方正手网前，对方挑高球，此时便以平高球攻击对方反手区。在重复攻击对方反手区迫使其远离中心位置时，突然吊对角网前。

（四）打四点球突击战术

将快速的平高球、吊球准确地打到对方场区的四个角落，迫使对方向前后左右奔跑，当对方来不及回中心位置或失去重心时，抓住空当和弱点进行突击。

（五）吊、杀上网战术

先在后场以轻杀配合吊球把球下压，落点要选择在场地两边，使对方被动回球。若对方还击网前球，便迅速上网搓球或勾对角快速平推球；若对方在网前挑高球，可在其后退途中把球直接杀到他身上。

（六）先守后攻战术

这一战术可用来对付那种盲目进攻而体力又差的对手，比赛开始时，先以高球诱使对方进攻，在对方只顾进攻、疏于防守时，即可突击进攻，或者在对方体力下降、速度减慢时再发动进攻。这是一种以逸待劳、后发制人的战术。

二、双打战术

（一）攻人战术

攻人战术是一种经常运用的行之有效的战术。当发现对方有一个人的防守能力或心理素质较差、失误率较高或防守时球路单调时，就可以采用这种战术，把球进攻到那个较弱者的一边。这种战术可集中优势兵力以多打少，以优势打劣势，促成主动或得分。这样有利于让对方在站位上出现空当；有利于我方突击另一线面取得成功；有利于造成对方思想上的矛盾而互相埋怨，影响士气。

（二）攻中路战术

不论对方把球打到什么地方，我方攻球的落点都应集中在对方两人之间的结合部，并靠近防守能力较差者一侧，或在中线上。攻中路战术，可以造成对方抢球或漏球，限制对方挑出大角度的球，有利于我方网前封网。

（三）攻直线战术

运用攻直线战术时，杀球路线和落点均为直线，没有固定的目标和对象，只依靠杀球的力量和落点来得分。当对方的来球靠近边线时，攻球的落点在边线上；当对方的来球在中间区时，就朝中路进攻。杀直线球虽然难度高一些，但效果不错，便于网前同伴进行封网。

（四）攻后场战术

遇到后场扣杀能力差的对手，可采用高球、推平球、接杀挑高球等技术，迫使对方一人在底线两角移动。一旦对方还击被动时，便大力扑杀，如果另一对手后退支援，即可进攻网前空当。

（五）后攻前封战术

当本方取得主动攻势时，后场队员逢高必杀，前场队员积极移动封网扑打。

（六）守中反攻战术

防守时，对方攻直线球，我方挑对角平高球；对方攻对角球，我方挑直线平高球，以达到调动对方移动的目的。然后可采用挡或勾网前对角球进行进攻的战术，这在对付网前扑、推、左右转体不灵活的对手时，可以很快获得由守转攻的主动权。

第十一章 网球运动

第一节 网球运动概述

一、网球运动的起源

网球运动起源于12世纪至13世纪法国传教士在教堂回廊里用手掌击球的一种游戏,后来它成为宫廷内的一种娱乐游戏。这种游戏是用一条绳索拉到场地对面当作球网,用皮布裹着毛发作球,这种球的表面材料是由埃及坦尼斯镇所产的最为著名的绒布——斜纹法兰绒制作的,这种球法语叫作"Tennez"。后来英国人将这种球类运动称为"Tennis",起初是用手作球拍打来打去,直到15世纪才改用实心的木拍打球。16世纪至17世纪是法、英宫廷从事网球运动的兴盛时期,平民是无缘涉足的,所以网球又被称为"贵族运动"。随着网球运动越来越被人喜爱,打网球的人越来越多,这项运动在欧洲其他国家也逐渐开展起来。

现代网球运动始于1873年,英国人温菲尔德在早期网球的打法上加以改进,将场地移向草地,同年出版了《草地网球》一书,为草地网球制定了几条最初的规则,这标志着现代网球运动的产生。1874年,确定了球场场地和网球的规格。1875年,"英国板球俱乐部"制定了世界上第一部网球竞赛规则。1877年,"英国板球俱乐部"正式更名为"全英板球和草地网球俱乐部",并首次举办温布尔顿男子网球单打比赛。1881年成立全美网球协会。后来网球运动流传到世界各地,并成为一项深受欢迎的球类运动。

1896年,在雅典举行的现代第一届奥运会上,网球的男子单打项目与男子双打项目被列为正式比赛项目。1900年,女子网球项目也被列为奥运会正式比赛项目。后来,由于国际奥委会与国际网球联合会在"业余球员"与"专业球员"之间的定义上发生分歧,已经进行了连续七届的奥运会网球比赛项目被取消。直到1984年的洛杉矶奥运会,网球才被列为表演项目。在1988年的汉城奥运会上,网球重新被列为正式比赛项目,同时允许职业选手参赛。1913年3月1日,由澳大利亚等12个国家的网球协会代表,在巴黎成立了世界网球的最高组织——国际网球联合会(ITF),该组织主要负责协调国际网球活动,安排全年比赛日程,修订网球规则并监督它的执行情况。

伴随着英国的殖民统治和海外移民,网球漂洋过海由西方来到了中国。虽然从1914年起中国就在华北运动会上设立了网球项目,并且积极参与远东运动会的网球项目比赛,但始终没有出现知名的运动员和很高的比赛成绩,因此并没有带动当时网球运动在中国的普及和发展。直到1998年,上海喜力网球公开赛的开赛、2004年中国网球公开赛的开赛、2005年重返上海的大师杯赛的开赛,一系列的国际网球职业大赛让网球运动在中国吸引了更多人的关注。其中,2004年中国网球选手郑洁在法国网球公开赛上进入16强,2004年中国网球双打选手李婷、孙甜甜在雅典奥运会上夺取冠军,2006年中国网球双打选手郑洁、晏紫在澳大利亚网球公开赛和温布尔顿网球公开赛上两度夺冠,2011年中国网球选手李娜在法国网球公开赛上更是站到了最高的领奖台上。中国网球运动的健儿们一系列的好成绩,鼓动了国内人民对网球运动更高的热情,国内开始出现了一股网球运动的热潮,引起了更多运动爱好者的关注和加入。以北京、上海、广州、深圳、武汉等地为轴心的网球运动在华夏大地上蓬勃发展起来了。

二、网球运动的锻炼价值

(一)增强人体体质,促进身体健康

网球运动是一项老少皆宜的运动,运动量可大可小。练习网球可以使人们动作敏捷,判断准确,反应迅速,能提高人体的速度、力量、柔韧、灵敏、身体协调性等素质,对改善人体运动系统、循环系统、呼吸系统、神经系统以及提高人体抵抗各种疾病、适应外界的能力都有重要的作用。

(二)培养良好的意志品质和作风

在网球运动中,特别是在比赛中,通过进攻与防守、控制与反控制,既斗智,又斗勇,锻炼了个人的意志品质和心理素质,有利于培养拼搏进取的作风和胜不骄、败不馁的道德风尚,增强克服各种困难的自信心。

(三)团结协作,增进友谊

练习网球需要对手或球友。通过网球运动既能交流球艺,又可增进友谊。特别是参加双打比赛,可以培养人们彼此信任、团结协作、密切配合的合作意识。此外,它还是一项社交活动,可以促进彼此的沟通和理解。

(四)愉悦身心,陶冶情操

网球比赛具有较强的观赏性。网球比赛中,场上热烈的气氛、激烈的争夺,使广大观众如醉如痴,豪情满怀。运动员所表现的顽强斗志、精湛技艺,都令人赏心悦目,久久难以忘怀,让人从中得到一种美的享受。

第二节 网球运动的基本技术及练习方法

一、握拍方法

握拍方法与击球动作有着密切的关系,球拍是击球者手臂的延伸,每个击球动作都是由手臂、手腕、手指互相配合用力完成的。所以,握拍的好坏对技术的提高和全面性

有较大的影响。网球最基本的握拍法有：东方式、西方式、大陆式、半西方式和双手握拍等。

（一）东方式握拍法

东方式握拍法（图11-1）因最初广泛使用于美国东部的沙土场地而得名，分正手和反手两种。这种握拍法的优点是来球高一点或低一点，都能用正、反手击球。

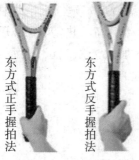

图11-1　东方式握拍法

（1）东方式正手握拍法，亦称"握手式"握拍法。拍面与地面垂直，手握拍柄好像与人握手一样。准确地说，用握拍手的虎口对正拍柄右上侧楞，手掌根与拍柄右上斜面紧贴，拇指压住拍柄的左垂直面，食指稍离中指，食指下关节压住拍柄右垂直面，五指紧握拍柄。这种握拍法能增大正手击球的力量。

（2）东方式反手握拍法。从正手握拍法把手向左转动1/4，即转动90°（或拍柄向右转动1/4即90°），使虎口对正拍柄左侧楞面上，即用手掌根压住拍柄的左上斜面，拇指直伸在拍柄的左垂直面上，食指下关节压住拍柄右上斜面。

（二）西方式握拍法

西方式握拍法是在美国西部加利福尼亚的水泥硬地球场上发展起来的，这种握法的正、反手击球都是使用球拍的同一个面。用这种握法，在打反弹球时正手能打出强劲的上旋球，反手多打斜球，特别适合打跳球和齐腰高球。

（1）西方式正手握拍法（图11-2）。拍面与地面平行，从拍上面抓住拍柄，手掌根贴着拍柄右下斜面，拇指和食指都不前伸，拇指压在拍柄上部小平面，食指下关节握住拍柄的右下斜面。

图11-2　西方式正手握拍法

（2）西方式反手握拍法。右手是东方式反手握拍，握在拍柄的后方；左手是东方式的正手握拍法，握在拍柄的前方。

（三）大陆式握拍法

大陆式握拍法（图11-3）起源于欧洲大陆，故得此名。此握拍法对处理低球很适宜，对上网截击和处理网前球也很有利，对处理齐腰的球也方便，适合于臂力、腕力都较强的人。但这种握拍姿势对于过高的来球，不易控制拍面，因手心握在拍柄的上方，故打高球不方便。大陆式握拍与东方式握拍不同之处是它对正、反手击球都无须变换握拍。

图11-3　大陆式握拍法

大陆式握拍法：将球拍侧立，从上而下握柄，犹如手握锤柄的姿势。准确的姿势是虎口对正拍柄上面楞面正中间，手掌根抵住拍柄上部的小平面，拇指伸直围住拍柄，食指下关节紧贴拍柄右上斜面，无名指和小指都紧贴拍柄。

（四）半西方式握拍法

除了以上几传统规范的握拍法外，目前正手常见的握拍法是介于东方式与西方式之间的握法，称为半西方式握拍法（图11-4），即虎口的"V"字形在拍柄上端右侧小平面上棱角附近。它的特点是便于正手打出有力量的上旋球，便于加力控制。

对于初学打网球者来说，务必认真选择适合自己的握拍方法，这样才能逐步学习网球的各项基本技术，不断提高自己的网球运动水平。

图11-4 半西方式握拍法

（五）双手握拍法

双手握拍法一般是两只手均采用东方式握拍法。这种握拍法对于力量不足的人可以增加击球力量，便于打出上旋球，但缺点是对步法要求高，步法移动慢的人到位率低，不易掌握；对两只手臂的协调配合及均匀用力程度要求较高，协调能力差的人不易掌握。

（1）双手正手拍握拍法。右手是东方式正手握拍法，握在拍柄的后（上）方，左手是东方式反手握拍法，握在拍柄的前（下）方。

（2）双手反手握拍法（图11-5）。右手是东方式反手握拍法，握在拍柄端部，左手为东方式正手握拍法，握在右手的上方。

图11-5 双手反手握拍法

二、正手击球技术

正手击球（图11-6）是指在本人握拍手同侧的地方击打落地球的打法，它是网球基本技术中最常用的击球方法之一，下面以右手握拍者为例介绍正手击球的动作要领。以下均以右手握拍为例。

图11-6 正手击球

（一）正手击球动作要领

1. 准备姿势

面对球网，双脚向前自然开立与肩同宽，双膝微屈，身体略向前倾，重心落在双脚的前脚掌上，右手握拍，左手轻托拍颈，双肘微屈，拍面垂直于地面，拍头指向对方，两眼注视对方来球，初学者宜采用东方式握拍法。

2. 后摆引拍

当判断对方来球在正手位时，迅速向后直线拉开球拍，拍头水平或稍向上，不可下垂，同时转髋转肩。来球稍短、击球点较低时，左脚向右前方45°迈出，重心移至前脚；

来球较长时,右脚向左后方45°后撤,重心移至后脚上。

3. 挥拍击球

从后摆进而向前挥动时紧握球拍,手腕后伸、固定,用力蹬腿,转动身体挥拍,正拍的击球点在身体的右侧前方,尽量不超过腰的高度。

4. 随挥动作

球触拍后,使拍面平行于网的时间尽量长些,挥拍沿着球飞行的方向前送,重心前移落在前脚,身体也随之转向球网,挥拍动作在左肩上方结束,肘关节向前指向球飞行方向。随挥结束,立即恢复至准备姿势,准备下一次击球。

在整个击球过程中任何一个动作环节都应该是连贯的,是一个流畅的运动过程。这一点对于从击球阶段到随挥阶段的过渡过程尤其重要。

(二)正手击球的不同打法

从球的旋转性能分类,有上旋球、下旋球、平击球、侧旋球(内侧旋)等不同旋转的打法,下面简单介绍几种不同的正拍击法。

1. 上旋球

球拍自球后下方向前上方挥动摩擦,使整个球体由后下方朝前上方转动,故叫上旋球。这种打法是在击球时,加大向上提拉挥动幅度,使球产生较为急剧的上旋。上旋球的特点是飞行弧度高,下降快,前冲力较大。打上旋球最大的优点是便于加力控制,是正拍击球中既能发力大,又能控制进入场区、减少失误的击球方法,尤其是在快速跑动中调整精确的击球点很难,而上旋球则有较大的把握性。另外,正拍上旋球的飞行路线呈彩虹状,过网后有急剧下降的特点。上旋球还是破坏对方上网的有力武器,较低的上旋球落在上网的对方脚下,使其难以还击。

2. 下旋球

和上旋球相反方向旋转的球是下旋球(图11-7),又称"削球"。击球时,球拍稍向后倾斜,挥拍是由后上方至前下方挥拍击球的后下部产生下旋。球是由前上方向后下方旋转并向前飘行,过网时很低,落地反弹也很低并伴有回弹现象,下旋球的落点容易控制,也可以打对方的深区,常用于随球上网,可以协调连贯地把随击与上网结合在一起,利用球的飞行时间和深而准的落点冲至网前截击,也可以作为变换旋转和节奏的打法,扰乱对方的节奏,使之失误。

图11-7 下旋球

3. 平击球

平击球挥拍击球的路线向上较平缓,击球时拍面几乎垂直地面,击球的正后部。用同样的力量击球,平击球的速度最快,球落地后前冲力量大,球的飞行路线较平直。

4. 侧旋球

击球时球拍由球的后部向内侧平行挥动,使球产生由外向内的侧旋,故称侧旋球。这种球呈水平向外侧的弧线飞行,落地后向外跳,常用于正拍直线进攻。

在实践中,球的旋转常是混合性的,球的旋转与来球的方向、力量、旋转速度和击球时的挥拍路线、触球时的拍面角度等因素有关。因此,要掌握正手击球中的不同旋转球的击球方法,需要在平时训练中反复练习。

三、反手击球技术

反手击球又称反拍击球,是指击打与握拍手相反方向落地球的打法。

(一)反手击球动作要领

1. 准备姿势

同正手击球准备姿势,只是当对方来球飞向反手位时,要迅速变换为反手握拍。

2. 后摆引拍

向左转肩转髋带动右手向左后方摆动,左脚向左转90°与底线平行,同时右脚向左前方上步,右肩对着球网,手腕绷紧,后伸,双肩夹紧。后摆时肘关节自然弯曲,下垂,重心移向后方的脚上。反拍的后摆动作应比正拍后摆更早完成。单手反拍挥臂时,左手可以轻托拍颈,伴随着向左转。若是双手反拍挥臂,需要更充分的转体动作。

3. 挥拍击球

从后摆进入向前挥动时应紧握球拍,手腕固定,转动双肩、躯干和臀部,挥拍向球。反拍的击球点应在身体的左侧前方。击球瞬间,对准来球把球打正,肘部应伸直,拍头与拍柄相平,双眼盯住球。随着前挥,身体重心从后脚移向前脚。

4. 随挥动作

击球后,拍面平行于网的时间尽量长些,挥拍沿着球的飞行方向前送,重心前移,落在右脚,身体也随之转向球网,挥拍在右肩上方结束。完成好随挥动作有助于控制球的落点和方向。随挥跟进动作结束,身体转向球网,迅速恢复至准备姿势,准备下一次击球。

(二)反手击球的不同打法

从球的旋转性能分类,反拍与正拍一样,也有上旋球、下旋球、平击球和侧旋球几种不同旋转的击球方法。

以上是反拍击球的动作要领,在实践中球的旋转常是混合性的,这与来球的方向、力量、旋转等因素有关,因此,想掌握好反拍击球技术,需要反复练习。

四、正反手练习方法

1. 搭档辅助法

首先练习者采用正确的握拍法握住球拍,然后面对球网侧身站立,完成引拍动作,正手时左手向前伸展,反手时双手握拍后引。搭档拿球站于练习者的击球同侧,球从搭档手中下落(手臂保持水平),落点大约在练习者的前脚前方,练习者注视网球,当球弹跳至最高点并且又要开始下落时,挥拍击球,如图11-8所示。

图11-8　搭档辅助法

2. 自我练习法

在没有搭档时,自我练习(图11-9)也是可以的。练习者同样面对球网侧身站立,完成引拍动作。正手练习时,左手向前伸展,将网球置于左手中,反手练习时,左手先完成握拍和引拍。球从前方手中下落,落点大约在自身前脚的前方。反手练习时,此刻将右手收回,握住球拍。同时眼睛注视网球,当球弹跳至最高点并且又要开始下落时,挥拍击球。

图11-9　自我练习法

五、发球

发球在网球运动中无疑是最重要的技术动作。当一名运动员发球很好时,他就能决定整场比赛;当一名运动员发球不好时,他就总是充当到处救球的角色。由于发球没有受到来自对手施加的直接影响,因此每个运动员都要对自己的发球质量负责。尽管学习发球并不是非常难,但是掌握很好的发球还是需要很多的训练,更要求几个阶段的动作连贯不中断,如图11-10所示。

图11-10　发球

（一）发球的动作要领

1. 准备姿势、握拍与站位

（1）准备姿势：两脚开立与肩同宽，前脚与端线成45°，重心放在前脚上，肩膀侧对球网，左手扶住拍颈，拍头向前，身体放松，精神集中。

（2）握拍：一般采用大陆式握拍或东方式反手握拍法。

（3）站位：单打站位在端线外中场标记附近，站在底线后3~5cm处。

2. 抛球与后摆动作

抛球与挥拍后摆同步开始，左手抛球的同时，右手拉拍后摆使整个发球动作更加协调完整。抛球时，左手手指轻握住球体，用手掌平托向上，抛送至左脚前上方。整个抛球动作应平稳、协调、匀速地将球送至最高处再脱手，尽量减少球的旋转，抛球的高度应比击球点高。右手持拍手与握球手同时下落，挥拍是从后上方摆起，同时屈膝、转体展肩，右肘从外向后展约同肩高，后摆完成时拍头在头后方竖直指向天空，左侧腰胯成弓形，身体重心随着抛球开始先移向后脚，当后摆动作完成后重心开始前移。

3. 前挥击球

后手挥拍，拍头从头后开始自然下垂，经左肩胛骨向上挥摆，右肘伸直高抬拍头指向天空。当球落到击球点的瞬间，迅速击球的后上部，左脚上蹬，手臂与身体充分向上伸展，击球时眼睛盯住击球点使拍面触球的正确部位，持拍的手腕带动小臂做内旋的"鞭击"动作，此时身体重心前移，身体面对球网。

4. 随挥动作

击球后，保持连续完整的向前上方伸展的随挥动作，挥拍至身体的左下方，右脚跨过底线进入场区，身体重心完全前移至右脚，身体转向球网保持平衡，发完球，要迅速调整位置，准备接对方的回球。

（二）几种发球的动作要领及特点

1. 平击发球

平击发球虽然力量大，但是命中率低。平击球的击球点应在身体的前上方，击球的后上部，挥拍的"鞭击"动作发力要集中，身体充分向上伸展可获得最高的击球点，以提高命中率。

2. 切削发球

球抛在右侧前上方，球拍击球部位在球的右侧上方，整个挥拍动作是从右侧上方至下方，使球产生右侧旋转，球的飞行路线是一条从右向左的弧线，切削球可以提高命中率并可以把对方拉出场外回击，这种发球的准确性高，常用于第二发球。

3. 旋转发球

这是一种以上旋球为主、侧旋为辅的发球方法，由于它的上旋成分多于切削发球，使球有一个明显从上向下的彩虹弧线，越发力，旋转成分越多，弧线越大，命中率越高。抛球位置比平击发球偏左些，球拍沿球的右上方摩擦，使球产生明显的右侧上旋，球过网时较高,呈弧线飞入发球区,在力量不减的情况下伴随强力的旋转,造成对方回击球困难。

六、接发球

(一)接发球的动作要领

1. 准备姿势、握拍与站位

(1)准备姿势。两脚自然开立约同肩宽,双膝微屈重心落在前脚掌上,上体稍向前倾,左手轻托拍颈,拍头约同腰高指向对方,两脚不停地轻轻跳动,两眼紧紧地注视对方。

(2)握拍。在接发球的动作中有两种握拍方式:一种是大陆式握拍法,这种握拍法最大的优点是在快速回击正反拍时,不需要变换握拍法,但缺点是正拍很难打出强有力的接发球,尤其是接弹跳较高的第二发球;另一种是采用东方式握拍法,即正拍接发球采用东方式正拍握拍法,反拍接发球则变换反拍握拍法。在接发球中,反拍击球多于正拍击球。

(3)接发球的站位。普通情况下靠单打边线位置。

2. 后摆引拍

接发球的后摆动作不是一成不变的,注意观察飞行中的来球,应尽量确保在身体的侧前方完成后摆动作。来球球速越快,则接球后摆动作越小;反之,则后摆动作越大。

3. 击球动作

接发球的步法,左右侧的来球应用并步向斜前方迎击,近身球则应迅速侧身转体迎击,若来不及跨步也要用转髋带动转体、转肩,向前挥拍迎击来球。击球时,手腕绷紧,眼盯住球,击球点始终保持在侧前方,以推的动作将球直线送出。对付各种不同的发球,要采用不同的击球动作。

4. 随挥跟进动作

虽然接发球的后摆动作有大小之分,但不要限制击球后的随挥动作,随挥动作应尽可能地充分。随挥动作完成后,应迅速面对球网跟进,以正确的步法回到球场中间。

(二)发球与接发球的练习方法

1. 单人发球练习方法

发球练习可由单人独立完成,也可以配合接发球练习。单人练习时,练习人自身站于球场底线,引拍完成,左手向上平托抛球,左手收回,双眼向上注视网球,等待球到最高点后下落时,右手挥拍击球。

2. 配合接发球人练习

发球练习者站于场地对面练习单人发球,接发球练习人站于接发位置用准备姿势等待。发球练习人将球发出时,接发球练习人后摆引拍,眼睛注视来球,脚下选用正确的步法向斜前方迎击,手腕绷紧,向前挥拍迎击来球,如图11-11所示。

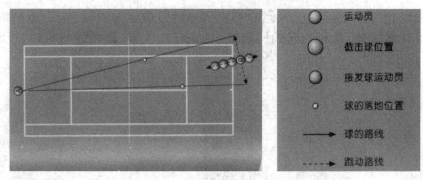

图 11-11 结合接发球人练习

七、截击球

所谓截击球,是指在来球落地前被凌空拦截的球。截击球的优势是:可以调节球的速度,缩短击球距离,扩大击球角度,从而通过赢得时间而取胜。下面介绍截击球技术的动作要领及练习方法。

(一)截击球技术动作要领

1. 准备姿势、握拍法和站位

(1)准备姿势:同正手击球准备姿势,两眼注视来球方向,同时要及时判断对手的回击球方向,准备迎击。

(2)握拍:截击球常用握拍方式有大陆式或东方式握拍法两种。

(3)站位:常站位于网前自身前一拍所击打对手的方位,离网距离约1.5~2m处。

2. 挥拍击球

挥拍击球有两种情况:

(1)高于球网的球,不论是正手还是反手截击都应跨步向前侧对球网,重心跟进落在前脚上,拍头高于来球,手腕固定,击球点在体前或侧前方,手臂和球拍采用"顶""推""压"回球,而"击"的成分很少。

(2)对于低于球网的来球,要屈膝降低重心,尽可能采用向前弓步击球,且后腿弯曲,膝盖尽可能接近地面。拍面可开放些,用手腕控制回击球。

(二)截击球的练习方法

练习人站于离网1.5~2m处,做好准备姿势,双手用正确方式握好球拍。搭档站于对面场地一侧,离网1m处,手持网球,用托送方式向练习人抛出网球。练习人眼睛注视来球,判断来球方向与来球高度,向前弓步击球。

八、高压球

高压球是指在头上用扣压的动作完成击球的一种方法。

(一)高压球的动作要领

1. 准备姿势

球拍应向前举起,看着对方挑来的高球,向右侧身转体,左脚在前,右脚在后,两脚分开约同肩宽,左肩对网,在用短促的垫步迅速调整位置的同时,左手高举指向来球,持拍的右手直接举起,右肘抬起约同肩高,拍头指向上方,眼睛注视着高空飞来的球,如图11-12所示。

图11-12 高压球准备姿势

2. 握拍方法

高压球的握拍方法与发球一样,多采用大陆式握拍法。

3. 后摆动作

高压球和发球动作相似,但主要的区别在于它后摆动作比发球简短。因为球从高空落下速度很快,如发球从下方后摆拉拍,不易掌握击球时间,只能直接从前下方经前方向举起球拍,缩短挥臂时间。

4. 击球动作

高压球的击球点与发球的高度相同。伸展手臂向球击去,两眼盯球,重心前移,双肩、躯干和臀部开始左转,当球落在头部前上方时,双肩、臀部、躯干继续左转,同时手腕以鞭击动作击球,重心在左脚。动作要果断,挥拍猛击球的后上方。距网近,击球点稍前,击球的部位稍高;距网远,需要迅速调整步伐,找到击球点,此时的击球点较后,需要用手腕做"旋内"的动作,挥拍击球的正后方,将球击回对方的深区,使球不至于打在网内而失误。

5. 随挥跟进

高压球的随挥跟进动作与发球相似,双肩、躯干、臀部都已经完成转动,右脚前跨,支撑重心。挥拍手臂挥至身体左侧下方,结束高压球动作。

(二)高压球的练习方法

练习人站于场地中央,侧身面对球网,右手完成引拍,左手伸直向上。搭档站于练习人同侧场地的双打边线外,手持网球。搭档将球向练习人头上高高抛出,练习人左手指向来球帮助自身判断落点,脚下迅速移动调整位置。球落至高压击球点时,练习人双脚调整到位,站稳,挥拍击球。

九、挑高球

(一)挑高球的动作要领

1. 准备姿势

一般与正、反拍击球的准备姿势相同,但是要求队员注意力高度集中,准确判断来球落点和对方的站位及移动路线,如图11-13所示。

图11-13　挑高球准备姿势

2. 握拍法

挑高球技术属于打落地球的一种击球方法,所以它的握拍法与正、反拍击球一样,即正拍挑高球可以使用正拍握拍法,反拍挑高球可使用反拍握拍法,不用变换。

3. 后摆动作

挑高球的效果与动作的隐蔽性、突然性密切相关。把挑高球技术"伪装"得与正、反拍击球一样,直至击球前的瞬间,因此它的引拍和后摆动作与正、反拍击球动作一样。

4. 击球动作

准备击球时,侧身开始对网,拍头稍低于手腕,位于球后,在左脚前方击球。击球瞬间,眼睛要盯着球,防守性挑高球的击球部位在球的后下方,拍面越向上方倾斜,击球部位越低,挑出的球越高;攻击性上旋挑高球的击球部位在球的后部偏下方,在球拍触球前,拍头低于手腕,在击球的瞬间,利用手腕的回拨和前臂的回旋,使球拍从球的后下方向前上方左弧形擦击,拍头挥动极快,球拍拖球的时间要长。要打出最强烈的旋转,击球点最好在身体前面的稍后处,身体重心的移动不像正、反拍击球时那样明显,整个击球动作应尽量协调、流畅而舒展。

5. 随挥跟进

挑高球的随挥动作应尽量充分,蹬腿、转动手腕、向上挥拍,使球产生上旋力。拍头要高过头顶,平稳、流畅地完成跟进动作。

(二)挑高球的练习方法

练习人站于底线,面对球网侧身站立,完成引拍,左手向前伸展,将网球拿于左手中。反手练习时,右手先完成握拍和引拍。球从前方手中下落,落点大约在自身前脚的前方。反手练习时,此刻将右手收回,握住球拍。同时眼睛注视网球,当球弹跳至最高点并且又要开始下落时,挥拍击球。在击球的瞬间,利用手腕的回拨和前臂的回旋,使球拍从球的后下方向前上方左弧形擦击。由于挑高球球速较慢,可在击球结束后,认真查看挑高球落点。

第三节　网球运动的基本战术

一、单打战术

（一）上网战术

运用底线各种技术压制对手后，迅速来到网前，运用截击技术进攻得分的战术称为上网战术，主要有以下几种：

1. 发球上网战术

首先运用发球技术中的平击发球或者旋转发球压制对手，取得一定的优势，然后迅速上网抢攻。这种战术的特点是主动进攻、威胁性较大，但前提是必须有高质量的发球作为保证。

2. 随球上网战术

通常是在对方出现质量较低的回球时，利用正、反手抽击来压制住对方，取得一定的主导优势，并随球上网的战术，称之为随球上网战术。

3. 接发球上网战术

当对手发出的球质量不高时，主动击打带有进攻性的接发球，并随接发球上网截击。由于之前的接发球已经在比赛上占了一定的优势，所以上网后的得分率非常高，对对手的威胁性非常大。

（二）底线型战术

以底线用正、反手击出不同力量、落点、速度和旋转的球，取得压制对手的优势，制造进攻的机会，其战术如下：

1. 对攻战术

以底线正、反手的抽击球，连续攻一点，然后突然变线攻击另一个大角空挡；利用正、反手的击球，不断变换击球路线，迫使对方左、右奔跑，同时抓住机会进行压制；利用正、反手击球，发挥力量和速度的优势，攻打对方致命弱点；打出大角度的球，促使对方左右奔跑，突然连续打击一点，再突然变换落点。

2. 拉攻战术

拉攻战术是一种常见的战术，利用底线正、反手拉出上旋球，调动对方左右奔跑，消耗对方体力，利用空当得分或造成对手自身失误；利用正、反手打出上旋球，同时加拉正、反手小斜角，加长对手的跑动路线，造成对手的回球质量变差，然后抓住时机，及时有力进攻对方；将球打到对方反手深区，再伺机进攻对方的正手；利用正、反手的大力上旋球打到对手的底线左右大角深处，压制住对手位置，使回球质量低下、落点较浅，再伺机突击。

3. 侧身攻战术

侧身攻战术是利用自身底线技术优点，运用自身良好的正手或反手技术，靠快速移动的步法来抽击回球的战术，也即用自身优势技术来进攻对手的战术。

在底线对攻中，对手突然攻击你的反手，自身双脚快速移动，将球的落点控制在自身正手击打区域内，利用自身正手技术优势，压制对手或取得比分，称为正手侧身攻战术；在底线对攻中，对手长时间攻击你的反手，突然发生变线，攻击你的正手，自身双脚快速移动，将球的落点控制在反手击打区域内，利用反手技术优势，压制对手或取得比分，称为反手侧身攻战术。

4. 紧逼战术

紧逼战术是利用底线快节奏的正、反手抽击来迎击上升球，并控制好落点，形成步步紧逼的态势。紧逼压制对手，造成对手陷入被动局面或回球质量差，再趁机上网得分；主动进攻，接发球时紧逼对手，致使对手感到压力，从而产生心理优势；连续紧逼对手较弱技术，再突然变向攻击反方向，赢得优势或取得比分。

5. 防守反击战术

防守反击战术是以判断反应迅速、步法灵活、体力充沛、击球准确的特点和底线控制球能力强的优势，调动对手，力争在防守中伺机反击的战术。

当对手采用紧逼战术时，利用底线正、反手打上旋球至对方的底线两角深处，牵制对方，然后再寻找机会进行反击。

当对手采用发球上网战术时，采取借力接发球，将球快速打到对方脚下，或左右两小角，然后第二反击得分。

当对手采用随球上网战术时，要加强底线破网和第一拍的成功率和突然性，并提高过网球的质量，达到牵制对手、伺机第二次破网反击的目的。

二、双打战术

双打比赛中，两个选手既要密切配合，又要制订以己之长、攻彼之短、出其不意、攻其不备、力争主动的战术，才能克敌制胜。双打战术主要有发球局战术和接发球局战术。

（一）发球局战术

利用发球进攻并形成上网抢网等战术称为发球局战术。主要战术有发球上网、发球上网抢网和澳大利亚网前战术。

1. 发球上网战术

在第一发球中，利用八成力量发出不同的旋转球或平击球，做到发球稳健，提高进区成功率，在发球的落点上不断变化，以压制对手，然后迅速上网；第二发球也要利用发球的不同旋转和变换落点的方式来控制对手，为上网创造机会，上网后打出大角或平而深的截击球，切勿起高球，以防对手同伴抢网。

2. 发球上网抢网战术

抢网是指网前人横向移动，拦截对方接球员打过来的球。

发球员发球前先应知道网前的同伴在背后所做的手势，即应发什么落点以及抢网与否，同时应注意发球质量、命中率和落点的变化。

3. 澳大利亚网前战术

网前人和发球员站在同一半场，这种站位布阵战术称为澳大利亚网前战术。由于站于同侧场地，接发球人很难判断出网前人准备抢网的方向，网前队员在这个位置上既能去拦截对方的斜线球，又能拦截对手打出的直线球。运用澳大利亚网前战术，首先网前同伴给发球员做出手势，告诉发球员落点和网前是否抢网，同时要有高质量的第一发球来配合。

（二）接发球局战术

为了改变接发球时在底线被动挨打的局面，要提高接发球的质量，积极进攻，主动上网，灵活多变。接发球局战术主要有：接发球双上网战术、接发球网前抢网战术和接发球双底线战术。

1. 接发球双上网战术

当对方发球时，接发球员要判断准确，提高接发球质量，打出威胁性大的接发球，并随球上网。

2. 接发球网前抢网战术

当接发球员回击出质量较高的球时，或对手发球上网中截击出一个质量较低的球时，要快速跑动抢网，在时间上占得先机，而接发球员见到同伴抢网，要迅速到位，以防对手截击直线球。这种战术运用得当，将造成对方发球上网者的心理压力，进而迫使对手出现回球质量低下或回球成功率降低的情况。要特别注意的是接发球员的同伴不要过早移动，防止被对手发觉而改变原回击的路线。

3. 接发球双底线战术

为了应对对手的发球，瓦解对手的快速进攻节奏，压制对手网前攻杀，两个队员都要退到底线，提高接发球的成功率。重点击打对手中路和两边小斜线，并结合挑上旋高球技术进行反击。

第十二章 武术运动

武术运动萌生于中国远古祖先的生产劳动中,形成于中国奴隶社会时期。武术运动服务于生活、生产、军事斗争等方面,并能使人身心兼修。中华人民共和国成立后,武术运动得到了蓬勃发展,我国有着把武术推向世界的雄心壮志。本章将论述武术的起源与本质,介绍武术基本功、基本动作,并推荐便于练习的青年三路长拳和24式简化太极拳。

第一节 武术运动概述

一、武术的起源与本质

武术是以技击为主要内容、以套路和搏斗为运动形式、注重内外兼修的中国传统体育项目。

武术在我国有着悠久的历史,它的产生缘起于我国远古祖先的生产劳动。人们在狩猎的生产活动中,逐渐积累了劈、砍、刺等技能,这些原始形态的攻防技能是低级的,还没有脱离生产技能的范畴,却是武术技术形成的基础。武术作为独立的社会文化现象,是同中华民族文明同步产生的。

武术萌芽于原始社会时期。氏族公社时代,经常发生部落战争,因此在战场上搏斗的经验也不断得到总结,比较成功的一击、一刺、一拳、一腿被模仿、传授、练习着,促进了武术的萌芽。

武术成形于奴隶社会时期。夏朝建立,经过连绵不断的战火,武术为了适应实战需要,进一步向实用化、规范化发展,夏朝时期的武术活动主要在以下两个方面有所发展:①军队的武术活动;②以武术为主的学校教育。

商代出现了武术训练的重要手段——田猎,商周利用"武舞"来训练士兵,鼓舞士气。周代学校也把射御、习武列为教育内容之一。相传在周朝时期出现了一部中国武术史上重要的著作《周易》。这本书有很丰富的哲学思想,对我国养生学的发展影响极为深远,其中的"易有太极,是生两仪,两仪生四象,四象生八卦",即"太极学说",奠定了中国武术体系的基础。进入春秋战国时期以后,诸侯争霸,都很重视技术在战场中的运用,齐桓公举行春秋两季的"角试"来选拔天下英才,在这时期,剑的制造及剑道都得到了空前的发展。

武术发展于封建社会时期。秦汉以来,盛行角力、击剑。随着"宴乐兴舞"习俗的逐渐形成,手持器械的舞蹈时常在乐饮酒酣时出现,如大家熟知的"鸿门宴"中"项庄舞剑,意在沛公",便是这一形式的反映。此外,还有"刀舞""力舞"等虽具娱乐性,但从技术上更近于今天套路形式的武术运动。

唐朝以来开始实行武举制,如对有一技之长的士兵授予荣誉称号,这对武术的发展起了促进作用。裴旻将军的剑术独冠一时,裴旻的剑舞、李白的诗歌、张旭的草书并称"唐代三绝",可见武术作为一种文艺形式已具有相当影响力。

宋元时期,以民间结社的武艺组织为主体的民间练武活动蓬勃兴起,有习枪弄棒的"英略社"、习射练习的"弓箭社"等。由于商品经济活跃,出现了以习武卖艺为生的"路歧人",不仅有单练,而且有对练。

明清时期是武术大发展时期,流派林立,拳种纷显。拳术有长拳、猴拳、少林拳、内家拳等几十家之多,同时形成了太极拳、形意拳、八卦拳等主要的拳种体系。

到了近代,武术适应时代的变化,逐步成为中国近代体育的有机组成部分。民国时期,民间出现了许多拳社、武士会等武术组织。1927年,在南京成立了"中央国术馆"。1936年,中国武术队赴柏林奥运会参加表演。

1949年后,武术得到了蓬勃发展。1956年建立了武术协会、武术队等,形成了空前广泛的群众性武术活动网,为武术的发展开拓了广阔的道路。1985年,在西安举行了首届国际武术邀请赛,并成立了国际武术联合会筹委会,这是武术发展中历史性的突破。1987年在日本横滨举行了第一届亚洲武术锦标赛,标志着武术走进了亚运会。1990年,武术首次被列入第十一届亚运会竞赛项目。1999年,国际武术联合会被吸收为国际奥委会国际体育单项联合会的正式成员,这是武术发展中的又一历史性突破,意味着"把武术推向世界"雄伟目标的进一步实现!

二、武术的内容与分类

武术的内容丰富多彩,按其运动形式可分为两大类:套路运动、搏斗运动。

(一)套路运动

套路运动把武术动作以攻守进退、动静疾徐、刚柔虚实等矛盾运动的变化规律编成整套练习形式,主要内容包括拳术、器械、对练、集体表演。

(1)拳术。拳术是徒手练习的套路运动。它的种类很多,主要有长拳、太极拳、南拳、形意拳、八卦掌、通背拳、象形拳等。

(2)器械。器械的种类很多,分为长器械、短器械、双器械、软器械。刀、枪、剑、棍是长、短器械的代表,是目前武术竞赛中的重点竞赛项目。

(3)对练。对练是在单练的基础上,两人或两人以上在预定的条件下进行攻防的假设性实战练习。其中包括徒手对练、器械对练、徒手与器械的对练等。

(4)集体表演。集体表演是六人以上的徒手或器械集体演练,可变换队形与图案,采用音乐伴奏,要求队形整齐、动作协调一致。

(二)搏斗运动

搏斗运动是两人在一定条件下按照一定的规则进行斗智较力的对抗练习形式。目前武术竞赛中正在逐步开展的有散打、推手、短兵三项。

（1）散打。散打是两人按照一定的规则使用踢、打、摔、拿等方法制胜对方的竞技项目。

（2）推手。推手是两人遵照一定的规则，使用掤、捋、挤、按、采、挒、肘、靠等手法，双方粘连黏随，通过肌肉的感觉来判断对方的用劲，然后借劲发劲将对方推出，以此决定胜负的竞技项目。

（3）短兵。短兵是两人手持一种用藤、皮、棉制作的短棒似的器械，在直径为3.3m的圆形场地内，按照一定的规则，使用劈、砍、刺、崩、点、斩等方法来决定胜负的竞技项目。

三、武术运动的特点

（一）丰富多彩的套路运动

武术套路运动是以踢、打、摔、拿、砍、砸、击、刺等攻击防守技术动作为素材，并结合手型、手法、步型、步法、身型、身法、起势和攻势等基本技术，按照一定的顺序恰当地连接而成的套路形式。套路运动是武术的基本特征，套路使武术表现出自身的特点和优势，在套路的基础上又表现出各门派的风格和特点，并把武术推向成熟和繁荣。武术套路的发展和变化，有别于对抗性的攻防技术，它是在保留技击特点的基础上，以满足增强体质的需要和爱好，不断吸取新的经验和演练技巧，以便更好地发挥增强体质的效能为目的的。套路中的攻防动作，由于受套路技术的约束，只能沿着具有攻防作用而不能完全用于实打的途径发展。套路形式有拳术、器械、对练等。由于拳种不同，套路有长、有短、有刚、有柔，有的具有地方特色，有的具有个人特点。因此，武术的套路运动是丰富多彩的。

（二）对抗性的攻防技术

武术无论是散手搏斗形式的演练，还是套路形式的演练，其动作都具有攻防的含义，构成了它独具特色的技击性，武术套路一般表现为攻中有防、防中有攻、攻防兼备，于是武术运动的攻击性体现出多部位、多角度、多方向、多变化的特点。在套路形式的演练中，闪、转、腾、窜的变化，构成了刚柔相济、徐缓有致的特色，是其他体育运动项目所没有或不能完全具备的。

（三）内外相合、形神兼备的运动特色和民族风格

武术运动中无论哪种拳术和器械，都强调内在的意（意念）和气（呼吸），与表现在外的动作相统一，使手眼相随，步法与身法相应，身体上下协调，而且节奏鲜明，动则如龙腾虎跃，静则如山岳耸峙，整套动作起伏跌宕，出神入化。这些是武术运动固有的特色，体现了群众所喜爱的民族风格。

（四）刚柔相济的艺术性

武术的健身作用越来越为人们所认识，武术套路的编排既具有搏击的刚勇，又具有鲜明的节奏感和韵律感，加之单人练、双人练、多人练和集体演练等多种形式，使武术的表演或比赛为群众所喜闻乐见，它表现出的形体美、动态美、造型美、节奏美都给人

们以美的享受。同时，各拳种又有着不同的风格特色，有的以苍劲挺拔著称，有的以潇洒英武取胜，有的以敏捷活泼见长，有的身手柔韧而舒展，有的状如飞禽走兽，有的醉态可掬、形象生动逼真，可以从形态和精神两方面给人以美感，从而体现出武术运动独具特色的艺术性。

（五）广泛的适应性

武术的内容丰富多彩，不同拳种、不同器械，其运动结构、技术要求、运动风格和套路的运动量都有不同的特点，这可以使不同年龄、体质、性别、职业和爱好的人，根据自己的实际情况加以选择，选择适合自己的项目进行锻炼。同时，武术运动不受时间、季节的限制，场地器材也可以因陋就简，这给开展群众性体育活动提供了方便。因此，在广泛的适应性上，武术运动比其他体育项目更具有优越性。

四、武术的作用

（一）提高身体素质，健体强身

武术套路运动的动作包含屈伸、平衡、跳跃、翻腾、跌扑等，人体各部位几乎都要参与运动。系统地进行武术训练，对人体速度、力量、灵巧、耐力、柔韧等身体素质要求较高，人体各部位"一动无有不动"，使人的身心都得到全面锻炼。武术运动讲究调息行气和意念活动，对调节体内环境的平衡、调养气血、改善人体机能、健体强身十分有益。

（二）锻炼意志，培养品德

练武对意志品质的考验是多方面的。练习基本功，要不断克服疼痛关，"冬练三九、夏练三伏"，磨炼持之以恒、坚持不懈的意志品质。套路练习，要克服枯燥关，培养刻苦耐劳、砥砺精进、永不自满的品质。遇到强手要克服消极逃避关，锻炼勇敢无畏、坚韧不屈的战斗意志。长期锻炼，可以培养人们勤奋、刻苦、果敢、顽强、虚心好学、勇于进取的良好习性和意志品德。

（三）竞技观赏，丰富生活

武术具有很高的观赏价值，无论套路表演，还是散手比赛，历来为人们所喜闻乐见。唐代大诗人李白好友崔宗之赞他"起舞拂长剑，四座皆扬眉"；杜甫在《观公孙大娘弟子舞剑器行》中有"昔有佳人公孙氏，一舞剑器动四方。观者如山色沮丧，天地为之久低昂"的描绘；汉代打擂台，"三百里内皆来观"，都说明无论是显现武术功力与技巧的竞赛表演套路，还是斗智斗勇的对抗性散手比赛，武术都能引人入胜，给人以美的享受，具有很高的观赏价值。

（四）交流技艺，增进友谊

武术运动蕴涵丰富，技理相通，入门之后会有"艺无止境"之感。群众性的武术活动，便成为人们切磋技艺、交流思想、增进友谊的有效手段。随着武术在世界范围内的广泛传播，武术还可促进国人与国外武术爱好者的交流。许多国家武术爱好者喜爱武术套路，也喜爱武术散手，他们通过练武术了解认识中国文化，探求东方的文明。武术通过体育竞赛、文化交流等途径，在与世界各国人民友好交往中发挥着越来越大的作用。

第二节 武术运动的基本功与基本动作

一、手型、步型基本功练习

(一)手型基本功练习

拳:四指并拢卷握,拇指紧扣食指和中指的第二指节,拳面要平,拳握紧(图12-1)。

掌:四指并拢伸直,拇指弯曲紧扣于虎口处(图12-2)。

勾:五指第一指节捏拢在一起,屈腕(图12-3)。

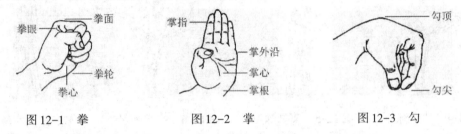

图12-1 拳　　　　　图12-2 掌　　　　　图12-3 勾

1. 冲拳练习(图12-4)

(1)预备姿势。两脚左右开立,与肩同宽,两拳抱于腰间,肘尖向后,拳心向上。

(2)动作说明。挺胸、收腹、立腰,右拳从腰间向前猛力冲出,转腰、顺肩,在肘关节过腰后右前臂内旋。力达拳面,臂要伸直,高与肩平,同时左肘向后牵拉,练习时可左右交替进行。

(3)要求与要点。出拳要快速有力,要有寸劲(即爆发力),还要做好拧腰、顺肩、急旋前臂的动作。

(4)练习步骤。先慢做,不要用全力,注意动作的准确性,然后再过渡到快速有力的阶段。结合各种步型、步法和腿法做冲拳练习。

2. 架拳练习(图12-5)

(1)预备姿势。与冲拳相同。

(2)动作说明。右拳向下、向右、向上经头前向右上方划弧并在右前上方架起,拳眼朝下,眼看上方,练习时左右交替进行。

(3)要求与要点。松肩、肘微屈、前臂内旋。

(4)练习步骤。先慢做,不要用全力,着重体会动作路线,然后再逐渐加力。结合步型、步法与手法练习(如做马步架打)。

3. 推掌练习(图12-6)

(1)预备姿势。与冲拳相同。

(2)动作说明。右拳变掌,前臂内旋,并以掌根为力点,向前猛力推出。推击时要转腰、顺肩,臂要伸直,高与肩平,同时左肘向后牵拉。练习时,可以左右交替进行。

(3)要求与要点。挺胸、收腹、直腰,出掌要快速有力,有寸劲,同时还要做好拧腰、顺肩、沉腕、翘掌等动作。

(4)练习步骤。与冲拳相同。

4. 亮掌练习(图12-7)

(1)预备姿势。与冲拳相同。

(2)动作说明。右拳变掌,经体侧向右、向上划弧,至头部右前上方时,抖腕亮掌,臂成弧形,掌心向前,虎口朝下,眼随右手转动,亮掌时,注视左方。练习时,左右手交替进行。

(3)要求与要点。抖腕、亮掌与转头要同时完成。

(4)练习步骤。开始练习时,可用信号或语言提示,使抖腕、亮掌与转头一致。结合手法与步型进行练习(如"仆步亮掌"等)。

图12-4　冲拳练习　　　图12-5　架拳练习　　　图12-6　推掌练习　　　图12-7　亮掌练习

(二)步型基本功练习

1. 弓步练习(图12-8)

(1)预备姿势。并步、直立、抱拳。

(2)动作说明。左脚向前一大步(为本人脚长的4~5倍),脚尖微内扣,左腿屈膝半蹲(大腿接近水平),膝与脚尖垂直。右腿挺膝伸直,脚尖内扣(斜向前方),两脚全脚着地。上体正对前方,眼向前平视,两手抱拳于腰间。弓右腿为右弓步,弓左腿为左弓步。

(3)要求和要点。前腿弓,后腿绷;挺胸、塌腰、沉髋;前脚同后脚在一条直线上。

(4)练习步骤。逐步延长练习时间,左右弓步交替练习。原地保持弓步姿势不动,加做左右冲拳或推掌练习,左右弓步可交替练习。行进间练习,左弓步冲右拳再上步接右弓步冲左拳,这样连续进行。

2. 马步练习(图12-9)

(1)预备姿势。并步直立抱拳。

(2)动作说明。两脚平行开立(约为本人脚长的3倍),脚尖正对前方,屈膝半蹲,膝部不超过脚尖,大腿接近水平,全脚着地,身体重心落于两腿之间,两手抱拳于腰间。

(3)要求与要点。挺胸塌腰、展髋、脚跟向外蹬。

(4)练习步骤。逐步延长练习时间。原地做马步蹲起练习,即蹲马步和站立交替练习,还可做马步左右冲拳或推掌练习。行进间练习,连续上步做马步架打练习。

3. 虚步练习(图12-10)

(1)预备姿势。并步、直立、叉腰。

（2）动作说明。两脚前后开立，右脚外展45°，屈膝半蹲，左脚跟离地，脚面绷平，脚尖稍内扣，虚点地面，膝微屈，重心落于后腿上，两手叉腰，眼向前平视，左脚在前为左虚步，右脚在前为右虚步。

（3）要求与要点。挺胸、塌腰、虚实分明。

（4）练习步骤。可先手扶一定高度的物体进行练习，或先把姿势放高一些，然后逐渐按规格要求做正确的动作。逐渐延长练习时间。可结合手型、手法练习，如将"左虚步勾手挑掌"跳转成"右虚步勾手挑掌"，可向左右跳换练习。

4. 仆步练习（图12-11）

（1）预备姿势。并步、直立、抱拳。

（2）动作说明。两脚左右开立，右腿屈膝全蹲，大腿和小腿靠紧，臀部接近小腿，右脚全脚着地，脚尖和膝关节外展，左腿挺直平仆，脚尖里扣，全脚着地，两手抱拳于腰间，眼向左方平视，仆左腿为左仆步，仆右腿为右仆步。

（3）要求与要点。挺胸、塌腰、沉髋。

（4）练习步骤。参看虚步的练习步骤。加手型、手法，如做"仆步勾手亮掌"；行进间连续做"仆步穿掌"。

5. 歇步练习（图12-12）

（1）预备姿势。并步、直立、抱拳。

（2）动作说明。两脚交叉靠拢全蹲，左脚全脚着地，脚尖外展，右脚前掌着地，膝部贴近左腿外侧，臀部坐于右腿接近脚跟处。两手抱拳于腰间，眼向左前方平视，左脚在前为左歇步，右脚在前为右歇步。

（3）要求与要点。挺胸、塌腰、两腿靠拢并贴紧。

（4）练习步骤。参看虚步的练习步骤。交替做左右歇步，并增加手法，如左右穿手亮掌。

图12-8 弓步练习

图12-9 马步练习

图12-10 虚步练习

图12-11 仆步练习

图12-12 歇步练习

二、肩功、腿功和腰功练习

（一）压肩练习

（1）预备姿势（图12-13）。面对肋木（或一定高度的物体）站立，距离一大步，两脚左右分开，与肩同宽或稍宽。

（2）动作说明。两手抓握肋木，上体前俯（挺胸、塌腰、收髋），并做下振压肩动作。利用肋木压肩时，也可以由另一人骑坐在练习者背上，随着练习人的下振动作，有节奏地给以助力，也可以两人对面站立，互相扶按肩部，做身体前屈的振动压肩动作，如图12-14所示。

（3）要求与要点。两臂、两腿要伸直，振幅应逐步加大，压点集中于肩部，增加助力时应由小到大。

图12-13 压肩预备姿势　　　　图12-14 振动压肩动作

（二）压腿练习

1. 正压腿练习（图12-15）

（1）预备姿势。面对肋木或一定高度的物体，并步站立。

（2）动作说明。左腿提起，脚跟放在肋木上，脚尖勾起，踝关节屈紧，两手扶按膝上。两腿伸直，立腰，收髋，上体前屈，向前、向下做振压动作练习，左右腿交替进行。

（3）要求与要点。直体向前、向下振压；逐渐加大振幅，逐步提高腿的柔韧性；先以前额、鼻尖触及脚尖，然后过渡到以下颊触及脚尖。

（4）练习步骤。集体压腿时，可在统一口令下有节拍地进行，压至有疼痛感觉时可停住不动，进行耗腿练习，压腿与耗腿可交替进行。

压腿前应先做下肢屈伸、摆动等动作，把肌肉和关节活动开。压腿后可把被压的腿屈膝抱在胸前，然后松开做"控腿"练习，以提高腿部控制能力。

压腿后可交替做摆、压、踢或压、搬、控、踢等动作。

2. 侧压腿练习（图12-16）

（1）预备姿势。身体侧对肋木或有一定高度的物体，右腿支撑，脚尖稍向外展。

（2）动作说明。左腿脚跟搁在肋木（高物体）上，脚尖勾起，踝关节紧屈，右臂屈肘上举，左掌立于右胸前，两腿伸直、直腰、松髋，上体向左侧压振，练习时左右交替进行。

（3）要求与要点。同正压腿的要求与要点。逐步过渡到上体侧卧在被压腿上。

（4）练习步骤：均与正压相同。

3. 仆步压腿练习（图12-17）

（1）预备姿势。成左（右）仆步,两手分别抓握脚外侧。

（2）动作说明。身体上下振压,使臀部贴近地面,接着右脚蹬地,右腿伸膝,重心左移,左膝弯曲,转成右仆步,身体上下振压,使臀部贴近地面。

（3）要求与要点。挺胸、塌腰、全脚着地,被压腿伸直,脚尖里扣。振压和左右变换仆步时,上下幅度不宜过大。

图12-15　正压腿练习　　图12-16　侧压腿练习　　图12-17　仆步压腿练习

（三）腰功练习

1. 前俯腰练习（图12-18）

（1）预备姿势。并腿直立,两手手指交叉于体前。

（2）动作说明。直臂上举,手心向上,抬头挺胸,眼视双手,上体前俯,向下振荡若干次,使两手尽量贴地,两手松开,抱住两腿跟腱,逐渐使胸部贴近腿部,持续一定时间。然后向左（右）侧转体,两手手指交叉在脚外侧并贴触地面。

（3）要求与要点。腿直、挺胸、塌腰、收髋,并向前折体。

2. 甩腰练习（图12-19）

（1）预备姿势。两脚左右开立,略宽于肩,双臂自然下垂。

（2）动作说明。两臂上举,掌心向前,上体前屈向后猛甩,两臂随之后振,两腿伸直。

（3）要求与要点。抬头、挺腰、充分展体,动作紧凑而有弹性。

3. 涮腰练习（图12-20）

（1）预备姿势。开步站立。

（2）动作说明。以髋关节为轴,上体前俯,两臂随之向左前方伸出,继而向右后绕环一周。

（3）要求与要点。两脚抓地,两臂随着腰部动作放松绕动,尽量增大上体环绕幅度。

图12-18　前俯腰练习　图12-19　甩腰练习　　　图12-20　涮腰练习

三、基本动作组合练习

五种步型的组合练习,简称"五步拳"。

动作:弓步冲拳—弹腿冲拳—马步架冲拳—歇步冲拳—提膝仆步穿掌—虚步挑掌。

(一)动作姿势

1. 并步抱拳(图 12-21)

(1)弓步冲拳(图 12-22)。左脚向左迈出一步,成弓步,同时左手向左打并收回腰抱拳,右拳向前冲出,拳心向下,目视前方。

(2)弹腿冲拳(图 12-23)。重心向前移,右腿向前弹出,同时左拳由腰间向前冲出,拳心向下,右拳收回腰间,眼视前方。

图 12-21　并步抱拳　　　　图 12-22　弓步冲拳　　　　图 12-23　弹腿冲拳

(3)马步架冲拳(图 12-24)。右脚落地向左转体 90°,两脚下蹲成马步,同时左掌向上横架于头上,右拳由腰间向右冲出,拳心向下,头向右转,目视右前方。

(4)歇步冲拳(图 12-25)。身体向左转 90°,左脚向右腿后插一步,同时右掌经头上向左下压,左拳收回腰间,目视右手。上动不停,下蹲成歇步,同时左拳向前冲出,拳心向下,右拳收回腰间,目视左拳(图 12-26)。

图 12-24　马步架冲拳　　图 12-25　歇步冲拳(一)　　图 12-26　歇步冲拳(二)

(5)提膝仆步穿掌(图 12-27)。两腿起立,身体左转。随即左拳变掌,手心向下,右拳变掌,手心向上,由左手背上穿出。同时左腿提膝,左手顺势收回右腋下,目视右手,左脚落地成仆步,左手掌朝前贴在腿内侧穿出,目视左掌。

(6)虚步挑掌(图 12-28)。左腿屈膝前弓,右脚蹬地向前上步,成右虚步。同时左手向上、向后划弧成正勾手,略高于肩;右手由后向下、向前顺右腿外侧向上挑掌,掌指向上与肩平,目视前方。

继续练习,动作相同,方向相反。

2. 收势(图 12-29)

两脚靠拢,并步抱拳。

图 12-27　提膝仆步穿掌　　　图 12-28　虚步挑掌　　　图 12-29　收势

（二）要求与要点、练习步骤

（1）先做分解动作，按要点进行反复练习。

（2）进行组合练习时，强调眼随手、身随步、步随势换，逐渐做到手、眼、身、步法协调一致。

第三节　武术的搏斗运动

一、实战姿势（以左势为例，以下均同）

侧身，成前后开立步，两手握拳，拳眼斜朝上，两臂左前右后屈举于体前；左臂肘关节夹角为90°～110°，右臂肘关节夹角小于90°，垂肘紧护右肋；下颌微收，闭嘴合齿；面部和左肩、左拳正对对方，如图12-30所示。

要点：实战时根据攻防动作的特点，要求进退灵活，攻守严密，移动方便。姿势不可太低，重心控制在两脚之间，两手紧护躯体，暴露给对方打击的有效部位尽量少。

图 12-30　实战姿势

二、基本步法

（一）进步

前脚（左脚）先向前进半步，后脚再跟进半步，如图12-31所示。

要点：前进步幅不宜过大，后脚跟进后保持实战姿势，进步后跟步衔接越快越好。

（二）退步

后脚（右脚）先后退半步，前脚再退回半步，如图12-32所示。

要点：参考进步。

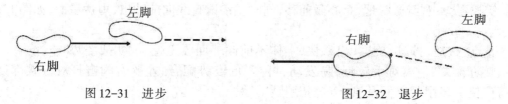

图 12-31　进步　　　　　　　　图 12-32　退步

(三)上步

后脚向前上一步,同时左、右拳前后变换成反架实战姿势,如图12-33所示。

要点:上步时身体重心要平稳,两手动作与上步要协调配合、同时进行。

(四)撤步

前脚向后撤一步,同时左、右拳前后变换成反架实战姿势,如图12-34所示。

要点:参考上步。

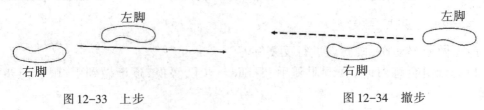

图12-33　上步　　　　　　　　　图12-34　撤步

(五)闪步

左(右)脚向左(右)侧移半步,右(左)脚随之向左(右)滑步,同时身体向右(左)转动约90°,如图12-35所示。

要点:步法轻灵,转体闪躲敏捷。

(六)换步

左脚与右脚同时蹬地并前后交换位置,同时两拳也前后交换成反架实战姿势,如图12-36所示。

要点:转换时要以髋关节带动两腿,身体不能明显向上腾空。

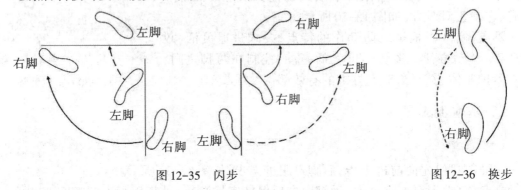

图12-35　闪步　　　　　　　　　图12-36　换步

三、进攻技术

(一)拳法

1. 左冲拳

实战姿势:右脚微蹬地,重心微前移,同时左拳以直线向前冲出,力达拳面,如图12-37所示。

要点:蹬地、拧腰、旋臂,出拳快,上体不前倾。回收迅速,成实战姿势。

攻防含义:距离对手较近,易发动,可高、低姿势配合,左躲右闪击打对方腰部以上任何部位。多用于以假乱真,以虚招引诱对手。

2. 右冲拳

实战姿势：右脚微蹬地内扣，转腰顺肩，右拳以直线冲出，力达拳面左拳（也可变掌）回至右肩内侧，如图12-38所示。

要点：充分利用转腰蹬地加大冲拳力量，经腰、肩、肘达于拳面，动作完成后以腰带动肘主动回收。

攻防含义：右冲拳动作幅度大，力量大，主要攻击对方的面部和胸、肋部位。在左先锋拳突破对方防守后使用效果最佳。

3. 掼拳

实战姿势：乙右脚微蹬地内扣，合胯向左转腰，同时右拳经外向前向里横掼，力达拳面，如图12-39所示。

要点：右脚扣膝，合胯转腰带动掼拳发力，动作幅度宜小不宜大。

攻防含义：距离较近时运用，多用于连击或防守后反击，专击对方头侧或肋部。

4. 抄拳（以右拳为例）

实战姿势：右脚蹬地，扣膝合胯，微向左转腰的同时，右拳由下向前、向上抄起，大小臂夹角在90°～110°之间，拳心朝里，力达拳面，左手回收至右肩内侧，如图12-40所示。

要点：右抄拳要借助蹬地、扣膝、合胯、转腰，发力由下至上，协调顺达。抄拳时右臂先微内旋再外旋，螺旋形运行。

攻防含义：适用于近距离攻击对方下颌或胸、腹部。

图12-37　左冲拳　　　图12-38　右冲拳　　　图12-39　掼拳　　　图12-40　抄拳

（二）腿法

1. 蹬腿（以左腿为例）

实战姿势：乙右腿直立或稍屈，左腿提膝抬起，勾脚，以脚跟领先向前蹬出，力达脚跟，如图12-41所示。

要点：屈膝高抬，爆发用力，快速连贯。

攻防含义：可主动攻击对方的躯干部，也可加步法或防守后运用，如进步蹬腿，防拳蹬腿。

2. 端腿（以右腿为例）

实战姿势：乙左腿直立或稍屈支撑，身体左转180°，同时右腿屈膝前抬，小腿外摆，脚尖勾起，脚掌用力向前端出，力达脚掌，上体可侧倾，如图12-42所示。

要点：端出时一定以大腿推动小腿直线向前发力。

攻防含义：配合步法运用，变化多，宜在不同距离上使用，可攻击人体下、中、上各部位。

3. 横摆踢腿(以右腿为例)

实战姿势：乙左膝外展，上体左转、收腹，带动右腿，扣膝、收髋，向左上方横摆踢腿，踝关节屈紧，力达脚背至小腿下端，如图12-43所示。

要点：以转体带动摆腿，动作连贯快速。

攻防含义：主要攻击对方肋部、头部，运用得好能起到重击对手的作用，但因其弧形横摆路线长，易被对方察觉和防守，使用时要注意突然性。

4. 勾踢腿(以右腿为例)

实战姿势：乙左膝外展，身体左转180°，收腹合胯，带动右腿直腿勾脚向前、向左弧线擦地勾踢，脚背屈紧内扣，力达脚弓内侧，如图12-44所示。

要点：勾踢快速，力点准确，保持身体平衡。

攻防含义：当对方身体重心在前腿时，可击其脚后跟，破坏其支撑的稳定性，配合同侧手做切拨对手上盘动作，效果更佳。

图12-41 蹬腿　　　　　　　　　图12-42 端腿

图12-43 横摆踢腿　　　　　　　图12-44 勾踢腿

武术的套路运动

第十三章　体育舞蹈运动

体育舞蹈已成为现代社会流行的一种国际性竞技舞蹈，又被称为国际标准舞，是一门融体育、音乐、美学、舞蹈为一体，以身体动作舞蹈化为基本内容，以双人或集体配合练习为主要运动形式的娱乐健身型运动项目。

第一节　体育舞蹈运动概述

一、体育舞蹈的起源和发展

体育舞蹈的起源可追溯至舞厅舞，也就是后来人们更为熟知的交谊舞，也叫交际舞、社交舞。该舞蹈以配对双人舞作为一种舞蹈形式，形成于15世纪的欧洲，由民间舞改编而成，并受到当时舞蹈大师们的精雕细刻。这些新型舞蹈，即哀米奴小步舞，以欢快活泼为特色，首先作为一种社会娱乐形式在法国、意大利贵族中流行，并逐步扩展至欧洲大陆的所有皇宫。1768年，法国巴黎出现了世界上第一家交谊舞厅，由此开始，交谊舞流行至欧美各国，成为人们的一种普遍的社交方式。后来交谊舞通过吸取各种舞蹈的成果和精华，甚至借鉴体操技巧和花样滑冰的一些动作，逐渐严谨和发展，形成了当今流行的交谊舞。

交谊舞的发展也经历了一个曲折的阶段。当华尔兹初次在舞厅出现时，曾遭到种种非议，被公众斥之为"不堪入目"的"下流舞"，直至19世纪初，才得到西欧国家的官方认可。1942年英国皇家舞蹈教师协会对当时盛行的交谊舞中的一部分进行了加工整理，并加以规范化，于是形成了许多为人们所热爱的舞种，有华尔兹、探戈、快三步、狐步舞、快步舞、伦巴、布鲁斯等，稍后，拉丁舞又被整理吸收了。这些被规范化的舞种被合称为"国际标准舞"。

国际标准舞的诞生，改变了交谊舞的自娱性质，形成了世界性的舞潮。国际标准舞比赛的首创更引起了国际社会各界的极大兴趣。1929年，英国成立了"舞会舞蹈委员会"（也称"国际交谊舞协会"）。到了20世纪30年代，德国的体育专家在研究这类舞蹈的运动规律时，发现它的运动量不亚于某些体育运动项目，有健身健美、陶冶情操的价值，因此把它定义为一种集健身、娱乐、社交于一体的体育项目——"体育舞蹈"。1959年，按国际委员会制订的竞赛计划，举行了第一届业余和职业舞蹈世界锦标赛。

二、体育舞蹈的概念与分类

体育舞蹈是引领人们生活在快乐的境界中的一门学科,它既是娱乐,也是运动,还是哲学,更是艺术。体育舞蹈是动态地、直观地展示人的生命状态的视觉艺术,它以多姿多彩的人体动作为载体来表现人的思想和情感。

(一)体育舞蹈的概念

体育舞蹈是一种集健身、娱乐、社交于一体的体育项目,根据它的本质属性,广义的定义为:"体育舞蹈是以舞蹈化的身体动作为基本内容,以双人或集体成套练习为主要形式的娱乐性、健身性的体育项目。"

(二)体育舞蹈的分类

体育舞蹈种类的划分只能是相对的,不能是绝对的。分类的关键问题是要明确划分种类的依据,对体育舞蹈进行分类时应该强调身体练习作用效果的适用性和合理性。首先,观察各种身体练习的目的、特点、作用及其规律;此外,还要看各种体育舞蹈项目竞赛特征的强弱。可以根据体育舞蹈练习的目的和任务将体育舞蹈划分为两大类,即大众性体育舞蹈和竞技性体育舞蹈。其中,大众性体育舞蹈主要包括交谊舞、集体舞等;竞技性体育舞蹈包括摩登舞、拉丁舞、团体队列舞。

第二节 竞技性体育舞蹈赏析

一、竞技性体育舞蹈简介

(一)摩登舞

摩登舞又称国际标准舞,简称国际舞,是具有表演性、观赏性和竞技性特点的舞蹈,起源于欧洲,具有端庄、含蓄、稳重、典雅的风格。鉴于其表演观赏的要求,它在舞姿动作、步法、韵律等方面,有统一的标准,即所谓国际标准,有严格的项目分类、比赛规则和评判积分方法。在场地条件、参赛资格和舞者仪表服饰方面也有苛求,特别是男女舞伴相对固定,才能配合默契,做好高难度动作。摩登舞是体育舞蹈比赛中的一个项目群,参加比赛的运动员男士要着燕尾服西装,打领结,女士要着长裙,梳宴会正式发型。这个项目群中共包括华尔兹、探戈、狐步舞、快步舞、维也纳华尔兹五项。

1. 华尔兹(Waltz)

华尔兹又称圆舞,是历史悠久、生命力最强的舞种,具有庄重典雅、华丽多彩的特点。其动作流畅起伏,婉转多变,舞姿飘逸优美,文静柔和,被誉为"舞中皇后",音乐为3/4拍,节奏中等,每分钟28~30小节。

2. 探戈(Tango)

探戈起源于非洲中西部的民间舞蹈探戈诺舞,经历了阿根廷探戈和西班牙探戈的不同时期。探戈舞以刚劲挺拔、潇洒奔放的舞姿和魅力独树一帜,被冠以"舞中之冠"

的美誉。其动作刚劲锐利,欲进不退,欲退还进,有快有慢,错落有致。音乐速度中等,气氛肃穆,以切分为主,铿锵有声,振奋精神。

3. 狐步舞(Slow foxtrot)

狐步舞源于美国黑人舞蹈,除具有华尔兹的特点之外还具有平稳大方、悠闲自在、从容恬适的韵味,动作轻柔,圆滑流畅,方位多变且不并步。此外,降中有升、升中有降的线形流动状是狐步舞的又一特色。音乐为4/4拍,速度中等,节奏与探戈相反,为慢快快(SQQ)。

4. 快步舞(Quick step)

快步舞是由美国民间舞蹈改编而成,舞步轻快活泼,饱含动力感和表现力。音乐为3/4拍,每分钟50小节。

5. 维也纳华尔兹(Viennese waltz)

维也纳华尔兹是源于奥地利北部山区的农民舞,经典的圆舞曲音乐极大地推动了快华尔兹的普及和发展,并将其推广到了全世界。华尔兹动作舒展大方,连绵起伏,舞步轻快流畅,旋转性强,音乐为3/4拍,每分钟60小节,要有充沛的体力才能从容完成。

(二)拉丁舞

拉丁舞又被称为拉丁风情舞或自由社交舞。拉丁舞起源于非洲和拉丁美洲,具有热情、奔放、浪漫的风格。拉丁舞是民间大众舞蹈,随意、休闲、放松是它的特点,有较大的自由发挥空间,它是拉非人民在漫长的历史长河中形成的具有鲜明特点的激情、浪漫而又富有活力的艺术表现形式,深受拉美人民的喜爱,成为他们生活中必不可少的重要组成部分。男士身着轻快的绸装衫裤,女士身着艳丽的短裙,舞蹈动作豪放粗犷,速度多变,手势、脚步内容丰富,以跳转为主,充满激情,音乐节奏鲜明强烈。拉丁舞包括桑巴、恰恰、伦巴、斗牛舞和牛仔舞五种。

1. 桑巴(Samba)

桑巴舞起源于巴西,由巴西农村的摇摆桑巴舞传入城市演变而来,动作粗犷,起伏强烈,舞步奔放敏捷,具有强烈的感染力,沿舞程线绕场进行是桑巴舞的最大特点。音乐采用4/4或2/4拍,每分钟48~56小节。

2. 恰恰(Cha cha)

恰恰舞由非洲传入拉美之后,在古巴得到发展,是模仿企鹅走步的姿态创编的舞蹈。音乐曲调欢快有趣,诙谐花哨。音乐采用4/4拍,每分钟29~32小节,四拍跳五步。节奏欢快易记,是拉丁舞中最流行的一种舞。

3. 伦巴(Rumba)

伦巴是由古巴舞吸收16世纪非洲黑人舞蹈和西班牙的"波莱罗"舞逐渐完善的一种舞蹈,节奏欢快热烈。音乐为4/4拍,四拍走三步,每分钟27小节。

4. 斗牛舞(Paso doble)

斗牛舞起源于西班牙,是模仿斗牛士的动作发展而来的。音乐2/4拍,每分钟60小节,一拍跳一步。

5. 牛仔舞(Jive)

牛仔舞起源于美国西部,具有欢快、跳跃感强的特点,舞步丰富多变、强烈扭摆,给人眼花缭乱、亢奋热烈之感。音乐为4/4拍,每分钟44拍。

（三）团体队列舞

体育舞蹈的团体舞一般由8对选手组成，将摩登舞或拉丁舞的5种舞蹈运用各种队形的变动，编织出丰富多样的图案，它将音乐、舞姿、队形、图案和选手们的和谐配合融为一体，达到了完美的统一，使体育舞蹈的风格特点得到了更为鲜明的表现。在团体舞中，每个舞种在步法、节奏、技术处理以及风格上都有自己的独特之处。

第三节　大众性体育舞蹈基本技术动作与练习方法

一、大众性体育舞蹈简介

大众性体育舞蹈具有普及性、时尚性、实用性和自娱性的特点。其动作简单，人数不限，形式不拘一格，简便易行，便于组织，大众体育舞蹈紧跟时尚，能最迅速、最敏感地反映出广大群众的精神面貌。

（一）交谊舞

交谊舞又称社交舞、交际舞，是由娱乐性、健身性和社交性相结合的舞蹈。它由于有交谊性质，所以在舞姿、步法方面虽有一定的章法、规矩，但并无强求。交谊舞不仅具有形式多样、简单易学的特点，而且不受服装、舞伴、场地、年龄的限制，具有广泛的实用性和较强的参与性，是最为常见、最受欢迎的体育舞蹈形式，同时也是部分高校体育课程的内容之一。它不仅在课堂上有良好的教学效果，而且丰富了校园文化生活。

交谊舞内容和舞动的方法越来越多，普及比较广泛，历史悠久。比较流行的交谊舞有：慢三步、快三步、快四步、慢四步、探戈、伦巴、吉特巴等。

1. 慢三步

起源于19世纪末美国的波士顿市，音乐节拍为3/4拍，速度为每分钟31小节左右。慢三的舞步起伏飘逸，舞动中要有柔和的升降动作，而且要随之完成旋转、反身、倾斜和摆荡等舞蹈动作，步幅较大而流畅，舞动中能充分地展现出人体的曲线美，其形态恰似行云流水一般，令人神往和陶醉。其舞姿雍容华贵，庄重高雅，慢三步在西方国家是一些上层社会和修养较高的人们经常跳的舞蹈。

2. 快三步

起源于奥地利阿尔卑斯地区的民间舞，音乐节拍为3/4拍，速度为每分钟56小节左右。快三的旋律活泼、轻松、兴奋，跳起来情绪奔放、朝气蓬勃，其主要特点是典雅大方、连绵起伏而流畅，舞步旋转性较强，音乐轻快明了、圆润而流畅，步子与音乐的和谐配合使舞蹈显得轻快。

3. 快四步

起源于美国，音乐节拍为4/4，速度为每分钟48小节左右，其主要特点是轻松活泼、热情奔放、舞步洒脱流畅、舞姿挺拔有力，舞动中由于有快速的身体运动，表现出一种奋进向上的情调，富有动感力和表现力。

4. 慢四步

起源于美国的"布鲁斯",音乐节拍为4/4拍,速度为每分钟26~28小节。慢四的特点是舞步轻柔大方,步幅较大而端庄稳重,它是一种慢节奏的舞蹈,所表现出来的应该是从容不迫、雍容华贵。同慢三不一样,慢四的起伏不明显,可以说是没有,而且四拍一个小节,旋转显然要比慢三来得游刃有余。但是,慢四也是见功力的舞种,高手可以展现"化蝶双飞"的意境。

5. 探戈

起源于非洲,流行于欧美,音乐节拍为2/4拍或4/4拍,速度平稳,多为滑步,很少有起伏。它最大的特点就是当人们朝一个方向移动时,人们的身体却朝着另一方向。

6. 伦巴

起源于古巴乡村舞蹈,音乐节拍为4/4拍,速度为每分钟30~40小节。社交伦巴虽然继承了国标舞跳动缠绵的舞蹈风格,但无论从舞姿还是舞步方面来说,都与国标伦巴完全不同。相传很久以前,古巴乡村妇女头顶罐子,将里面装的食物和水送往田间,而走在比小路还窄的田埂上,只能小心翼翼地一步步横移,稍不小心就会掉进水田里,这种移步酷似今日小伦巴的连步摇摆,后来农民在庆祝丰收节日的时候就把这种动作编成了舞蹈,一直流传到今日。由此而出现的自然扭胯动作就成了独具风格的舞蹈特色。

7. 吉特巴

起源于美国黑人的爵士乐舞,音乐节拍为4/4拍,速度为每分钟26~28小节。第二次世界大战期间,这种舞蹈传到军舰上,水兵脚穿皮靴在军舰上以脚跟、脚掌轮流击打甲板,发出一种"噼啪"的悦耳节奏。美国水兵将之传到世界各地,曾风靡一时,因此在我国亦称"水兵舞"。

(二)集体舞

集体舞是三种以上的交谊舞舞种混合而成的群舞,由六对以上的选手组成,通过音乐来引导,将各种舞在变幻莫测的队形变化中编制出多姿多彩的图案,同时将音乐、舞姿、队形、图案和选手们的和谐配合融为一体,达到完美的统一,使交谊舞的风格特点得到更为鲜明的体现。

二、交谊舞基本技巧

(一)标准握持

标准握持在舞蹈中发挥着不可忽视的决定性作用,它不仅关系到造型的优美,而且影响着信息的传递、重心的稳定、用力方法的正确与统一,以及特殊技巧的运用等一系列问题,所以决不能等闲视之。

标准握持应当产生这样一种效应:共舞双方是融为一体的。西方的交谊舞教师们曾用这样一种形象来表达这种整体感——"一个身子、两个脑袋、四条腿"。这种西方式的幽默的确可以刺激灵感,使人们比较准确地抓住问题的核心。在交谊舞里,除探戈之外,所有舞种的标准握持都是一样的。其要点如下:

(1)双脚平行并拢,不可"八"字形张开;右脚尖对舞伴两脚间;重心集中于前脚掌,不能抬脚跟。

(2)男伴的右手掌心向里,扶在女伴左侧肩胛骨下缘;从肘尖直到指尖形成一条直线,呈斜角状自然斜垂,五指并拢,既不要凸起手腕,更不能用手背来控舞;大臂基本平肩并呈椭圆形展开。女伴左手轻放在男伴右大臂三角肌处,四指并拢,用虎口定位;整个手臂轻放在男伴手臂之上,不可脱离接触。男左手和女右手对握,掌跟与地面垂直,并互相顶住,整个手臂呈圆弧状向斜上方展开,犹如轻松自如地合撑着一把阳伞。手的高度在齐耳根和齐眉之间的某一固定点,视环境的需要而定。如在大型体育馆应高一些,在小型舞厅中则适当低一些。

(3)在保持双方肩横线平行的前提下,各自的头部向左侧45°正侧转,双眼平视前方。女伴还应充分利用胸椎和颈椎的关节功能,从剑突部位起,让胸椎后展15°、颈椎再后展15°,形成特有的女性曲线美,注意切勿理解为往后躺腰或挺腹。

(4)从横膈膜起直到大腿面止,双方微贴;在重心上挺,打开"间隔"的基础上,寻找双方的"合力"感。

(二)体位

体位细致而严格的分类有十几种之多,但因闭式位、开式位、左右外侧位这四种体位是舞步结构变化中经常采用的基础性体位,所以只要掌握了四种最基本的形态,就可以触类旁通了。

1. 闭式位

男女舞伴对面站立,形成"四点接触"架型方法的握抱姿势状态,如图13-1所示。

2. 开式位

在闭式位的基础上,男士将头及躯干略向左转,女士将头及躯干略向右转,男女同时前进或后退行步,女士身体保持在男士身体右侧的位置,如图13-2所示。

图13-1 闭式位　　　　　　　　　　图13-2 开式位

3. 散式位

男女舞伴正、侧、前、后及左右站立,形成单牵手、双牵手或不牵手的姿势状态。男女舞伴面朝同一个方向站立,形成单牵手的姿势状态。

4. 左外侧位

在闭式位的基础上,男士左脚在女士左脚外侧行步,女士身体保持在男士身体左侧的位置,分左外侧前进位和左外侧后退位,如图13-3、图13-4所示。

5. 右外侧位

在闭式位的基础上,男士右脚在女士右脚外侧行步,女士身体保持在男士身体右侧的位置,分右外侧前进位和右外侧后退位,如图13-5、图13-6所示。

图13-3　左外侧前进位　　图13-4　左外侧后退位　　图13-5　右外侧前进位　　图13-6　右外侧后退位

6. 影子位

男女舞伴面朝同一个方向前后错位站立，形成影子状态。

7. 扇形位

女士侧位站立男士旁，舞伴之间形成直角形或半圆形的状态，相距一个手臂的距离。

（三）运步方法

在跳舞中，人们感受到双脚不平行，就很容易被对方踩住脚。不依脚跟、脚尖的程序运步，就很难做到"脚到重心到"，而脚到重心不到，则难免出现"撅臀""挺腹""俯仰上身"等磕碰现象，使标准握持的规范很难保持。可见，正确的运步方法是至关重要的。

1. 双脚平行、直进直退

脚尖必须指向身体的正前方，绝对不要指向身体的旁侧。即使在脚位上同步前进，也必须遵循这一基本的方法和原则。

2. 依序落地、进退有别

向前运步时，第一只脚要先落脚跟，然后依序放下脚心、脚掌、脚趾；第二只脚则要先抬起脚跟，经脚掌和脚趾推地移动。向后运步则相反，第一只脚先落脚尖，然后依序放下脚趾、脚掌、脚跟；第二只脚需先抬起脚尖，然后用脚跟推地移动。

3. 脚到重心到

上身必须永远保持在重心脚的垂直线上运动，决不能出现"试探状出脚"的"重心迟误"状态。

三、交谊舞礼仪术语

社交礼仪，含有四个过程，依次是：请舞、领舞、共舞和谢舞。

（一）请舞

请舞又称邀舞，即邀请对方跳舞，一般是男士邀请女士跳舞，男士走到女士面前侧身站立。当男士在女士的左侧请舞时，男士伸右手，虎口向上，手臂自然弯曲，身体直立。女士在得到男士的邀请后，应正面站立，左手自然抬起置于男士右手掌上，掌心向下与男士右掌心相贴，两人应保持恰当的距离。当男士站在女士右侧请舞时，则动作相反。

（二）领舞

领舞是将所邀请的对方领入舞池的过程。当男士领舞时，手臂斜向前引导，身体自然站立在女士身旁，引导女士同时进入舞池，此时，男女双方处于形成舞伴关系的先前阶段。

（三）共舞

共舞是男女双方在舞池中成对跳舞的过程。当男女双方步入舞池，一旦形成闭式位或散式位的握姿时，舞伴关系已经确立。

（四）谢舞

谢舞表示舞蹈过程的结束。舞蹈一旦结束，男女舞伴在解除闭式或散式的握姿后，相互面对表示谢意，此时，舞伴关系结束。

▶▶▶▶ 常见交谊舞舞种的基本教学内容

第十四章 健美操运动

健美操作为一项新兴的体育运动,普及性、实用性很强,集体操、舞蹈、音乐、健身、娱乐于一体,以其独特的魅力在众多的传统体育项目中脱颖而出,成为全民健身运动的一个重要组成部分,受到越来越多人的喜爱。

第一节 健美操运动概述

一、健美操运动的起源与发展

健美操运动起源于20世纪70年代末80年代初的美国,是在欧洲体操流派的基础上,吸收东方体操的基本动作和非洲舞蹈中优美有节奏的动作而发展起来的,英文原名"Aerobics",意为"有氧运动"。

1983年,美国举行了首届健美操比赛,1984年,首届远东区健美操大赛在日本举行。由于两次大赛的成功举办,1984年起健美操运动在世界各地全面兴起。我国最早于1987年5月在北京举办了首届"长城杯"健美操邀请赛,受到了国人的欢迎。健美操每年在国际上举办的活动有:健美操世界锦标赛、世界杯赛、世界冠军赛、世界巡回赛。

经过三十多年的发展,健美操已经走进普通百姓的娱乐健身生活,不仅在社会上以健美操为主要内容的各种健身中心遍布我国各个城市,在学校体育教学中,健美操也一直被作为正式的教学内容进行普及和推广,并且在各种晨练、晚练和社区活动中都有健美操舞者的身影。另外,各种以健美操为主要内容的健身电视节目的播出,也使更多的人了解健美操,并加入健美操锻炼中来。

二、健美操运动的特点与功能

(一)健美操运动的特点

1. 人本性

人们根据需要而人为地创造动作进行健美操练习,以对象的性别、年龄、职业、身体状况等具体情况为依据,以人体生理学、人体解剖学、营养学、心理学、人体造型学、体育美学等多学科科学理论为指导进行动作编排和练习,通过改变身体姿势、动作方向、动作路线、动作频率、动作速度和调节动作节奏来创编适宜于不同人群或个体需要的动作,实现自我塑造,充分体现了"以人为本"的原则。

2. 艺术性

健美操运动的艺术性主要体现在其"健、力、美"的项目特征上。"健康、力量、美丽"是人类有史以来所追求的身体状况的最高境地,而健美操运动中,无论是健身健美操,还是竞技健美操,无不处处表现出"健、力、美"的特征,包含着高度的艺术性因素。健美操运动协调、流畅、有弹性,使练习者不仅锻炼了身体、增强了体质,而且从中得到了"美"的享受,提高了艺术修养。健美操运动员在比赛中所表现出的健美的体魄、高超的技术、流畅的编排和充沛的体力等,也给观众留下了深刻的印象,充分体现出健美操运动的"健、力、美"特征和艺术美。

3. 力度性

健美操运动最突出的特点是:力度、力量和活力。健美操的肌肉力量,无论是短促力量、延续力量,还是瞬间的控制力量都展现出练习者的个性风格和较高的力度感,充满生命的活力。健美操的力还表现在音乐的强劲有力、旋律优美上,它能在短暂的时间里烘托气氛和调动人们的激情,与刚劲有力的动作结合能充分展现健美操的力与美,让人激情洋溢,活力无穷。

4. 节奏性

健美操动作具有强烈的节奏性特点,并通过音乐充分地表现出来,因此,音乐是健美操运动的灵魂。健美操音乐的特点是节奏强劲有力、旋律优美,具有烘托气氛、激发人们情绪的效果。健美操运动之所以深受人们喜爱,除练习本身的功效性、动作的时代感外,很重要的因素之一是现代音乐给健美操带来的活力。健美操音乐强烈的节奏性使健美操练习更具有感染力,健美操比赛和表演也更具有观赏性。

(二)健美操的功能

1. 增强体质

健美操锻炼的首要作用是能够增强体质。经常从事健美操锻炼可以使肌肉力量增强,使韧带、肌腱等结缔组织富有弹性,并提高关节的灵活性;可以使呼吸肌变得有力,使机体具有较强的氧代谢能力;可以使心脏收缩力增强,提高供血能力,从而促进人体的新陈代谢,减少脂肪沉积,延缓血管硬化;可以提高神经的灵活性、均衡性,提高人的动作记忆与再现能力。

2. 健美形体

现在,人们都在追求身材的健美,而健美操恰是以塑造健美体型为主要目的的,其动作姿态健美,讲究力度、幅度,走跑跳跃动作贯穿始终。通过参加健美操锻炼可以获得较大的运动量,有利于消除身体多余的脂肪,发展局部肌肉,使人的形体按健美的标准得以塑造。此外,经常进行健美的形体训练,还可以矫正不正确的身体姿态,培养大方端庄的体态,使练习者在体型、举止方面都发生良好的变化。

3. 提高素质

长期参加健美操锻炼有益于提高人体的力量和柔韧素质。健美操中有许多不对称的动作和较复杂的上下肢配合动作,对提高人的协调、灵敏素质有特别明显的促进作用。此外,健身健美操往往持续时间较长,竞技健美操强度和难度较大,对培养人的耐力素质和克服疲劳的意志力有较大的帮助。从事健美操练习还可以增强韵律感、节奏感,提高音乐素养,同时培养认识美、鉴赏美、表现美、创造美的能力。

4. 娱乐身心

健美操的音乐强劲、欢快,动作奔放、充满活力,练习时令人心情愉快,不仅可以排除紧张、郁闷的情绪,还可以使人的心灵和性情得到陶冶和改善,并从中获得美的享受。大家在一起锻炼,还有助于增进友谊,融洽人际关系,使生活气氛更加和谐。

三、健美操运动的动作构成与分类

(一)健美操运动的动作构成

任何成套健美操都由若干单个动作组成,各单个动作又来源于徒手体操、艺术体操和舞蹈等动作内容。

1. 徒手体操动作

徒手体操动作是健美操动作最基本的内容,由头颈、上肢、胸部、腰部、下肢等部位的屈、伸、转、绕、举、摆、振等基本动作构成。只有正确地掌握徒手体操动作,才有可能协调、准确地完成健美操动作。

徒手体操与健美操在完成的方法上有较大的区别,主要表现在动作节奏、运动方向、路线以及造型等方面。由于健美操中增加了新颖、独特的手形和步型,特别是髋部动作,所以健美操动作更加丰富多彩。

2. 艺术体操徒手动作

身体的摆动、绕环、屈伸、平衡、转体、跳步、舞步、波浪动作及近似技巧动作等都可作为健美操动作的内容。艺术体操的徒手练习不仅能培养人们动作的美感,而且能有效地增强身体素质,提高协调性,增加成套动作的难度价值。

3. 流行舞蹈中的简单动作

健美操中大量吸收了迪斯科舞、爵士舞、霹雳舞、街舞、拉丁舞等的上下肢、躯干、头颈动作,特别是髋部动作,这给健美操增添了活力,同时也有利于减少臀部和腹部脂肪的堆积,有利于改善动作的协调性和灵活性。

(二)健美操运动的分类

目前,健美操种类繁多,分类方法也各不相同。根据健美操的目的和任务,可以将其分为健身性健美操、竞技性健美操和表演性健美操三大类。

1. 健身性健美操

健身性健美操也称为大众健美操,是集健身、娱乐、防病为一体的群众普及性健身运动。其动作简单,实用性强,音乐速度也较慢,且为了保证一定的运动负荷和锻炼的全面性,动作多有重复,常以对称的形式出现。健身性健美操一般的练习时间为一小时左右,在练习的要求上根据个体情况而变化,严格遵循"健康、安全"的原则,防止运动损伤的出现,在保证安全的基础上,达到锻炼身体的目的,运动强度和动作难度相对较低,可为社会不同年龄、层次、性别、职业的人所选用。根据不同的需要,健身性健美操还可从不同的角度进一步分类和命名。

(1)按年龄结构可分为老年健美操、中年健美操、青年健美操、少年健美操、儿童健美操、幼儿健美操等。

(2)按人体解剖结构活动部位可分为头颈健美操、肩部健美操、胸部健美操、臂部健美操、腹部健美操、髋部健美操、腿部健美操等。

(3)按练习的目的和任务可分为热身健美操、姿态健美操、形体健美操、减肥健美操、节奏健美操、活力健美操、跑跳健美操等。

(4)按练习形式可分为徒手健美操(搏击、拉丁、爵士、瑜伽、街舞健美操等)、持轻器械健美操(哑铃、彩球、花环、绳、手鼓健美操等)、专门器械健美操(垫上、踏板健美操等)。

(5)按人数可分为单人、双人、三人、六人、八人、十二人和集体健美操。

(6)按性别可分为女子健美操和男子健美操。

2. 竞技性健美操

竞技性健美操起源于传统的有氧健身操,主要目的是"竞赛",是在音乐伴奏下,通过难度动作的完美完成,展示运动员连续表演复杂和高强度动作的能力。成套动作必须通过所有动作、音乐和表现力的完美融合体现创造性。

竞技性健美操在参赛人数、比赛场地、成套动作的时间等方面都必须严格按照规则进行,比赛时间限制在1分45秒(上下浮动5秒),六人操除外,其时间为2分20秒(上下浮动5秒);比赛场地为7m×7m(六人操场地为10m×10m);比赛服装一般为紧身的专业健美操服装。比赛有专门的竞赛规则,对每一具体细节都做出详细的说明。

竞技性健美操竞赛包括男子单人、女子单人、混合双人、三人(男三、女三、混合三人)、混合6人(男三、女三)。比赛按性质分锦标赛和冠军赛两类。由于竞赛的主要目的就是取胜,因此在动作的设计上更加多样化,并严格避免重复、对称动作。近年来,运动员为争取好成绩,均在比赛的成套动作中加入了大量的难度动作,如各种大跳成俯撑、空中转体成俯撑等,这样对运动员的体能、技术水平和表现力均提出了更高的要求。

3. 表演性健美操

表演性健美操是在特定的活动、场合或节日庆典中进行表演,集观赏、娱乐为一体的体育活动,它是事先编排好的、专为表演而设计的成套健美操,时间一般为2~5min。表演性健美操的动作较健身性健美操动作复杂,音乐速度可快可慢,并为了保证一定的表演效果,动作较少重复,也不一定是对称性的。在参与的人数上可是单人,也可是多人,并可在成套动作中加入队形变化和集体配合的动作,表演者可以利用轻器械,如花环、旗子等,还可采用一些风格化的舞蹈动作,如爵士、拉丁等,以达到烘托气氛、感染观众、增加表演效果的目的。因为表演性健美操的动作比健身性健美操的动作更复杂多变,所以对参与者的身体素质要求较高,参与者不仅要具备较好的协调性,还要有一定的表演意识和集体配合的意识。

(三)健身性健美操各项目简介

1. 一般有氧健身操

有氧健身操是一种富有韵律性的运动,它通过长时间持续的运动,增强心肺功能,锻炼大肌肉群。健身操除了增强体质外,还是一种社交时尚,参加者不但可以结识志同道合的朋友,还可通过锻炼保持精神舒畅、活力充沛,拥有健康、美丽。

有氧健身操主要分为两类:高冲击和低冲击。

(1)高冲击健身操是传统式的健身操,经常做单脚或双脚的跳跃,能量消耗大,心肺锻炼效果也佳。但是对一些平时很少运动和过胖的人士及初学者,可能会因运动量过大和过分刺激,心肺受不了。此外,过多的跳跃使下肢与地面过度撞击,容易造成下肢关节和脊椎受伤。

(2)低冲击健身操主要是删去双脚同时离地的跳跃动作,运用其他有节奏而双脚不同时离地的动作,如低踢、大踏步、左右旋转、前后弓步动作等。即使有踏跳、踢腿动作,连续也不会超过4次。由于减少了下肢大肌肉群的活动,因此上肢活动的编排相应增加,甚至加强躯干肌肉的活动,从而弥补运动量的不足。低冲击健身操可减少运动者的受伤概率,但持续运动同样能保持运动的强度(最大心率的60%~80%),提供足够的刺激来锻炼心肺功能。

2. 拉丁健身操

拉丁健身操来源于国际标准舞中的拉丁舞,是有氧操和拉丁舞的结合,它在有氧操里加进舞蹈的动作,让人体会桑巴、恰恰、伦巴等各种拉丁舞的趣味性,但它又把拉丁舞的繁复规则删除,设计出能使能量被消耗的有氧动作,提升了身体灵活度及达到强化心肺的功能,同时也有修饰臀部、腿部曲线的作用,既充分显现了拉丁舞蹈的淋漓尽致和无限激情,又很好地融入了有氧健身操的锻炼方法,摆脱了传统健身操的单一性。因此,不但受到年轻人的喜爱,也成为不少中老年人的"新宠"。

拉丁健身操动作强调髋部的摆动,对于腰部的锻炼有特殊的效果,在锻炼腰、髋部的同时,也使大腿内侧得到充分的锻炼,趣味性、观赏性更强。此外,健身者在练习过拉丁健身操后,可以掌握一些拉丁舞的基本动作,为以后学习拉丁舞打下基础。

参加拉丁健身操运动的健身者在运动时应注意以下几点:

(1)选择鞋底柔软的运动鞋。

(2)跟随音乐扭动髋部和腰部,正常呼吸。

(3)在呼吸不畅的情况下,请先休息片刻后再决定是否继续。

(4)避免扭腰过猛,应以感觉适当为准。

(5)若发生如腿部疲劳、人体局部出现不适、眩晕、心率过快等情况,应停止练习。

有些健身者身体各个关节太紧张,这一点应该改正。健身者踏步时肩关节要放松,如果遇到有的动作比较难做,应把动作分解练习,先学脚下的动作,学会之后再加上手臂的动作。此外,拉丁健身操对动作的协调性要求很高,健身者在锻炼时心情一定要放松,不要有恐惧感,不要怕丑,应敢于表现。

3. 搏击健身操

搏击健身操(Kick boxing aerobics)是健美操的又一发展,搏击操最早由一名黑人搏击世界冠军创立,将拳击、空手道、跆拳道和一些舞蹈动作混合在一起,要求练习者随着音乐出拳、踢腿,在不知不觉中减掉多余的脂肪,是超快速燃脂的运动。搏击健美操自从进入各大健身房后,便受到了很多年轻女性的青睐。搏击操要求速度和力度完美结合,可以消耗大量的热量,做一个小时的搏击操可以消耗600cal的热量,是跳普通健美操的两倍,而且练习搏击操可以加强腰部和腹部的肌肉力量,持续练习3个月后能让练习者拥有很好的耐力。

最适合练习搏击操的人群:脂肪堆积比较多的女性,在燃烧热量的同时,锻炼身体各个部位,达到健美的效果,还可以舒缓压力。

最不适合练习搏击操的人群:患有高血压、心脏病的人,由于搏击操的运动量很大,有很多踢腿、打拳的动作,对高血压和心脏病患者非常不利。

搏击健身操注意事项:

(1)腹部、下颚收紧,两手握拳于脸前(防御姿势),保持正常呼吸,不屏气。

(2)避免和专业运动员一样进行长时间的训练,应进行大运动量和低运动量的交替练习。

(3)侧踢时不应向前扭胯,这样会导致压力集中于膝部,绷脚尖易扭伤膝盖,应向脚尖方向扭胯以减轻对膝盖的侧压力。

(4)膝盖不要僵直,以减轻缓冲,在转身时要抬起膝盖,否则易扭伤十字韧带。

(5)击拳时要由肩部带动出拳,在完成击拳和踢腿动作前要一直看着目标。

(6)避免在拥挤的房间进行后踢的动作。

(7)避免肘、膝部用力过猛,避免进行闪躲或猛击动作时由于动作过大而脱臼,避免过度的扭转动作。

(8)在跳搏击有氧操时应注意有氧搏击操运动强度较大,健身者如果出现腿部疲劳、身体局部不适、眩晕、心率过快等情况,最好停止练习。

4. 踏板健身操

踏板健身操就是借助踏板进行练习的健美操,这种运动在美国风靡了10年,至今仍备受喜爱。借助一块高度可调的踏板,通过各种踏上踏下带有转体和跳跃的动作,可以增强心肺功能。因其动感、激情的特点和对女性腿、臀的良好塑形作用,踏板操在健身房久盛不衰,被人们视为经典的健身方式之一,更是一种日益时尚的减肥方法。

(1)踏板规格。一般长100cm、宽35cm、高8cm,高度可根据运动水平、踏板技术、膝关节的弯曲度来调节。

(2)基本动作。上板、下板、转体、跳跃等。

(3)运动功效。踏板操作为有氧健美操,应在供氧充足的状态下进行长时间、中低强度的练习。踏板的高度加上这种运动强度,完成同样动作比在平地上耗能要多,会使腿部变得结实,双腿更修长,能有效地解决臀部下垂的问题。加之踏板操动作中的舒展与伸拉,能够使动作更灵活、更轻盈,同时,还能增强人的心肺功能。

(4)适宜人群。踏板操是一种适合所有人的锻炼,尤其是长期坐办公室、腿部缺乏锻炼的女性,以及希望自己的腿部变得结实、健康、臀部下垂状况得到改变的人。该项目不适合心脏病患者、腿部有伤者(无其是膝关节、踝关节、大腿韧带有伤者)、身体虚弱者(如产后者、病愈者)练习。

(5)运动准备。

①运动前1h停止进食(如有需要,可进食少量易消化的蔬果、流质食物)。

②穿若轻松、透气的运动服饰,成分以棉、莱卡为宜。

③充分地进行热身运动。由于踏板的主要动作是上下板、转板、跳板等,所以要着重对大腿、脚踝进行热身,并做充分的伸展。

④一定量的饮用水(最好是白开水)。运动前半小时,可喝200~500mL饮用水。因踏板属于大运动量的练习,必然会造成大量出汗,运动者必须及时补充水分,以保证人体有足够的水分,饮水原则是少量多次。

(6)注意事项。

①上下板时,注意重心的移动。

②运动后要充分伸展,尤其是腿部与臀部的伸展,每周至少应做3次,3个月为一个周期。

③练操时若出现腿部疲劳导致的动作不协调,身体任何部位有明显的疼痛或头晕、心跳过速等情况,应立即停止运动,合理休息。

④很多女性担心练踏板操容易使腿变粗,其实这种担心并不科学。据专家解释,踏板操是在供氧充足的状态下进行的长时间、中低强度的练习,不会令肌肉发达。

第二节 健美操运动的基本动作

健美操运动的基本动作如下:

一、基本步法

健美操以身体各关节的灵活性、肌肉的弹性、韧带的伸展性为基础。健美操的下肢动作特别是健美操的步伐十分重要,既能通过步伐练习提高心血管系统的机能,又能提高灵活性、协调性、节奏感以及下肢的爆发力等。

健美操步伐的分类可归纳如下:

1. 两脚交替类

两脚始终做依次交替落地的动作。

(1)踏步(March)(原始动作)(图14-1)。

动作描述:两腿原地依次抬起,依次落地。

技术要点:下落时,踝、膝、髋关节依次有弹性地缓冲。

(2)走步(Walk)。

动作描述:迈步向前走时,脚跟先落地,过渡到全脚掌;向后走时则相反。

技术要点:落地时,踝、膝关节有弹性地缓冲。

(3)一字步(Easy walk)(图14-2)。

动作描述:一脚向前一步,另一脚并于前脚,然后再依次还原。

技术要点:向前迈步时,先脚跟着地,过渡到全脚掌,前后均要有并腿过程,每一拍动作膝关节始终有弹性地缓冲。

(4)V字步(V step)(图14-3)。

动作描述:一脚向前侧方迈一步,另一脚随之向另一方迈一步,两脚开立,屈膝,然后再依次退回原位。

技术要点:两腿膝、踝关节始终保持弹动状态,分开后分腿半蹲,重心在两腿之间。

图 14-1　踏步　　　　　图 14-2　一字步　　　　　图 14-3　V 字步

（5）漫步（Mambo）（图 14-4）。

动作描述：一脚向前迈出，屈膝，重心随之前移，另一脚稍抬起，然后原地落下；或向后撤一步，重心后移，另一脚稍抬起，然后原地落下。

技术要点：两脚始终保持交替落地，身体重心随动作前后移动，但始终在两脚之间。

（6）跑步（Jog）（图 14-5）。

动作描述：两腿经过腾空，依次落地缓冲，两臂屈肘摆臂。

技术要点：落地、屈膝、缓冲，脚跟尽量落地。

图 14-4　漫步　　　　　　　　　图 14-5　跑步

2. 迈步类

一条腿先迈出一步，重心移到这条腿上，另一条腿用脚跟、脚尖点地或吸腿、屈腿、踢腿等，然后向另一个方向迈步。

（1）并步（Step touch）（图 14-6）。

动作描述：一脚迈出，另一脚随之并拢、屈膝、点地，再向反方向迈步。

技术要点：两膝始终保持弹动，动作幅度和力度可随风格而定。

（2）迈步点地（Step tap）（图 14-7）。

动作描述：一脚向侧迈一步，两脚经屈膝移重心，另一腿在前、侧或后用脚尖或脚跟点地。

技术要点：两膝同时有弹性地屈伸，重心移动轨迹呈弧形，上体不要扭转。

图 14-6　并步　　　　　　　　　图 14-7　迈步点地

(3)迈步吸腿(Step knee)(图 14-8)。

动作描述:一脚迈出一步,另一腿屈膝抬起,然后向反方向迈步。

技术要点:经过屈膝半蹲,抬膝时支撑腿稍屈膝。

(4)迈步后屈腿(Step curl)(图 14-9)。

动作描述:一脚迈出一步,另一腿后屈,然后向相反方向迈步。

技术要点:经过屈膝半蹲,支撑腿稍屈膝,后屈腿的脚跟靠近臀部。

(5)侧交叉步(Grapevine)(图 14-10)。

动作描述:一脚向侧迈一步,另一脚在其后交叉,随之再向侧迈一步,另一脚并拢,屈膝点地。

技术要点:第一步脚跟先落地,身体重心快速随着脚步而移动,保持膝、踝关节的弹动。

图 14-8 迈步吸腿

图 14-9 迈步后屈腿

图 14-10 侧交叉步

3. 点地类

一腿屈膝站立,另一腿伸出,用脚尖或脚跟点地后该腿还原到并腿位置。

(1)脚尖点地(Touch tap)(图 14-11)。

动作描述:一腿稍屈膝站立,另一腿伸出,脚尖点地,然后还原到并腿姿势。

技术要点:支撑腿始终保持屈膝站立,并且随动作有弹性地屈伸。

(2)脚跟点地(Heel tap)(图 14-12)。

动作描述:一腿稍屈膝站立,另一腿伸出,脚跟点地,然后还原到并腿姿势。只可做向前和向侧的脚跟点地。

技术要点:支撑腿始终保持屈膝站立,并且随动作有弹性的屈伸。

图 14-11 脚尖点地

图 14-12 脚跟点地

4. 抬腿类

一腿站立,另一腿抬起。

(1)吸腿[Knee lift(knee up)](图 14-13)。

动作描述:一腿屈膝抬起,落下还原。

技术要点:支撑腿保持屈膝弹动,大腿上抬超过水平,上体保持正直。

（2）摆腿(Leg lift)(图14-14)。

动作描述：一腿稍屈膝站立，另一腿做摆动。

技术要点：摆腿时上体顺势前倾、后倒或侧倾。

（3）踢腿(Kick)(图14-15)。

动作描述：一腿稍屈膝站立，另一腿抬起，然后还原。

技术要点：抬起腿要有控制，保持上体正直。

（4）弹踢腿（跳）(Flick)(图14-16)。

动作描述：一腿站立（跳起），另一腿先向后屈，再向前下方弹踢，还原。

技术要点：腿弹出时要有控制，保持上体正直。

（5）后屈腿（跳）(Leg curl)(图14-17)。

动作描述：一腿站立（跳起），另一腿向后屈膝，放下腿还原。

技术要点：支撑腿保持弹性，两膝并拢，脚跟靠近臀部。

图14-13　吸腿　　图14-14　摆腿　　图14-15　踢腿　　图14-16　弹踢腿（跳）　图14-17　后屈腿（跳）

5. 双腿类

双腿站立，身体重心在两腿之间。

（1）并腿跳(Jump)(图14-18)。

动作描述：两腿并拢跳起。

技术要点：落地缓冲有控制。

（2）分腿跳(Squat jump)。

动作描述：分腿站立，屈膝半蹲，向上跳起，分腿落地，屈膝缓冲。

技术要点：屈膝半蹲时，大、小腿夹角不小于90°。

（3）开合跳(Jumping jack)(图14-19)。

动作描述：由并腿跳起，分腿落地，再由分腿跳起，并腿落地。

技术要点：分腿屈膝蹲时，两脚自然外开，膝关节沿脚尖方向屈，夹角不小于90°，脚跟落地。

（4）半蹲(Squat)(图14-20)。

动作描述：两腿有控制地屈和伸，可分为并腿半蹲和分腿半蹲。

技术要点：分腿半蹲时，两腿左右分开，稍宽于肩，脚尖稍外开，膝关节角度不小于90°，方向与脚尖方向一致，臀部向后45°方向下蹲，上体保持直立。

（5）弓步(Lunge)(图14-21)。

动作描述：两脚前后分开，平行站立，下蹲。

技术要点：半蹲时，后腿膝关节向下，大腿垂直于地面，重心在两脚之间。

图 14-18　并腿跳　　图 14-19　开合跳　　图 14-20　半蹲　　图 14-21　弓步

（6）提踵（Calf raise）。

动作描述：两腿脚跟抬起，脚跟落下稍屈膝。

技术要点：两腿夹紧，重心上提时，腹部收紧，落下时，屈膝缓冲。

以上是健美操最常用的基本动作，练习者可在此基础上将动作形式加以变化，创造出具有自己独特风格的动作。

二、上肢动作

健美操中的手型有多种，是从芭蕾舞、现代舞、迪斯科、武术中吸收和发展的。手型是手臂动作的延伸和表现，运用得好会使健美操动作更加丰富多彩，生动活泼，更具有感染力。

（1）并拢式。五指伸直，相互并拢，大拇指微屈，指关节贴于食指旁。

（2）分开式。五指用力伸直，充分张开。

（3）芭蕾手式。五指微屈，后三指并拢、稍内收，拇指内扣。

（4）拳式。握拳，拇指在外，指关节弯曲，紧贴于食指和中指。

（5）立掌式。五指伸直，手掌用力上翘。

（6）西班牙舞手式。五指用力，小指、无名指、中指自掌指关节处依次屈，拇指稍内扣。

▶▶▶▶▶　全国第三套大众健美操动作解析

第十五章 瑜伽运动

第一节 瑜伽概述

　　瑜伽产生于公元前,起源于印度,是人类智慧的结晶,它是东方最古老的强身术之一。同时它也是一门边缘学科,介于哲学和体育之间。它有若干体系,也有很多方法。现在,在欧美、澳洲有大量的瑜伽俱乐部,带领大家练习的体位法、调息和冥想,甚至很多大公司也请一些瑜伽教练到公司教导员工放松的方法。在国内,瑜伽的发展速度也相当快,现在基本上每个城市都有瑜伽俱乐部。

　　"Yoga"来自梵文,意为"结合""连接",它的含义是把精神和肌肉结合到最佳状态,把生命和大自然结合到最完美的境界。5000年前瑜伽的修行者在深林中观察动物的日常活动、休息、睡眠、松弛等一些本能习性,模仿一些对人有益的动作,这就是瑜伽的初始形态。通过几千年的发展,一些瑜伽修行者自行体验创造出来很多对人体有益的体式,如肩立式、扭转式。通过把感官、身体与有意识的呼吸相配合来实现对身体的控制。这些技巧不但对肌肉和骨骼的锻炼有益,也能强化神经系统、内分泌腺体和主要器官的功能,通过激发人体潜在能量来促进身体健康。

　　瑜伽练习不同于体操课和舞蹈课,也不同于一般的有氧练习。只有当呼吸、意识和姿势结合成统一体时,才是真正的瑜伽练习。可以说,瑜伽是一种身心兼修的训练方法。

一、现代瑜伽的特点

　　瑜伽运动有舒缓柔韧的特点。练习瑜伽时疲劳感低,对心脏刺激小,适合任何年龄层的人群练习,是对耐力、力量和柔韧性的锻炼。瑜伽运动的动作缓慢,当利用丹田进行腹部深呼吸,使体内供氧量充足时,再借瑜伽各种不同的姿势,能充分伸展身体的肌肉与韧带,对提高筋骨的柔软度有相当好的效果。

　　瑜伽最主要的特点是体位法、呼吸和冥想必须结合起来,达到身心完美的境界。现代瑜伽训练时,相对强调注重力量、呼吸和运动的配合,也讲究运动静止过程的控制,以此提高练习者肌肉的力量与身体的灵活性、思想的集中力与精神的忍耐力。它的主要特点体现在以下几个方面:

　　(1)动作设计简单实用,不需要事先的特别训练,适合不同年龄与不同身体素质的人。

（2）现代瑜伽以动态为主，针对人体肌肉运动以及身体机能的恢复和强化，能调动自身潜能，依靠自身力量去改善形体，健美形体。

（3）现代瑜伽的另一个特点是动作设计针对性强，也很人性化，运动强度适中。练习者随着悠扬的音乐声，自然流畅地运动着自己的肢体，配合缓慢的呼吸，动作静止之时，对身体刺激的部位做有意识的控制，寻求身心交融的感觉。

（4）在这种动与静、快与慢的节奏交替之间，身体在紧张与舒缓的交替中获得能量，使肌肉的弹性与伸缩性、关节的灵活性与身体的柔韧性得到改善，从而使人变得强壮、精力充沛，心态保持宁静祥和、健康快乐。

二、瑜伽的健身价值

瑜伽练习对一个人的肌肉系统、精神系统、内分泌系统、消化系统都非常有益。通过练习，可以促进血液循环，放松僵硬的肌肉，缓解背部、关节和肌肉的疼痛，增强身体力量，协调身心平衡。脑力劳动者还可以放松紧绷的大脑，提高身体灵活度和敏感度，改善内分泌，调节体重，改善身体比例，减少身体内的多余脂肪，明显改善某些慢性疾病，如腰椎、颈椎的疾病、失眠及神经衰弱等。

三、瑜伽的构成形式

瑜伽现在已经成为大众知晓的健身运动之一，但实际上有很大的一部分人并不真正地了解瑜伽，也没有真正地去体验过瑜伽，而更多的是通过一些瑜伽体位法展示的图片资料认识和了解瑜伽。然而大量的瑜伽图片为了追求视线张力，都会选一些高难度的体位法来展示，所以很大一部分人都认为瑜伽就是把人难受地扭来扭去，是一项高难度的健身运动。其实不然，一场完整的瑜伽练习大都由热身、冥想、体位法、休息术组合而成，缺其一而不成形。

（1）热身。大家都明白，热身就是让韧带迅速地适应，以免在体位法中练习中伤害到自己的身体，后面将提到的拜日式就是很好的热身练习。

（2）冥想。冥想是瑜伽练习中至关重要的一部分，瑜伽练习与其他运动最大的区别就是一个字——静，而这个静就要从冥想而来，身动而心静，心静则气平。

（3）体位法。几千年前，瑜伽修行者在喜马拉雅山的森林中冥想、静坐时，根据动物的姿势并且亲身做实验，发现动物的某些动作对身体有很大的益处，于是在此基础上创造了一系列身体锻炼的系统，称之为瑜伽体位法。几千种的瑜伽姿势中有许多是依照动物的名称来命名的，例如，眼镜蛇式、孔雀式、鱼式、蝗虫式等。

（4）休息术。休息术是瑜伽体位法练习以后用于缓解疲劳的，可以让身体再次充满活力，休息术对于初学者来说，最好要有专业的瑜伽教练领着练习，而中、高级练习者则可通过舒缓的音乐，独自完成。

四、练习瑜伽的注意事项

所有的运动在开始之前都会有一些说明及注意事项，瑜伽也不例外，下面是一些在瑜伽练习时需要注意的事项。

（1）时间。最好在早上。早上的时候，人非常平静、胃中没有食物，腺体的分泌也比较缓慢。

（2）地点。安静、通风良好、环境优美。户外如有适宜的场地也不错，温度不宜过冷过热，应该令人感到比较放松舒适。

（3）器具。应该用天然材料制作，不可以很硬，但为了能支撑身体，也不要很软。瑜伽练习时，垫子不仅起到保护肌体的作用，更可起到绝缘作用，防止练习时身体内聚集的能量被地气带走。

（4）衣着。舒适、宽松的衣服，练习时身上的饰物要取掉。

（5）空腹。人在饭后 3.5~4h 内可以将食物消化完全，此时基本处于空腹状态，瑜伽练习应在这个状态下进行。

（6）在做各种瑜伽练习时一定要在极限的边缘温和地伸展身体，千万不要用力推拉牵扯。超出自己极限边缘的动作就是错误的练习。温和地伸展，有控制的练习，千万不要过度的推拉牵扯。如果在练习的过程中出现体力不支，或身体颤抖，请即刻停止，不要过度坚持。

（7）颈肩背腰受过损伤的人，应该先听取医生或者教练的意见后，方可决定是否开始瑜伽姿势的练习。

（8）如果在做某一姿势时，身体某一部位发生剧痛，请立即停下来，须在教练指导后方可再做同一姿势。如疼痛继续，请在短时间内不要做这个动作。

（9）女性在生理期可以根据自己的体能做适当的练习，但是要避免倒立，避免做伸展腹部的动作和翻转性的动作。

（10）饮食习惯。要选择新鲜、天然的食物，素食是最好的选择（长期冷藏保存的食品一般被认为不新鲜，不宜选择）。瑜伽练习后 20~30min 内不宜进食，过了这段时间便可吃东西。饮水尽量在练习之前，因瑜伽练习过程中不宜摄入水分，会干扰呼吸和体内循环。练习结束后 10min 左右，便可以饮水。

（11）在瑜伽练习之前进行沐浴可促进血液循环并能放松肌肉，在瑜伽练习之后如需要沐浴，应等到体内的循环平静正常之后，这个过程大概需要 30min。

（12）最好在老师的亲自指导之下入门。在掌握了正确的原则，有了牢固的基础之后方可自行练习。

第二节　瑜伽的基本练习方法

一、瑜伽的呼吸

瑜伽修炼者认为"呼吸是生命之源"。瑜伽的呼吸是瑜伽练习的重要部分，也是瑜伽练习能否收到效益的关键所在。呼吸是联系人的生理与精神的纽带，正确的瑜伽练习必须先从呼吸的练习开始而不应先从体位法开始。

(一)呼吸方式

(1)腹式呼吸。仰卧或瑜伽基本站立,手轻轻放在肚脐上,吸气时,把空气直吸向腹部。吸气正确时,手会随腹部抬起,吸气越深,腹部升起越高。随着腹部扩张,横膈膜会下降。接着呼气,腹部向内朝脊柱方向收,凭着尽量收缩腹部的动作,把所有废气从肺部全部呼出来,这样做时,横膈膜就自然而然地升起。

(2)胸式呼吸。仰卧或瑜伽基本站立,深深吸气,但不要让腹部扩张,代替腹部扩张的是把空气直接吸入胸部区域。在胸式呼吸中,胸部区域扩张,腹部应保持平坦。然后,当吸气越深时,腹部向内朝脊柱方向收入。吸气时,肋骨是向外和向上扩张的,接着呼气,肋骨向下并向内收。

(3)完全呼吸。完全呼吸即把以上两种呼吸结合起来完成,这是一种自然的呼吸方式,略加练习后,这种呼吸方法就会在全部日常的练习和生活中自动地进行,习以为常。瑜伽的这种完全呼吸有许多益处,例如增加氧气供应,血液得到了净化;肺部组织健壮,增强了抗病能力;胸腹活力和耐力均有增长,心灵也变得更清澈。

(二)呼吸与动作配合的原则

(1)将身体折下(前弯类)的动作吐气为佳。

(2)打开前胸(以后仰为代表)的动作吸气为佳。

(3)扭转类的动作也是吐气为佳。

(4)短暂闭气时不要做动作。瑜伽的动作不是只有单一的停留式,还包括准备式与离开式,因此吸吐是一气呵成的。例如,做前弯时,先吸气把脊椎拉长、胸打开来(准备式),吐气往前弯,可停留在这儿做几次呼吸换气,等到要往上回到原本的站姿时,用吸气来配合,这一套才是完整的前弯式,而整个吸、吐才配合得好。另一重点是,停留在某一个地方时,千万不要憋气,要顺顺地呼吸,而且可以透过吐气,让身体做得更深一点。

(5)以自然为原则。以上介绍的四个呼吸原则,都要以呼吸顺畅的自然呼吸为最高原则,可不要死记这些准则,反而让动作变得不顺。

二、瑜伽的体式练习

瑜伽一般从简单的盘坐开始,刚开始可能会觉得在一个位置上坐很长时间是非常难的事情,但经过一段时间的练习,身体会有很大的进步。

(一)入定姿势

1. 简易坐(图15-1)

简易坐是初学者最理想和最适合的瑜伽冥想姿势。

做法:身体坐正,两腿前伸;弯曲右腿,将右脚掌放于左大腿的下方,膝盖放松,下沉;弯曲左腿,将左脚掌放于右大腿的下方,把双手放于膝盖上;闭上双眼;头、颈和躯干都应该保持在一条直线上。

功效:传统冥想姿势所具有的大多数益处,简易坐也都具有,只是程度略逊,这些益处包括加强两髋、两膝、两踝,补养和加强神经系统,减轻和消除风湿和关节炎。

2. 半莲花坐(图 15-2)

做法：身体坐正，双腿向前伸直；屈起右腿，将右脚放在左大腿上，脚心朝上；屈起左腿，将左脚放在右大腿的上；挺直脊背，收紧下巴，让鼻尖同肚脐保持在一条直线上。

替代做法：如果腿部疲劳，可换腿再做。

功效：放松身体及精神，提高身体的平衡能力，比简易坐更加强了伸展幅度。

3. 雷电坐(图 15-3)

做法：两膝跪地，将两小腿胫骨和两脚背平放在地上，两膝盖靠拢，两个大脚趾互相交叉在一起，使两脚跟向外支出来，伸直背部，将臀部坐落在两脚内侧，放在分离的两脚跟之间，双手轻置大腿上，自然放松；轻闭眼，感觉头顶向上牵引身体；保持用鼻子均匀缓慢地呼吸。动作持续 5～10min，坚持每餐饭后练习。

功效：有助于净化心灵，舒缓精神；有助于骨盆肌肉扩张，对临产孕妇有益；促进消化系统功能，治疗胃部疾病；按摩生殖神经，消除睾丸充血胀大的疾病。

图 15-1　简易坐　　　　　图 15-2　半莲花坐　　　　　图 15-3　雷电坐

(二)体式练习

1. 三角式(图 15-4)

做法：双脚打开 3～4 脚距离站立，吸气，双臂侧提与肩平，在呼气时向右侧伸展上体，从髋关节处弯曲身体，将右手扶在右脚后边的地面上；伸展开左臂，手指指向天花板；眼睛顺左手指尖向上看。控制 10～30s，正常呼吸，深吸气，提起左臂，用左臂带动上体还原到中间。按同样步骤做反方向动作。

功效：三角式有助于胸部的发展。它也帮助强健两踝、两小腿肚子、双膝、两大腿，减轻关节炎疼痛和坐骨神经痛。有刺激肠胃系统的蠕动动作，从而有助消化过程，还能帮助减少腰围线的脂肪。

注意事项：有眩晕或高血压症状的练习者要慎做。

2. 战士式

(1)战士第一式(图 15-5)。

做法：双脚打开 3～4 个脚的距离，右脚尖指向右前方，左脚尖转向右方大约 15°，屈右膝，做成右弓步。上身躯干转向右方，吸气，两手慢慢从旁上举，两手举至头顶上方，双手合十，保持肘部伸直。呼气，抬头，眼望指尖，自然呼吸 30～60s。吸气，脸朝前，眼看前方，伸直右膝盖。呼气，两手分开，自然放于体侧。换左侧做同样练习。

功效：减少腹部、腰两侧多余脂肪；扩张胸部，伸展颈部，延缓衰老；加强人的平衡感及提高集中注意力的能力；消除下背部及肩部的肌肉紧张。

注意事项：心脏功能不好或有晕眩病的人勿做此练习。

（2）战士第二式（图15-6）。

做法：两腿宽阔分开站立，左脚右转90°，右脚转30°；吸气，手臂平举，呼气，屈右膝至大腿平行于地，小腿垂直于地面，头转向右，看右手指，保持10~30s，吸气还原，换方向练习。

功效：姿势有益双腿、背部和腹部；使腿部肌肉强健，消除此区域痉挛。

图15-4　三角式

图15-5　战士第一式

（3）战士第三式（图15-7）。

做法：站立、双手合十向上伸展，以左腿为支撑，右腿向后伸直，并尽量向内转动，慢慢地抬起右腿，至右腿与地面平行，保持姿势呼吸8次，然后换另一侧重复。

功效：这个动作调整体态，加强腹部和腿部的力量、强化内脏，使脊椎和身体的肌肉均衡发展，更具有弹性，加强平衡感，使思维清晰。

图15-6　战士第二式

图15-7　战士第三式

3. 树式（图15-8）

做法：左腿站立，屈右膝，将右脚跟尽量收到左腿内侧腹股沟处，右膝指向外侧，髋部朝前，双手从身体两侧向头部抬起。当两手抬到头部上方，双手合十放在头顶后，努力将弯曲的臂肘向后用力，使两臂肘处于同一直线上，但注意不要用力过猛。目视前方，站立的右腿绷紧，全身处于紧张状态，正常呼吸，保持这一姿势10~30s。打开手掌，使手臂绷紧放回身体两侧。双手还原后，抓住右腿脚趾，把脚轻轻抬起放回地面。按照第一遍所做的步骤，重复练习这套姿势。

功效：能够锻炼脚踝、脚趾、膝盖、髋关节、肩关节、肘臂、双手和手指的肌肉，加强髋与膝关节活动幅度，减少腹部压力，提高平衡感和专注能力，纠正不良体态，对预防腰病与炎症有帮助。

4. 风吹树式（图15-9）

做法：双腿分开同肩宽，吸气，双臂向上伸直，五指交叉，挺直脊柱，抬起脚跟。呼气，身体向左侧弯曲到最大限度，脚跟不落，保持数秒；吸气，还原；呼气，再弯向右侧。

功效：伸展侧腰部，消除腰腹多余赘肉，强健脚踝，持久增强免疫系统，加强脊椎侧弯的灵活性，滋养肝脏，排除体内毒素。

5. 直角式（图15-10）

做法：站立，两脚靠拢，吸气，同时两手合十，高举过头；呼气，向前弯身，直到背部和双腿形成一个直角，注意背部伸直不要拱起，两眼始终注视十指相交的双手，保持正常的呼吸，尽可能长时间地控制，直到感到有些疲劳；吸气并恢复直立姿势，呼气还原手臂，回站立姿势。放松后，可再次重复去做2~3次。

功效：有助于纠正驼背、脊柱弯曲和双肩下垂，加强并放松双腿的肌肉。它也是消除紧张的好姿势，经常做可以使身体变得越来越轻盈。

图15-8　树式　　　　　图15-9　风吹树式　　　　　　图15-10　直角式

6. 猫式（图15-11）

做法：抬起臀部，两手放在地上，形成一种"四脚"姿势，吸气，抬头，收缩背部肌肉，保持此姿势6s；然后呼气，垂下头，拱起脊柱，再保持此姿势6s；两臂伸直，垂直于地面。把凹背和拱背两种姿势各做12次。

功效：这个姿势使脊柱更加富有弹性，并放松颈项和肩膀，它增强神经系统，改善血液循环，增进消化作用并有助于消除腹部区域多余的脂肪。在月经期间，它有助于减轻月经痉挛的痛苦，也有助于治疗白带和月经不规律。

图15-11　猫式

7. 船式（图15-12）

做法：坐直，背部微微向后；双脚靠拢，屈膝，脚板贴地，双手置在身后两侧；吸气，提起小腿，直至与地面平行，脚尖朝天，上半身再向后倾，与地面成45°，双手提起并向前伸直与地面平行。腰腹力量较好的练习者可以将膝盖伸直，上身和腿部呈"V"字形；凝聚躯干力量，挺直腰背和胸膛，双脚并拢夹紧，保持自然呼吸，维持这个姿势约10s或更久。

功效：船式使全身的肌肉和关节都得到放松，缓解了人的紧张情绪，并且使腰背部力量得到增强，同时它还能加强腹部器官和肌肉，促进肠道蠕动，强化消化系统的功能。

8. 桥式（图 15-13）

做法：仰卧，弯曲双膝，让脚跟尽量靠近臀部下面，双膝距离与肩同宽，双手置于身旁，掌心贴地；吸气，以双足、双肘、后头部为支点，用力将臀部抬高，如桥状；肩膀着地，收紧下颚，双手平放地面，保持此姿势，自然呼吸5次后，慢慢将臀部放松下来。

功效：强化肝脏，刺激甲状腺，柔软脊椎，增加腰腹力和膝盖力量；对失眠、烦躁、肩痛、腰痛均有效果。

9. 肩倒立式（图 15-14）

做法：屈膝仰卧，脚板着地，双腿靠拢，两手叉腰，大拇指向上，掌心与手指在背后托着腰部。呼气，双膝抬到腹部上方，双腿保持弯曲，挺起躯干，身体重量落在双肩与背部上。两肘压紧地面，双手托住背部，两肘要尽可能往里靠，双腿向斜上方伸直，保持这一动作，臀部放松。吸气，臀部举得更高，胸部更贴近下颚，双腿与躯干垂直于地面。两肘进一步收拢，肩胛骨挤紧，手托住上背部并尽量靠近双肩，保持这一姿势，闭眼放松全身，保持（以舒适度为准）。返回时，双腿向前向下放到头部位置，放松双手臂，松开双手，掌心向下，慢慢放下后背、臀、腿（直立的腿），保持平衡。

功效：在所有的姿势中，肩倒立是最重要的姿势之一，可以让更多血液流入到头部和上身，给脑部补充活力，而且使身体的各个部位也充满了活力；同时它还可以减轻贫血症、活力不足和癫痫症，它也可以使神经系统平静，使患心烦易怒、过度紧张、失眠、头痛或精神崩溃的人症状减轻；可以使腹部内的器官恢复活力，有助于释放出肠道中的气体，便秘得以解除，排除身体的毒素，使人感觉更加精力充沛和清醒。

注意事项：在某些情况下不宜练习倒立姿势，如有甲状腺增大、肝脾肿大、脏病、高血压、眼疾（如视网膜脱离）、耳疾、腰椎间盘脱落、女性月经期间、怀孕后期都不宜练习。若出现颈部、脊椎等身体部位疼痛或其他不适，可能是因为姿势不正确或不协调，可向教练咨询，再接着练习。

图 15-12 船式

图 15-13 桥式

图 15-14 肩倒立式

（三）瑜伽简易拜日式套路介绍

古印度的瑜伽传统，在黎明破晓时，一些瑜伽练习者怀着无比纯洁的心灵，怀着对生命的崇敬，向太阳做礼敬冥想，展望生命的每一天是快乐的，充满收获的。因此，瑜伽拜日式不但是一种身心礼仪的规则形式，也是瑜伽练习者对生命的光明充满了积极的向往。练习者通过对太阳光明洒满全身的冥想，来达到唤醒身体的知觉功能，并且通过每一个姿势的虔诚，让人的意识、呼吸、气血、心率、细胞、腺体的各项功能，都得到一致的节律，并具有非常良好的健康身心效果和有益的整体效能，既锻炼了身体，也陶冶了情操，因此，瑜伽拜日式的组合练习是一项知行合一、身心一体的瑜伽练习最佳模式。瑜伽拜日式是一系列动态组合,一个接一个姿势流畅地完成,其中每一个瑜伽动作都是精心安排的,也可以通过对拜日式每一个动作之间的衔接,细心感受,设计出适合自己的瑜伽练习方案。

整套动作分解如下(图15-15)。

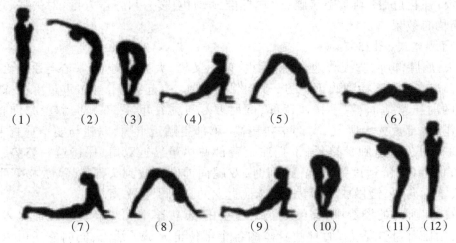

图15-15 整套动作分解

(1)祈祷式。

做法:双脚自然并拢,身体直立,双肩放松,目视前方;双手合十胸前,正常呼吸。

功效:集中和宁静思绪。

(2)展臂式、双臂前举式。

做法:保持双腿伸直不要弯曲,深长缓慢地吸气,将双手上举过头顶,伸直手肘,初学者脊柱向上延展。随着练习时间的增加,练习者可以尝试脊柱向后适当缓慢弯曲。

功效:伸展腹部脏器,促进消化,消除多余的脂肪,加强脊神经,开阔肺叶。

(3)前屈式、手触脚式。

做法:呼气,用腰腹部带动上身向下屈体,上身尽可能地接近腿部,双手掌尽量按在地面上,之后放松上身。

功效:预防胃病,促进消化,缓解便秘,柔软脊柱,加强脊神经。

(4)骑马式。

做法:慢慢吸气,左脚向后退一大步,右腿弯曲,成弓步,伸展脊椎,眼睛向前看。

功效:按摩腹部器官,改善其活动功能,加强两腿肌肉,增强平衡能力。

(5)下犬式。

做法:呼气,抬高髋部,使得身体成倒V形,两脚跟用力向下踩,肩肘下压。

(6)八体投地式。

做法:屏住呼吸,使膝盖着地,然后放松胸部,髋部抬高。要放松腰部和伸展胸部。

功效:内脏倒置,促进内脏自我按摩和自愈,加强肠道蠕动,增强身体协调能力。

(7)眼镜蛇式。

做法:再次吸气,头部带动身体向前向上,伸直手肘,大腿和耻骨尽量贴于地面,颈部向上扬起,带动脊柱后卷,眼睛看上方。

功效:这个姿势对胃病,包括消化不良和便秘非常有用。锻炼脊柱,让脊神经焕发活力。

(8)下犬式(重复动作)。

做法:同(5)。

(9)骑马式(重复动作)。

做法:同(4),但方向相反,左脚在前。

(10)前屈式、手触脚式(重复动作)。

做法:同(3)。

(11)展臂式、双臂前举式(重复动作)。

做法:同(2)。

(12)祈祷式(重复动作)。

做法:同(1)。反方向练习,同上。

(四)瑜伽休息术

瑜伽休息术是古老瑜伽中的一种颇具效果的放松艺术。在整个练习过程中,需要完全集中意识且放松身体而让其休息。但这种休息与一般意义上的睡眠有着根本的不同,因为在正确的练习中练习者可以用意识去控制它,并且从意识中醒来。对于过于繁忙、缺少睡眠的人们来说,15min左右的瑜伽休息术就能使人恢复精力。睡前练习瑜伽休息术至自然入睡可充分提高睡眠质量。在瑜伽课程中,每个动作间以及课程结束部分都会加入休息术,这有助于练习者肌体和精神的超量恢复。

仰卧放松功是进行瑜伽放松术的最好体位,这是能使精神和身体完全放松的最有效姿势。在此姿势上进行的瑜伽休息术可以很快地缓解失眠、心脏疾病、高血压和呼吸系统疾病。放松肌肉、神经、骨骼以及身体的每一个细胞,舒缓紧张情绪和压力,将积极的精神与意识辐射到全身。休息术的训练方式有两种,一种是在教练的带领下进行,另一种是由练习者本人在心中自我诱导。

做法:仰卧垫上,两手放在身体两侧与身体平行,掌心向上,双腿稍微分开至舒适位置,闭上双眼放松全身。尽量不要移动身体的任何部位,让呼吸变得有节律、自然,最好缓慢地运用腹式呼吸。吸气、吐气的过程长一点,最好在5s以上。吐气时,毛细血管会张开,血液就很容易流遍全身。同时,自律神经的副交感神经也会发生作用,身心自然就会感到舒畅。通过10~15min的休息术练习,能及时、充分、有效地让人的身心得到很好的放松。

第十六章 形体运动

形体运动是以人体科学为基础,通过徒手或持械练习来增强体质、塑造完美体形、训练仪表仪态、陶冶情操的一项体育运动。本章结合形体运动的特点来着重介绍形体运动的基本技术动作与练习方法。

第一节 形体运动概述

一、形体练习的内容

形体练习是一个完整的、系统的锻炼体系,其内容根据所练习的部位和作用可分为以下几个方面:

(一)身体各部位正确的练习

身体各部位正确的练习是形成和保持优美形体的必要条件之一,包括头颈、躯干、上肢、下肢和站立基本姿态,通过正确的训练,可以体会保持正确姿态所必需的肌肉感觉,提高身体的自控能力,是形体练习中不可缺少的锻炼内容。

(二)整体基本形态练习

整体基本形态练习的内容包括基本方向与基本部位练习、扶把姿态练习和离把徒手姿态练习。各种练习对方向的认知、脚和手的基本部位,以及各种基本步法和手臂动作,都提出了规范性的要求,强调了举手投足的优美性,内容丰富。

(三)形体舞蹈练习

本章根据大学生的身体特征和条件,特别选用"中国学生现代艺术体操"徒手套路来作为学生学习的标准套路,其主要目的是培养大学生身体姿态的感觉和表现力以及身体张弛的自控能力,锻炼肌肉群的线条,满足大学生健身健美的要求。

二、形体练习的特点

形体练习与其他体育项目相比,具有不同的特点,只有了解了这些特点,才能更充分地发挥形体练习的作用,有目的、有针对性地选择练习方法,达到有效锻炼身体的目的。

(一)适用于不同水平的练习者

形体练习的内容依据大学生生理、心理特点创编,考虑到大学生零基础、基本功差的特点,编排每个动作和组合都要求动作明确,要领清晰,易学易练,符合大学生的锻炼要求。

(二)有效地锻炼人体各个部位

形体练习在内容上采用了各部位练习和整体姿态练习相结合的方法,既可以增强肌肉的控制能力,又能塑造优美的形体,着重锻炼身体的某个部位或发展某项素质,在达到形体美的同时,还能进一步提高身体的健康水平。

(三)能满足大学生追求美的愿望

爱美是人的天性,当代大学生不仅要求身体更健康,还要求更健美。形体练习就是把"美"的意蕴有意识地注入练习中去,以人体科学为基础,通过各种练习手段和方法,提高肌肉控制力、动作表现力以及协调性、灵活性等,从而获得健美的体态、健康的体魄,以满足大学生追求美的愿望。

(四)具有一定的艺术性

形体练习的动作要求准确、协调、幅度大、节奏感强、姿态优美,并要求在音乐的伴奏下进行练习,无论是局部练习还是整体练习都应充分体现美的韵律,在完成练习的过程中充分体现动态美和静态美的艺术性要求。

(五)可以培养人的内在气质

一般来讲,经过系统形体练习的青少年,除了身材匀称外,还表现在举止得体,坐、立、行落落大方,能够充分展示出青少年蓬勃向上的青春活力。通过形体练习获得的形体美能够反映出一个人的精神面貌与气质,是展现人内在美的一个窗口。

第二节 形体运动的基本技术动作与练习方法

一、身体各部位正确的感知觉练习

在实践活动中,感觉和知觉总是几乎同时出现,很难区分,所以一般称为感知觉。感知觉是人的一种认识过程,是人脑对客观事物个别属性和整体属性的直接反映。身体各部位正确的感知觉练习,即通过专门的练习手段,使练习者能够体会到保持正确身体姿态所必需的肌肉感觉,从而提高练习者的自我判断能力和自我控制能力,克服因某些因素而产生的身体形态方面的错觉,在头脑中形成正确的记忆,使身体保持正确的形体姿态,并逐渐养成习惯。

(一)头颈部位练习

脊柱是形成姿态美的关键,头颈位于脊柱的顶端,它的位置正确与否,对形体姿态起着至关重要的作用,是形体练习的重要部位。

（二）躯干部位练习

1. 练习一：胸腰部位的控制

胸腰是身体的主要部位，是控制姿态美的关键所在。大学生还处于学习时期，伏案时间较长，容易形成含胸弓背的错误姿态，对脊椎和颈椎造成损伤，所以应着重对这一部位进行练习。

2. 练习二：腰背部位的屈伸

弓背动作是由腹肌收缩、背肌拉长形成的，而塌腰则是由背肌收缩、腹肌拉长形成的，要保持腰背部位正常的生理弯曲，需要保持腹背肌肉的紧张。腰背部位的屈伸练习有助于体会正确的肌肉感觉，并能增加脊柱的运动幅度。

（三）上肢部位练习

手臂波浪是形体练习中美化举止的重要动作，通过练习能培养练习者的协调性，并能增强手臂各关节的灵活性。其特点是手臂的若干关节或弯曲或伸直，这种屈伸动作是同时进行的，当一个关节还在弯曲时，另一个关节已开始伸直。因此，能使动作体现出优美、协调的意境。

（四）下肢部位练习

下肢是人体直立的基础，正确的直立感觉能使人更加挺拔，能更充分地表现出形体美的魅力，这种腿部直立感觉的强化练习，还有助于改善腿部的原始形态，使整个下肢的肌纤维纵向发展。

1. 练习一：直膝勾绷脚

直膝勾绷脚是通过脚踝的屈伸，拉伸大、小腿后群肌肉和大、小腿前侧肌肉，使膝踝关节充分伸展的专门练习。

2. 练习二：踝关节绕环

在伸直膝关节的基础上做踝关节绕环动作，可增加踝关节的灵活性和运动幅度，有助于小腿肌纤维纵向发展，能起到美化小腿和踝关节的作用。

3. 练习三：直膝举腿

直膝的感觉在抬离地面后会更加清晰，再加上视觉的作用，能使整个腿部保持正确的肌肉紧张。直膝举腿练习能使下肢部位变得修长。

（五）站立姿态练习

站立姿态是否正确、优美、挺拔，直接影响到人体脊柱的生长，同时与骨盆位置是否正确也有直接关系。因此，正确的站立姿态要求练习者既要保持坐姿练习中头颈部位和胸腰部位正确的感知觉，使脊柱周围屈伸肌群均匀地收缩，以维持和固定脊柱的正常生理弯曲，又要使下肢部位充分伸展并保持必要的均衡紧张，通过下腹部和臀部肌肉的正确用力，使骨盆保持在正确的位置上。因此，站立姿态练习是一个综合性的练习，是身体各部位感知觉练习效果的综合体现。

1. 练习一：站立控制练习

（1）站立姿态。在小八字站立的基础上，头部向上顶，两眼平视，稍收下颌，挺胸，收腹,立腰,背成一平面,双肩向后打开并下沉,双腿夹紧,臀部夹紧,膝盖伸直,站立控制4×8拍。

(2)双手叉腰控制练习。在站立控制练习后双手叉腰,在改变双臂位置的情况下,加强双肩和站立的控制能力。双手叉腰站立控制4×8拍。

2. 练习二:站立组合练习

▶▶▶▶ 形体运动的身体各部位正确的感知觉练习

二、形体舞蹈基本形态练习

基本形态是指先天形体和后天塑造的最基本的身体姿态,如生活中的坐、立、行、举手、投足等姿势。基本形态练习的内容非常丰富,包括基本方向的认知、基本部位的练习、扶把姿态练习、离把徒手姿态练习和表现力练习等,它们是形体练习的主要内容。

(一)基本方向与基本部位

要想对基本形态练习有一个完整的认识,首先应了解场地的方位和身体各部位的基本位置。练习者可以通过基本位置练习体会正确部位的肌肉感觉。

1. 方位划分

(1)空间划分。为了准确说明练习者在场地上的运动方向,把开始面对的方位定为基本点"1"点,按顺时针方向,每45°为一个基本方位点,将场地划为8个点,如图16-1所示。

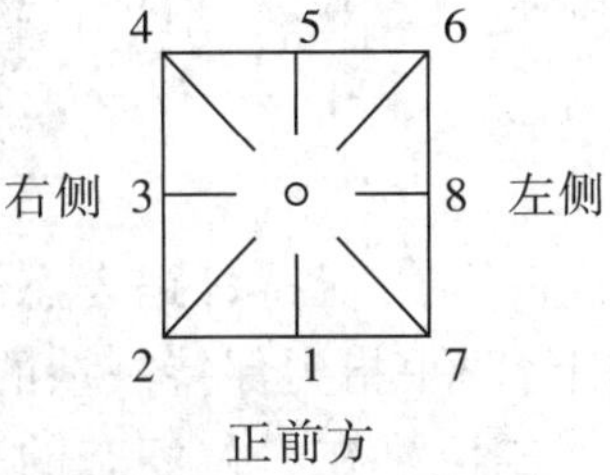

(2)区域划分。舞台划分为九个区域,具体是先把区域分为三大块,即前、中、后,然后再把每一块分为平行的三块,即右前、前、左前;右、中、左;右后、后、左后。

2. 手与脚的形态与位置

(1)手形(图16-2)。整个手的手指呈弧线,大拇指稍内扣,指肚对手心,基本与中指指肚相对,食指微微上翘,与中指保持一定的距离,另外三指自然靠拢,整个手没有明显的突起。

(2)手臂的基本位置(图16-3)。常用的手臂基本位置如下:

①前平举。双臂向身体前与肩相平的位置上举,两臂伸直与肩同宽,五指并拢,手心向下。

1—正前方;2—右前方;3—右侧方;
4—右后方;5—正后方;6—左后方;
7—左前方;8—左侧方

图16-1 空间划分

②上举。双臂向上,在耳旁的两侧举,两臂伸直与肩同宽,五指并拢,手心相对。

③侧平举。双臂在身体侧方与肩部水平位,两臂伸直,五指并拢,手心向下。

④前上举。双臂在上举与前平举之间45°的方向,两臂伸直,五指并拢,手心向下。

⑤前下举。两臂在前平举与臂下垂之间45°的方向,两臂伸直,五指并拢,手心向下。

⑥侧上举。双臂在上举与侧平举之间45°的方向,五指并拢,手心向下。

⑦侧下举。双臂在侧平举与体侧下举之间45°的方向,五指并拢,手心向下。

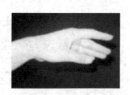

图16-2 手形

前平举　上举　侧平举　前上举 前下举 侧上举 侧下举

图16-3 手臂基本位置

(3)芭蕾舞手臂的七个手位(图16-4)。芭蕾舞手臂的基本要求为肩放松,手臂呈弧形,肘、腕自然微屈。女采用芭蕾手形,手指并拢,自然伸长,拇指与中指稍向里合;男采用四指并拢伸直、大拇指向里合的手形。无论是肩、臂、肘、腕、指均不能有明显的突起,始终要保持弧线。

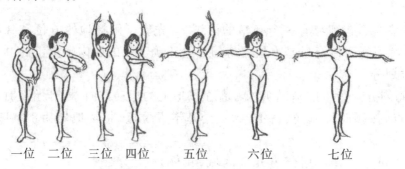

一位　二位　三位　四位　五位　六位　七位

图16-4 芭蕾舞手臂的七个手位

①一位。保持舞蹈姿态,双肩自然下垂,两手臂成弧线并在身体前组成椭圆形,手心向上,两手指尖保持一拳的距离。

②二位。在一位姿态的基础上,双臂上抬,小臂主动,大臂附随,抬至胃的高度,手心向里。

③三位。在二位姿态的基础上两臂保持弧形上举,至额头上方,手心向下。

④四位。左臂保持三位手,右臂向下垂直落至二位,两臂均保持弧形。

⑤五位。左臂保持三位不动,右臂由二位打开至身体右旁,肘关节对斜上方,手心向斜前下方,两臂手均保持弧形。

⑥六位。右臂保持五位不动,左臂垂直落至二位,两手均保持弧形。

⑦七位。右臂不动,左臂由二位打开至左侧,形成两臂弧形侧举,沉肩架肘,手心向斜前下方。

（4）常用的基本脚位（图16-5）。

①并立（正步）。两脚并拢，脚尖朝前。

②自然位（八字步）。脚跟并拢，两脚尖向斜前方成"八"字形。

③开立（大八字步）。两脚向侧打开，相距约同肩宽，脚尖各向斜前方。

④丁字步。一脚跟在另一脚足弓处成"丁"字形。

⑤点立。一脚站立，另一脚向前（侧、后），伸出脚尖点地。前、后点地时脚面绷直向外；侧点地时脚面向上。

　　正步　　　　八字步　　　　大八字步　　　　丁字步

图16-5　常用的基本脚位

（5）芭蕾舞的五个基本脚位（图16-6）。脚位的打开要做到胯根、大腿根、膝盖、脚踝、脚趾统一打开，同时保持这几个位置的平行，两只脚五趾抓地，整只脚无论外沿或内沿均要踏地，站位时重心均在两脚之间，同时要提臀、夹背。

①一位。保持从胯根到脚趾的一致外开，同时两脚脚跟相靠，脚尖向外打开成"一"字，大腿侧肌肉收紧。

②二位。在一位脚的基础上，右脚向旁擦出，两脚距离同肩宽，重心在两脚之间。

③三位。在二位脚的基础上，右脚擦地收回，脚跟收至左脚内沿的中间。

④四位。在三位脚的基础上，右脚向前擦出，两脚距离同肩宽，尽量保持两脚平行状态，重心在两脚之间。

⑤五位。在四位脚的基础上，右脚擦地收回，脚跟收至左脚脚尖处，两脚相靠并拢。

　一位　　　　　二位　　　　　三位　　　　四位　　　五位

图16-6　芭蕾舞的五个基本脚位

3. 常用的头部基本位置

①低头。挺胸、下颌尽量向胸骨上端靠近。

②仰头。头最大限度后仰。

③左转头。面向左，下颌对准左肩。

④右转头。面向右，下颌对准右肩。

⑤左侧倒头。面向前，头向左侧倒。

⑥右侧倒头。面向前，头向右侧倒。

（二）扶把姿态练习

扶把姿态练习是采用站姿，手扶把杆所进行的基本形态练习手段，扶把练习的内容丰富，动作严谨、规范。上体姿态和手臂姿态在"保持、控制"的基础上进行强化，着重对下肢的柔韧性、灵活性、力量和控制能力进行训练。在动作组合中，更注重上下肢及头部的配合,以及前后左右的对称性练习,这些是基本姿态和基本能力训练的有效手段,也是形体练习中不可缺少的重要内容。

把杆的高度一般位于练习者腰部的水平位置。扶把的方法有两种:一种是双手扶把,即面对把杆站立,身体与把杆相距30cm左右,双臂自然弯曲,两手间距同肩宽;另一种是单手扶把,即侧对把杆站立,单臂弯曲肘关节,手轻放在把杆上,小臂稍靠前,肘关节在身体与把杆之间。

1. 蹲

在一位到五位上均可以完成蹲的训练,练习蹲主要是训练膝关节和踝关节的柔韧性以及弹跳的爆发力,同时也有助于腿部肌肉的锻炼,它分为半蹲和大蹲。

(1)半蹲(图16-7)。双手扶把或单手扶把(一手扶把一手七位),上身保持直立,收腹,紧臀,立腰背,两膝从打开状态逐渐弯曲至脚跟有要抬起的感觉。

(2)大蹲(图16-8)。双手扶把或单手扶把(一手扶把一手七位),在半蹲的基础上膝盖继续弯曲,当脚踝与脚背有挤压的感觉时起半脚跟,大腿端平,起身时先压下脚跟再起身。在下蹲时身体保持直立,收臀,收腹,后背夹紧。

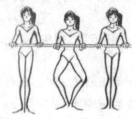

图16-7 半蹲

图16-8 大蹲

2. 擦地

在一位到五位上均可进行训练,擦地主要是通过绷脚后立脚趾来延伸腿的长度,增强腿部以及脚部关节的力量,分为前擦地、旁擦地、后擦地,无论进行哪一种擦地都要保持重心稳定,肩和胯要保持平行,膝盖收紧伸直,不能晃动,收回时大腿夹紧,膝盖不能放松,后背挺直。

(1)前擦地(图16-9)。五位脚准备,单手扶把,另一手七位,脚紧贴地面,脚跟主动前推,不能再推时立脚趾,收回时脚尖主动,压下脚跟收回五位。

(2)旁擦地(图16-10)。五位脚准备,双手扶把,脚紧贴地面,脚跟主动旁推,不能再推时立脚趾,收回时脚尖主动,压下脚跟收回五位。

(3)后擦地(图16-11)。五位脚准备,单手扶把,另一手七位,脚紧贴地面,脚跟主动后推,不能再推时立脚趾,膝盖收紧向外,收回时脚尖主动,压下脚跟收回五位。

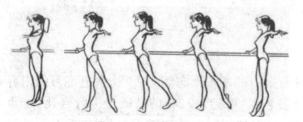 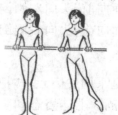 

图16-9 前擦地　　　　图16-10 旁擦地　　图16-11 后擦地

3. 小踢腿

踢腿高度为25°，踢出时要把力量灌注到脚尖上，用脚尖做动力，要有一定的爆发力。动作时，支撑腿保持重心稳定，腿踢出时要有停顿，收回时大腿内侧肌肉要夹紧。

（1）前小踢腿（图16-12）。在前擦地的基础上，向前绷脚踢出25°，尽量向远、向长延伸，膝盖始终收紧，上身挺立，踢出后有停顿，收回时脚尖先落地，然后再擦地收回五位或一位。

（2）旁小踢腿（图16-13）。在旁擦地的基础上，向旁绷脚踢出25°，尽量向远、向长延伸，膝盖始终收紧，上身挺立，踢出后有停顿，收回时脚尖先落地，然后再擦地收回五位或三位。

（3）后小踢腿（图16-14）。在后擦地的基础上，向后绷脚踢出25°，尽量向远、向长延伸，膝盖始终收紧向外，上身挺立，踢出后有停顿，收回时脚尖先落地，然后再擦地收回五位或一位。

图16-12　前小踢腿　　　图16-13　旁小踢腿　　　图16-14　后小踢腿

4. 下腰

腰部练习能增强腰部肌肉的控制能力和柔韧性，在形体练习中起着重要的作用。腰的训练包括前腰、胸腰、大腰、旁腰等。

（1）前腰（图16-15）。一位准备，单手扶把，另一手三位，双腿尽量直立，两脚支撑重心，上身挺立拉长下腰，下去后腹部尽量贴大腿，下巴找脚尖，起身时仍然保持后背挺立拉长。

（2）胸腰（图16-16）。一位准备，单手扶把，另一手三位，双腿尽量直立，两脚支撑重心，腹部以上向后倾，拉长下胸腰，其他部位均要求直立收紧，同时头对外侧，目视前方，脖子拉长，起身时仍然保持后背挺立拉长。

（3）大腰（图16-17）。一位准备，单手扶把，另一手三位，双腿尽量直立，两脚支撑重心，双脚在全脚踏地的基础上向后下腰，上身保持放松，尽量做到腰贴胯，呼吸要均匀，起身时下身要稳定，保持好重心。

（4）旁腰（图16-18）。一位准备，单手扶把，另一手三位，双腿尽量直立，两脚支撑重心，双脚在全脚踏地或者半脚掌的基础上向左右两旁下腰，腰下到哪边头就转向哪边，同时目视斜下方，脖子拉长控制，起身时仍然保持后背挺立拉长。

5. 控制

控制练习即上体保持正确姿态，收腹、立腰，一腿支撑，另一腿在一定的位置和高度上停止不动，此练习的目的在于锻炼腿部肌肉的控制能力。

图 16-15　前腰　　　图 16-16　胸腰　　　图 16-17　大腰　　　图 16-18　旁腰

（1）吸腿控制（图 16-19）。五位准备，单手扶把，另一手七位，动作腿紧贴支撑腿从支撑腿的脚踝处开始向上吸腿 90°，一直至动作腿大腿端平，脚尖点在支撑腿膝盖窝处，然后在支撑腿收紧直立的同时动作腿向前、向旁、向后出腿成前腿控制、旁腿控制、后退控制。无论向前、向旁、向后均要求伸直腿收紧、膝盖绷紧，最后收回大吸腿状态后动作腿垂直落地，或者控腿点地、擦地收回。

图 16-19　吸腿控制

（2）直腿控制。五位准备，单手扶把，另一手七位，支撑腿要把握好重心，保持直立或者半蹲，动作腿直接擦地向前、向旁、向后抬起，抬起速度舒缓，以脚尖带动出脚抬起，腿要伸直，膝盖要收紧，脚要绷紧，后背要挺立。

6. 大踢腿

大踢腿即以大腿的力量急速地向上踢起，在保持身体正确姿势的要求下，踢得越高越好，踢起和落回时都要擦地，落回时要求轻而具有控制力。踢腿练习可以训练腿的软度、力量和后背的控制力。向前、向旁、向后大踢腿动作如图 16-20、图 16-21 和图 16-22 所示。

图 16-20　向前大踢腿　　　图 16-21　向旁大踢腿　　　图 16-22　向后大踢腿

（三）离把徒手姿态练习

离把徒手姿态练习是基本形态的一种组合练习，是表现动作优美的关键。徒手姿态练习不仅能培养举手投足的正确姿态，同时也能发展身体各部位的协调能力和控制能力，将外部表现与内在神韵融为一体，更加充分地表现人的形体美。

1. 手臂摆动、绕环组合（图16-23）

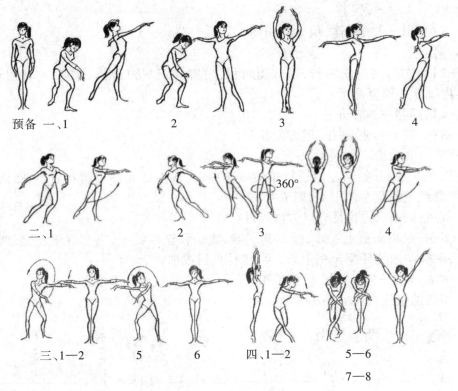

图16-23 手臂摆动、绕环组合

（1）预备姿势。面对一点小八字步站立，两臂自然下垂。

（2）第一个八拍。

1拍：左腿向左前上一步，经双腿屈膝，重心移至左腿上，右脚尖后点地，同时右臂摆至前举，左臂摆至后举，目视前方。

2拍：经双腿屈膝，重心移至右腿上，左脚尖前点地，左臂经下摆至前举，右臂经下摆至后举，目视前方。

3拍：右脚向前并于左脚，双脚提踵站立，左臂经下向后绕环一周至前举，右臂经下向前绕环一周至后举。

4拍：左脚向前上一步，经双腿屈膝，重心移至左腿上，右脚尖后点地，左臂经下摆至后举，右臂经下摆至前举，目视前方。

5—8拍：同1—4拍动作，但方向相反。

（3）第二个八拍。

1拍：左腿向左侧一步，重心移至左腿上，右脚尖侧点地，两臂经下摆至左侧举，目视左前方。

2拍：经双腿屈膝，重心移至右腿上，左脚尖侧点地，两臂经下摆至右侧举，目视右前方。

3拍：重心移至左腿上，右脚插于左脚左后方，双脚提踵向左转体360°，左臂经侧摆至上举，右臂摆至上举，两手三位，眼看前方。

4拍:左脚向左侧一步,重心移至左腿上,右脚尖侧点地,两臂经下摆至左侧举,目视左前方。

5—8拍同1—4拍动作,但方向相反。

(4)第三个八拍。

1—2拍:左脚向左侧一步,经双腿屈膝,右脚并于左脚,两腿伸直,左臂摆至侧举,右臂向内绕环一周至侧举。

3—4拍:同1—2拍动作。

5—8拍:同1—4拍动作,但方向相反。

(5)第四个八拍。

1—2拍:左脚开始向左后进行足尖碎步移动,成左腿屈膝半蹲状后,右腿前伸脚尖点地,两臂经上摆至左前下举,眼看手。

3—4拍:同1—2拍动作,但方向相反。

5—6拍:左脚向前上一步,经双腿屈膝,重心移至左腿上,右脚并于左脚,两腿经屈膝伸直,两臂向内绕环摆至侧上举,手心向内,目视前方。

7—8拍:同5—6拍动作,但稍抬头。

2. 手臂波浪组合(图16-24)

图16-24 手臂波浪组合

(1)预备姿势。面向两点方向,丁字步站立,两臂自然下垂。

(2)第一个八拍。

1—2拍:两臂做小波浪一次。

3—4拍:两臂做波浪收回还原。

5—6拍:两臂做中波浪一次。

7—8拍:两臂做波浪收回还原。

(3)第二个八拍。

1—4拍:两臂向上做大波浪一次。

5—8拍:两臂向下做大波浪一次。

（4）第三个八拍。

1—2拍：身体左转，面向一点，左脚向左侧一步，重心移至左腿，右脚尖侧点地，两臂侧下举做臂波浪一次，身体稍右侧屈，目视右下方。

3—4拍：侧波浪收回，但下肢不变。

5—6拍：两臂向侧拉起做大波浪一次，同时重心在左腿上并伸直，右脚侧点地。

7—8拍：手臂做波浪还原一次，同时身体左转，面向八点，右脚收于左脚前成丁字步站立。

（5）第四至第六个八拍同第一至第三个八拍，方向相反。

（6）第七个八拍。

1—8拍：两脚并拢提踵站立，向右转体360°，两臂依次上下摆动四次。

（7）第八个八拍。

1—2拍：右脚向前一步，经双腿屈膝重心移至右腿上，左脚尖后点地，两臂体前分别做上下波浪一次（左上、右下）。

3—4拍：左脚向前一步，经双腿屈膝重心移至左腿上，右脚尖后点地，两臂体前分别做上下波浪一次（右上、左下）。

5—8拍：右脚并于左脚，双腿经屈膝伸直，两臂向内绕环摆至侧上举，做波浪一次，手心向外，稍抬头。

（8）第九至第十个八拍同第七至第八个八拍，方向相反。

3. 基本步法与徒手基本动作组合

（1）柔软步（图16-25）。

预备姿势：自然站立，两臂于体侧自然下垂。

动作做法：

第1拍：左腿膝盖和脚面绷直向前伸出，脚面向外。

第2拍：由脚尖过渡到全脚掌落地，身体重心随之前移，接着再换右脚向前伸出落地，两腿依次交替进行，两臂自然前后摆动。

要点：摆动腿向前伸出由脚尖过渡到全脚落地，重心前移，收腹，立腰，双眼平视。

（2）柔软步的组合练习（图16-26）。

①预备姿势。自然站立，两臂于体侧自然下垂。

②第一个八拍。

1—4拍：左脚起步向前走柔软步四步，同时右臂以大臂带动小臂做一次手臂波浪。

5—8拍：继续向前走柔软步四步，换左手做。

③第二个八拍。

1—4拍：继续向前走柔软步四步，同时两臂向前做手臂波浪一次。

5—8拍：继续向前走柔软步四步，同时两臂向两侧打开做手臂波浪一次。

④第三个八拍。

1—4拍：继续向前走柔软步四步，同时右臂向内绕环一周。

5—8拍：继续向前走柔软步四步，换左手做。

⑤第四个八拍。

1—4拍：继续向前走柔软步四步，同时两臂经前摆至上举。

5—8拍：继续向前走柔软步四步，同时两臂经头后至体前落下，再摆至前上举，接着两臂落回还原。

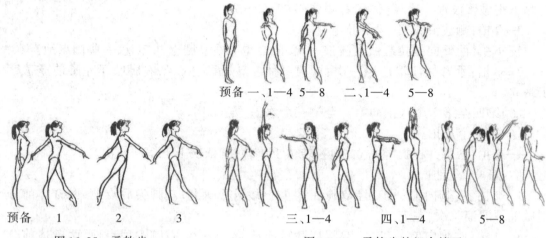

图 16-25　柔软步

图 16-26　柔软步的组合练习

（3）足尖步（图 16-27）。

预备姿势：两脚并立提踵，两手叉腰。

动作做法：左腿直膝绷脚面，向前伸出（脚尖稍向外），由脚尖过渡到前脚掌落地支撑，重心前移，两腿交替进行。

要点：身体正直，收腹立腰，步幅均匀，不宜过大，支撑腿脚踝充分向上立。

（4）足尖步的组合练习（图 16-28）。

①预备姿势。双脚提踵站立，两手叉腰。

②第一个八拍。

1—4拍：左脚开始向前走足尖步四步，同时上体向左扭转，右肩在前，抬头挺胸，目视前方。

5—8拍：继续向前走足尖步四步，同时右臂前上举，左臂后下举，抬头挺胸，目视前上方。

③第二个八拍同第一个八拍动作，换左臂做。

④第三个八拍。

1—4拍：左脚开始继续向前走足尖步四步，同时左臂于胸前平屈，手心向内，右臂后下举，抬头挺胸。

5—8拍：原地足尖步向左转360°，同时左臂上举，右臂侧举，头稍左转。

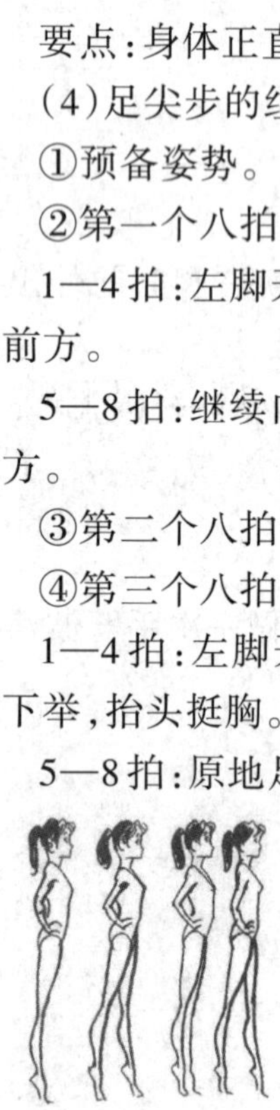

图 16-27　足尖步

图 17-28　足尖步的组合练习

(5)变换步。变换步是一种常用的舞步,具有柔和、舒展的特色,动作变化多样。

①普通变换步(以左脚为例)(图16-29)。

预备姿势:自然站立,两臂侧举。

动作做法:

第1拍上半拍:左脚向前走柔软步。

第1拍下半拍:右脚与左脚并成自然位,同时两臂成一位。

第2拍:左脚向前走柔软步,重心前移,右脚伸直后点地,脚面绷直稍向外,同时右臂前平举,左臂侧平举。

要点:做动作时收腹立腰,上身正直,胯要正,后腿伸直点地,膝与脚外旋。

②后举腿变换步(图16-30)。

动作做法:动作同普通变换步,唯第二拍时右腿伸直后举,要求胯正,膝和脚面绷直稍向外,掌握后第四个八拍同第三个八拍动作,但手臂动作和转体方向均相反。

③前屈膝变换步(以左脚为例)(图16-31)。

预备姿势:自然站立,两臂侧举。

动作做法:

第1拍:左脚向前走柔软步,右脚与左脚并成自然位,同时两臂放下一位。

第2拍:左脚向前走柔软步,接着右腿屈膝前举,同时左臂前下举,右臂后上举,掌心向下,双眼平视。

3—4拍:同1—2拍,换右脚开始做。

要点:在第2拍重心前移的同时,摆动腿屈膝向前举,大腿抬平,大小腿成钝角,膝向外,上体挺直,收腹立腰。

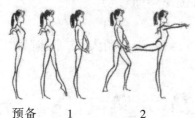
预备　　1　　　2
图16-29　普通变换步

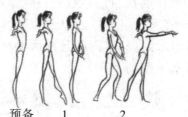
预备　　1　　　2
图16-30　后举腿变换步

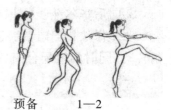
预备　　　1—2
图16-31　前屈膝变换步

(6)弹簧步。弹簧步是表现腿部弹性特点的步法,也是单脚立踵舞姿及跳步的基础动作,一般用两拍完成。

①普通弹簧步(以左脚为例,图16-32)。

预备姿势:两脚并立提踵,两手叉腰。

动作做法:

第1拍,左脚向前一步,同时稍屈膝半蹲,重心移至左腿。

第2拍,左腿伸直提踵,同时右腿向前下伸,直膝绷脚面,两腿交替进行,两臂前后自然摆动。

要点:出脚时由脚尖过渡到全脚掌,柔和落地,有控制地依次弯曲踝、膝关节,接着依次充分伸直膝、踝,提踵立,上体正直,收腹立腰,步幅不宜过大。

②前屈膝弹簧步(图16-33)。

动作做法:动作同普通弹簧步,但在支撑腿伸直提踵的同时,另一腿成屈膝前举,同时配合一臂前举,一臂侧举。

要点:同普通弹簧步,唯屈膝前举腿时,重心升高,保持平稳,步幅不宜过大。

图16-32 普通弹簧步

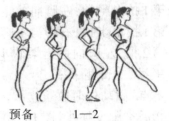

图16-33 前屈膝弹簧步

(7)华尔兹步。华尔兹步是常见舞步,它具有轻盈、优美、流畅的特点,动作形式变化多样,可向前、向后、向侧、转体等。该动作以3拍完成,做时采用3/4节拍的华尔兹舞曲。

①向前华尔兹步(以左脚为例)(图16-34)。

预备姿势:两脚并立提踵,两臂侧举。

动作做法:

第1拍:左脚向前做一次柔软步,落地稍屈膝,重心随之前移。

第2、3拍:右脚开始向前做两次足尖步,在做第3拍动作过程中,配合左臂做一次波浪,两腿交替进行。

要点:3步的步幅均等,动作起伏自然,收腹立腰,重心随出步而移动。

②向后华尔兹步(图16-35)。

动作做法:动作同向前华尔兹步,不同的是向后退步做,第一步可稍大些,身体随之稍转动,同时两臂配合前后水平摆动。

图16-34 向前华尔兹步

图16-35 向后华尔兹步

③向侧华尔兹步(以左脚为例)(图16-36)。

预备姿势:自然站立,两臂右侧举。

动作做法:

第1拍:左脚向侧做柔软步,落地时稍屈膝,重心随之移至左腿。

第2、3拍:右前脚掌踏在左脚跟后,右腿伸直立踵,接着左脚与右脚并立提踵。在三拍动作过程中,两臂经前摆至左侧举。

④转体华尔兹步(以左脚开始为例)(图16-37)。

预备姿势:两脚并立提踵,两手叉腰。

第一个三拍动作做法:

第1拍:左脚向前做柔软步,稍屈膝。

第2拍:右脚向前做足尖步,同时向左转体90°。

第3拍:左脚做足尖步,与右脚并成提踵立,同时继续向左转90°,接着做第二个三拍动作做法:

第1拍:右腿后退一步做柔软步,稍屈膝。

第2拍:左脚后退做足尖步,同时向左转体90°。

第3拍:右脚做足尖步与左脚并成提踵立,同时继续向左转体90°。如从右腿开始,方向相反。

要点:在第2—3拍做足尖步的同时进行转体180°,收腹立腰,身体正直。

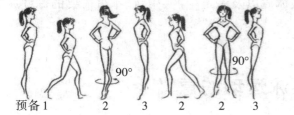

图16-36　向侧华尔兹步

图16-37　转体华尔兹步

第三节　中国学生现代艺术体操

"中国学生现代艺术体操"是由中国学生健美操艺术体操协会在2004年4月审定的,其形体动作和音乐的完美结合,对增进女大学生身体健康、增强体质、塑造优美的身体姿态、培养优雅的气质和风度有很好的作用,同时对女大学生掌握关于形体美的相关知识及形成正确的审美理念有着积极的促进作用。音乐采用3/4拍的华尔兹音乐,每小节动作是3拍。

▶▶▶▶　中国学生现代艺术体操的肢体动作组合

第十七章　游泳运动

游泳运动是一种凭借人体自身肢体动作与水的相互作用力,在水中漂浮前进或在水中潜游的有意识的技能活动。在远古时期,居住在江、河、湖、海一带的人为了生存,将游泳作为最基本的技能之一。随着社会的发展,游泳与人类社会的生产劳动、生活娱乐及战争等紧密相连,逐渐成为人们增强体质以及满足生产、生活、军事需要的一种途径,并发展成为体育运动的比赛项目。

第一节　游泳运动的意义

一、游泳运动的社会意义

人类生活的地球上约有3/4的面积被海洋覆盖,还有江、河、湖泊等水域星罗棋布。渔业生产、水产养殖、水上运输、水上天然气生产等都不可避免地要与水打交道,尤其是当特大洪灾发生时,掌握了游泳技术就能在抗洪抢险救灾、自救和救人方面发挥重要作用,因此,掌握游泳技能是非常重要的。

二、游泳项目对终身体育的意义

终身体育是指人们在一生中所进行的身体锻炼的总和。游泳具有的一个最大特点是适合不同年龄、不同群体进行身体锻炼,并且可根据不同目的,自我调整运动量和内容以及活动方式。因此,游泳运动最易普及和开展,在终身体育实施过程中有其特殊的意义与作用,有助于全民健身运动的开展。

三、游泳能有效地促进身心健康

游泳时,人体在水环境中活动,由于水的压力、阻力、浮力等因素影响,且水的温度较人体温度低,能量消耗多,而人体的新陈代谢旺盛,需要尽快补充大量的能量,因此对内脏机能的要求很高。长期进行游泳锻炼,能够使中枢神经系统、心血管系统、呼吸系统、消化系统等的机能得到改善和提高。通过有规律的锻炼,能使身体得到全面均衡协调的发展。此外,游泳运动也能很好地提高个人的情绪调节能力和抗挫折能力,会使意志品质得到充分的锻炼,降低心理疾病的发病率。水的流动特性对游泳技术提出了许多特殊而微妙的要求,掌握游泳技术的过程就是神经系统和运动系统之间充分协调的过程,这对神经系统有良好的刺激作用。因此,可以说游泳是一项能全面提高人的综合素质的运动。

第二节　游泳运动的分类

在现代奥运会游泳比赛和世界游泳锦标赛中,比赛项目有游泳、跳水、水球和花样游泳4个大项。随着各运动项目的发展,游泳、跳水、水球和花样游泳四大类项目,实际上早已各自发展成为独立的竞赛项目,并有各自的理论方法体系。本书所介绍的游泳(或游泳运动)是指单纯的游泳,不包括跳水、水球、花样游泳。根据不同的目的和功能,游泳运动可分成竞技游泳、大众游泳、实用游泳三类。

一、竞技游泳

竞技游泳是指按照一定的规则和要求,以竞速为目的的游泳。目前竞技游泳分为游泳池比赛和公开水域比赛两大类别。

二、大众游泳

大众游泳以游泳动作为基本手段,注重锻炼价值,以增进身心健康和娱乐为主要目的。健身游泳、娱乐游泳、康复游泳、冬泳等都属于大众游泳的范畴。

三、实用游泳

实用游泳是指一些生活中实用性比较高的游泳技能,包括踩水、反蛙泳、抬头蛙泳、侧泳和潜泳等。实用游泳在水下作业方面、水上救生方面和流动水域中有着广泛的应用。

第三节　游泳运动的基本技术与练习方法

一、熟悉水性的基本技术

熟悉水性是学习游泳的第一步。熟悉水性可以达到适应水环境、消除怕水心理的目的,主要内容有水中行走、呼吸、漂浮、滑行等。

(一)水中行走

水中行走的目的是体会水的阻力、压力、浮力和保持水中平衡、消除怕水心理。水中行走练习方法(适合在浅水池中进行):

（1）双手扶池边和水槽向两侧行走。

（2）集体拉手在水中行走。

（3）向前行走的同时，双手在水中向后拨水；后退行走的同时，双手向前拨水；向一侧行走的同时，双手向两侧拨水。

（4）双手扶池边（池槽），双脚蹬池底，向上跳起。

（5）水中站立，两臂前伸平放水中，脚蹬池底，在向上跳起的同时，两臂向下压水。

（6）进行水中各个方向的行走、跑步和跳跃练习，也可单独进行各项练习。

（7）进行水中各种跑、走游戏和接力练习。

（二）呼吸动作

图17-1 呼吸动作

正确的水中呼吸是用嘴吸气，用嘴或嘴、鼻呼气。一个呼吸动作是由"吸气憋气吐气"组成的。

练习时，可以站在齐肩深的水里，两手抓住池（岸边），或者抓住同伴的手，用嘴深吸一口气，然后把头埋入水中，慢慢地用鼻或嘴、鼻呼气，直至将体内的废气呼尽，迅速抬头用嘴吸气（图17-1）。

以上技术熟练后，能做到连贯自然地完成多次呼气、吸气的动作，并且要求自己独立完成慢呼快吸的动作。

（三）漂浮与站立动作

漂浮练习是体会水的浮力、保持身体俯卧平衡的重要练习，做动作之前一定要吸足气。俯卧水中时身体要伸展，手腿伸直，全身放松，脚跟尽量朝水面上伸，在水中漂浮时要像一根木棍，要塌腰、展髋、肩放松。

1. 水中练习有以下几种形式：

（1）抱膝浮体（仅适合浅水池使用）后站立练习（图17-2）。深呼吸，低头，双脚蹬池底，收腹，收大腿，双手抱膝或小腿，呈团身姿势，背部露出水面。抱膝浮体后站立，双手松开并前伸，双手向下压水并抬头，同时两腿伸直（展髋、伸膝），在池底站立。

图17-2 抱膝浮体后站立练习

（2）扶池边漂浮（双手扶池边或同伴的手、腰）练习。吸足气，低头并把头夹在两臂之间，水面在头顶处。

（3）伸展漂浮后站立练习。双手向下压水并抬头，屈膝收大腿（膝盖朝肚子收）使身体由俯卧转为垂直，同时两腿伸直（展髋、伸膝），在池底站立。在浮体练习之前，一定要交代站立的方法。水中睁眼的练习有助于克服怕水心理和减轻眩晕的感觉。

(四)滑行练习

滑行练习能很好地体会和掌握游泳时的水平位置和流线型姿势,为各种泳姿的学习打下基础。

(1)扶板蹬壁滑行练习。双手伸直扶打水板,一只脚蹬地,另一只脚蹬池壁(深水池双脚蹬壁)。深吸气,低头,身体前倾并屈膝,当头和肩没入水中时,前脚掌用力蹬离池壁,两腿并拢向前滑行。

(2)徒手蹬壁滑行练习(图17-3)。手臂在蹬腿的同时前伸,其他动作同扶板蹬壁练习。

(3)蹬地滑行练习(仅在浅水池中进行)(图17-4)。两脚前后开立,两臂并拢前伸,深吸气后低头用脚蹬地,身体平卧在水面上滑行。

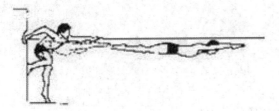

图17-3 徒手蹬壁滑行练习

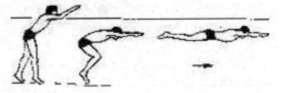

图17-4 蹬地滑行练习

二、蛙泳技术

(一)蛙泳腿部技术动作及练习

1. 蛙泳腿部动作

蛙泳的腿部动作(图17-5)是推动身体前进的主要动力之一,它的主要动作环节可分为收腿、翻脚、蹬夹水和滑行四个阶段,这四个环节是紧密相连的。

(1)收腿。开始收腿时,两膝自然逐渐分开,屈膝收腿,脚跟向臀部靠拢。收腿结束时,大腿与躯干成120°~140°,两膝内侧大约与髋关节同宽,大腿与小腿之间的角度为40°~45°,并使小腿尽量成垂直姿势,这样能为翻脚、蹬夹水做好有利的准备。

(2)翻脚。两脚距离大于两膝距离,两脚外翻,脚尖朝外,脚掌朝天,小腿和脚内侧对准水,像英文字母"W"。

(3)蹬夹水。由腰腹和大腿同时发力,以小腿和脚内侧同时蹬夹水,先是向外、向后、向下,然后是向内、向上方蹬水,就像画半个圆。向外蹬水和向内夹水是连续完成的,也就是连蹬带夹。蹬夹水完成时双腿并拢伸直,双脚内转,脚尖相对。

(4)滑行。双腿蹬直并拢停1~2s。

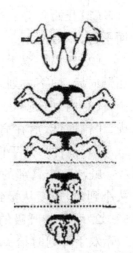

图17-5 蛙泳腿部动作

2. 蛙泳腿部动作练习方法

(1)坐在池边或岸上,上体稍后仰,两手后撑,腿做收、翻、蹬夹的模仿练习,如图17-6所示。

（2）俯卧凳上或趴池边，做收、翻、蹬夹模仿练习，如图17-7所示。
（3）在水中手抓同伴或扶板漂浮，做收、翻、蹬夹动作练习。

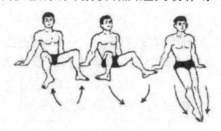

图17-6　蛙泳腿部动作模仿练习（一）

图17-7　蛙泳腿部动作模仿练习（二）

（二）蛙泳手臂与呼吸技术及练习

蛙泳手臂划水动作可分为开始姿势、外划、内划和向前伸臂几个阶段，这几个阶段也是紧密相连的。

1. 臂部动作

（1）开始姿势。当蹬水动作结束时，两臂应保持一定的紧张，自然向前伸直，并与水面平行，掌心向下，手指自然并拢，使身体呈一条直线，形成较好的流线型。

（2）外划。双手前伸，手掌倾斜大约45°，小拇指朝上，双手同时向外、后方划，然后屈臂向后、向下方划。

（3）内划（抱水）。掌心由外转向内，手带动小臂加速内划，手由下向上在胸前并拢，手高肘低、肘在肩下。

（4）前伸。双手向前伸，肘关节伸直。

蛙泳整个臂部的动作路线无论是俯视或仰视都是椭圆形的，并且是一个连贯、力量从小到大、速度从慢到快的完整过程。

2. 手臂与呼吸的配合

双手外划时抬头换气，双手内划时低头稍憋气，双手前伸过头时吐气。

3. 练习步骤

蛙泳手臂动作及手臂与呼吸配合的练习步骤（图17-8）如下：

（1）陆上站立，上体前倾做外划、内划、前伸模仿练习。

（2）站立浅水处，上体稍前倾做外划、内划、前伸模仿练习。

（3）浅水处，一人扶住练习者的腿，练习者漂浮，做外划、内划、前伸模仿练习。

图17-8　蛙泳手臂动作及手臂与呼吸配合的练习步骤

(三)蛙泳的完整配合动作

1. 蛙泳的完整配合动作

蛙泳臂、腿、呼吸的配合(图17-9)多采用1:1:1配合,即划水一次,蹬腿一次,吸气一次。当手臂向外划的同时,开始逐渐抬头,这时腿保持自然放松、伸直的姿势。手臂划水时,头抬至眼睛出水面,腿还是不动,只有收手时才开始收腿,并稍向前挺胸,这时头抬至口出水面,并进行快速、有力的吸气,伸手臂的同时低头,用鼻或口鼻进行呼气,并且在手臂伸至将近二分之一处时,进行蹬夹水的动作,之后,让身体伸展滑行一段距离,等速度减小时进行第二个周期的动作。

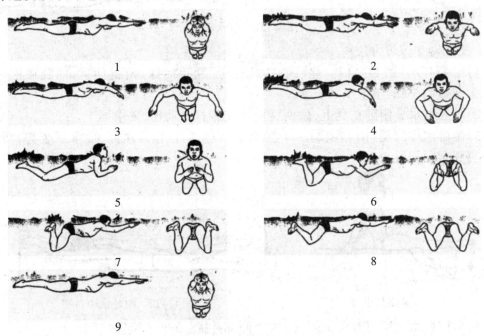

图17-9　蛙泳的完整配合动作

2. 蛙泳腿、臂、呼吸配合的练习方法

(1)陆上直立做单腿、收腿与划臂,配合呼吸模仿练习。

(2)俯卧于凳上或池边做腿、臂、呼吸,配合动作模仿练习。

(3)水中漂浮,蹬两次腿,划臂一次,抬头呼吸一次练习。

(4)完整配合练习。

三、自由泳(爬泳)技术

(一)自由泳腿部技术及练习方法

1. 自由泳腿部技术

在爬泳技术中,大腿动作除了产生推动力外,主要起着维持身体平衡的作用,它能使下肢抬高,协调配合双臂有力地划水。

正确的打水动作是脚稍向内旋,踝关节自然放松,向上和向下的打水动作应该从髋关节开始,大腿用力,通过整个腿部,最后到脚,形成一个"鞭状"打水动作,向下打水的效果最好,因此,应用较大的力和较快的速度进行。而向上则要求放松、自然,尽量少用力,并且速度相对要慢,刚开始练习时可直腿打水,但腿略放松,不要僵硬,在水的压力下腿会自然弯曲。向下打水前膝关节弯曲角度为130°~160°,打水幅度为30~40cm,打水时要绷脚(芭蕾脚),不要勾脚,如图17-10所示。

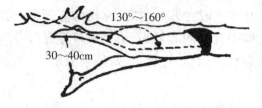 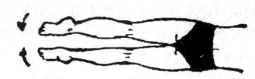

图17-10 打水动作

2. 腿部动作练习方法

(1)坐姿打水(图17-11)。坐在池边或地上,两手后撑,两腿伸直,两腿放松,以髋为轴,大腿带动小腿,上下交替打水。

(2)卧姿打水。俯卧在凳上,做两腿上下交替打水动作,要求同上。

(3)俯卧水中打腿(图17-12)。手握池槽,或由同伴托其腹部,成水平姿势,两腿伸直,做直腿或屈腿打水。

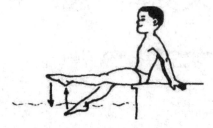 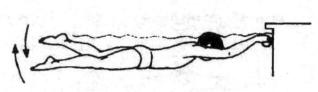

图17-11 坐姿打水　　　　　图17-12 俯卧水中打腿

(3)滑行打水。练习时要求闭气,两臂伸直并拢,头夹于两臂之间。

(4)扶板打水。练习时两臂伸直,放松扶板,肩浸水中,手不要用力压板,自然呼吸。

(二)自由泳的手臂技术及练习方法

1. 自由泳的臂部动作

自由泳的臂部动作分为入水、抱水、划推水、出水和空中移臂等五个阶段,这五个阶段在划水动作中是紧密相连的。

（1）入水（图17-13）。手的入水点在肩的延长线和身体中线之间，以大拇指领先，斜插入水。入水的顺序为手—小臂—大臂，手切入水后，手和小臂继续向前下方伸展。

（2）抱水（图17-14）。臂入水后，应积极插向前下方，此时小臂和大臂应积极外旋，并屈腕、屈肘。在形成抱水的动作中，上臂和水平面约为30°，前臂与水平面约为60°，手掌接近垂直对水，肘关节屈成约150°，整个手臂像抱个圆球似的。

图17-13　入水

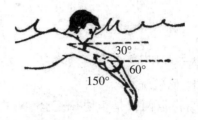

图17-14　抱水

（3）划推水。划水（图17-15）是整个臂部动作产生推进力的主要环节。在抱水的基础上，划水时臂与水平面约成35°～45°。

划水时应采用屈臂划水，屈臂的程度可根据自己的身体条件而定。臂长、臂力弱的可以屈臂程度大些，反之则可以屈臂程度小些。

开始划水时，屈肘约为100°～120°，此时前臂移动快于上臂，当划至肩下垂直面时，屈肘90°～120°，前臂迅速向后推水至侧腿旁，结束划水，如图17-16所示。在划水过程中，手掌微凹。

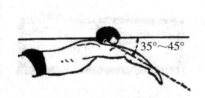

图17-15　划水

图17-16　划水过程

（4）出水。划水结束后，臂借助推水后的速度惯性，利用肩三角肌、肩带肌的收缩及身体沿纵轴的转动，将肘部向上方提起，并迅速将臂部提出水面，这时臂部和手腕应柔和放松。

（5）空中移臂（图17-17）。空中移臂是臂部在一个划水周期中的休息放松阶段。移臂时，肘稍屈，保持比肩和手部都要高的位置，不要直臂侧向挥摆，也不要以手来带动臂成屈肘移臂，这样动作紧张，而且也不正确，还达不到放松的目的。

2. 自由泳手臂练习方法

（1）陆上两脚开立，上体前屈，做双臂划水的模仿练习，如图17-18所示。

（2）同（1）练习，配合调整呼吸。

（3）站立水中，上体前倾，肩浸入水中，做双臂划水，边做边走，同时转头呼吸，如图17-19所示。

（4）蹬边滑行后闭气，做两臂配合动作。

（5）腿夹打水板，蹬边滑行后，做两臂划水，结合转头呼吸。

图17-17　空中移臂　　　　图17-18　陆上模仿练习　　　图17-19　站立水中模仿练习

（三）自由泳配合技术及练习方法

1. 两臂配合

自由泳两臂是否协调配合，是前进速度均匀性的重要条件。两臂配合，通常有以下三种方法：

（1）前交叉（图17-20）。前交叉是指一臂入水时，另一臂处在滑下阶段，这是一种带滑行阶段的技术。

（2）中交叉（图17-21）。中交叉是指一臂入水时，另一臂已经进入划水阶段的中间部分。

（3）后交叉（图17-22）。后交叉是指一臂入水时，另一臂已经进入划水阶段的后半部分。

一般对游泳爱好者来说，学习前交叉为宜。因为前交叉能更好地保持身体平衡，较容易掌握呼吸技术，也可以节省体力，减少疲劳。

图17-20　前交叉　　　　图17-21　中交叉　　　　图17-22　后交叉

2. 两臂和呼吸的配合技术

自由泳技术中的呼吸技术较为复杂，但是它的好坏，将直接影响着划水力量和速度、耐力的发挥。

爬泳的呼吸和手臂的配合为一次呼吸、n次划水（n>2）。吸气时，头随着肩、身体的纵向转动转向一侧，此时，同侧臂正处在出水转入移臂的阶段。移臂时，头转向正常位置。同侧臂入水时，开始慢慢呼气，并逐渐用力加快呼气的速度。

3. 完整的配合技术

完整的配合技术即腿、臂、呼吸的配合动作。自由泳时，一般采用两臂各划水1次、呼吸1次和两腿打水6次的配合方法。为了充分发挥手臂作用，提高游进速度，也有采用两臂各划1次水、呼吸1次和打腿4次的配合方法，如图17-23所示。

4. 完整配合练习

（1）站立水中，上体前倾做划臂与呼吸配合的练习，借助作用力划水向前移动，然后蹬离池底，两腿打水形成完整配合。

（2）蹬边滑行打水漂浮5～10m，做自由泳双臂划水与呼吸配合练习。

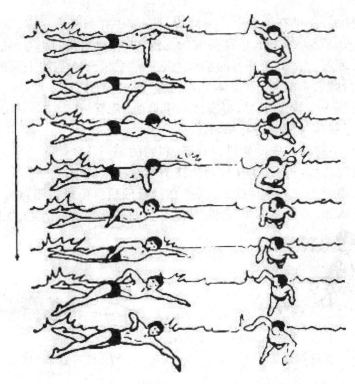

图 17-23 完整的配合技术

四、仰泳技术

(一)仰泳身体位置与腿部动作及练习方法

(1)仰泳时,身体要自然伸展,仰卧在水面,头和肩部稍高,好像平躺在床上,头下有一只矮枕头。

(2)动作与自由泳相似,身体随手臂做划水动作,围绕纵轴有节奏地转动。

(3)两腿交替做鞭状上下打水。向上打水时,大腿带动小腿屈腿向上踢,脚接近水面时,直腿向下压,上下打腿的幅度约为40cm,膝关节不能露出水面,向上打水要快而有力,脚略内旋(内八字脚)并绷直。向下打水时,腿和脚自然放松,大腿与小腿所成角度为135°～140°,小腿与水平面夹角为40°～45°,如图17-24所示。

(4)仰泳腿部练习方法(图17-25),即膝关节、踝关节均伸直,双脚稍内扣,以髋关节为支点,进行仰泳腿的练习。此练习重点要体会大腿用力,直腿下压的方式。

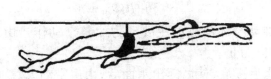

图 17-24 两腿交替做鞭状上下打水

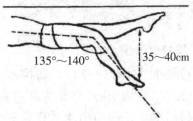

图 17-25 仰泳腿部练习方法

①坐撑直腿练习。坐在池台上,上体稍后仰,双手在身侧后支撑,双腿绷直,即膝关节、踝关节均伸直,双脚稍内扣,以髋关节为支点,进行仰泳腿的练习,如图17-26所示。

②坐撑屈腿练习。在上面练习的基础上,进行直腿下压、屈腿上踢的练习。注意大腿带动小腿发力,踝关节放松,重点体会上踢的"鞭状"动作。

③仰卧踢腿练习。同上练习,将身体水平仰卧,双臂置于体侧,踢腿的动作离开自己的视线范围,靠肌肉的感觉进行练习。

④坐在池边,小腿在水中分别进行直腿、屈腿的练习。

⑤支撑仰卧踢腿练习。两手扶住池边或支撑在浅水底做以上练习。

⑥仰卧扶板踢腿练习。双手扶板,头枕在扶板的后缘上进行踢腿练习。

⑦双臂置于体侧,双手掌向下压水,身体平躺做仰泳腿部的练习,如图17-27所示。

图17-26 坐撑直腿练习

图17-27 仰泳腿部的练习

(二)仰泳手臂动作及练习方法

1. 仰泳手臂动作

一个完整的手臂动作(图17-28)分为入水、抱水、划推水、出水和空中移臂等几个阶段,手掌由入水、抱水和划推水在水下形成一个"S"形的路线。

(1)入水。手臂入水时,应借助于移臂动作的惯性自然放松,入水点应在身体纵轴与肩的延长线之间,或在肩的延长线上,过宽或过窄都会影响速度。臂入水时应保持直臂,肘部不要弯曲,入水时小指向下,拇指向上,掌心向侧后方,手掌与小臂成150°~160°。

(2)抱水(图17-29)。手臂入水以后,躯干上部稍向入水臂一侧转动,直臂向前下方伸,同时转手腕对准水,呈屈臂抱水姿势。这时上臂与前进方向构成40°,当完成抱水动作时,肘部微屈成150°~160°,手掌距水面30~40cm,肩保持较高的位置。

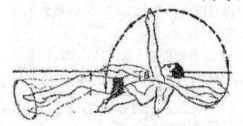

图17-28 完整的手臂动作

图17-29 抱水

(3)划推水(图17-30)。划推水是推动身体前进的主要动力。整个动作是由屈臂抱水开始,以肩为中心,划至大腿外侧下方为止。

(4)出水。正确的出水动作是先压水后提肩,使肩露出水面后,由肩带动大臂、小臂和手依次出水。为了减少水的阻力,手出水时,手掌心应向内,大拇指向上。

(5)空中移臂(图17-31)。提臂出水后,手应迅速从大腿外侧垂直于水面移至肩前。当手臂移至肩上方时,手掌要内旋,使掌心向外翻转。空中移臂时,必须伸直放松,移臂的后阶段要注意使肩关节充分伸展,为入水和划水做好准备。

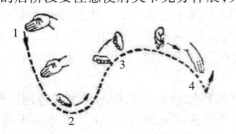
图17-30 划推水

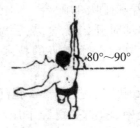
图17-31 空中移臂

2. 仰泳手臂练习

(1)站立模仿。两脚稍分开站立,先以单臂直臂划水,过渡到双臂轮流划水,再由单臂屈臂划水过渡到双臂屈臂划水。要求在做双臂划水时,身体要绕纵轴滚动。

(2)仰卧模仿。同上练习,仰卧在池台(或其他地方)进行双臂的屈臂划水练习。

(3)单臂练习。一手臂扶住支撑物(池边、同伴或水线),另一手臂进行从直臂到屈臂的划水练习。

(4)双臂练习。把腿置于水线上或由同伴抱住,进行双臂的划水练习。

(三)仰泳配合技术及练习方法

1. 仰泳配合技术(图17-32)

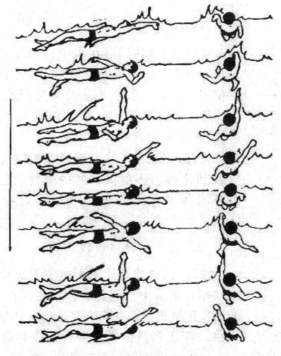
图17-32 仰泳配合技术

（1）两臂配合技术。仰泳两臂的配合是"连接式"的，即当一臂划水结束时，另一臂已入水并开始划水；一臂处于划水的中部，另一臂正处于移臂的一半。在整个臂的动作过程中，两臂几乎都处在完全相反的位置。

（2）臂和呼吸的配合。仰泳的呼吸相对来说比较简单，一般是两次划水一次呼吸，即一臂移动时开始吸气，然后做短暂的憋气，当另一臂移动时进行呼气。在高速游进时也有一次划水一次呼吸的技术，但是呼吸不能过于频繁，否则会引起呼吸不充分，造成动作紊乱。

（3）臂腿配合技术。臂腿配合是否合理，将影响整个动作的平衡和协调自然。臂在划水过程中，腿的上踢和下压动作要避免身体的过分转动，以保持身体的平衡、协调为原则。现代仰泳技术中一般都采用六次打腿两次划水的配合技术，也有少数人采用四次打腿的技术。

2. 仰泳完整配合技术练习

（1）陆上模仿。双脚稍分开站立做臂腿配合的模仿练习。

（2）水上仰卧踢腿。一臂置于体侧，另一臂划水。注意不要局限于踢腿的次数，随意自然。

（3）双臂练习。从双臂置于体侧踢腿开始，一臂做划水，另一臂在体侧做压水的动作，反之亦然。每个动作做完都可以稍微地停顿休息，但腿始终在做踢水的动作。

（4）完整动作练习。缩短手臂在体侧停留的时间，逐渐加长游进的距离。要注意挺髋以及手臂和呼吸的配合。

五、蝶泳技术

（一）身体姿势

蝶泳时，身体俯卧在水中，两臂同时向前方入水，经抱水、划水至大腿处，然后提肘出水，在空中移臂后再入水；躯干以腰部发力，带动大腿、小腿及脚进行波浪形的鞭状打水。

整个动作从头、颈、躯干到脚部沿着身体纵轴做传动式的起伏，形成波浪式动作。

蝶泳时要求身体姿势相对稳定，身体应有节奏的起伏给臂和腿部动作提供有利的条件，但不应起伏太大，不然会破坏身体的水平游进和增加水对身体的阻力，如图17-33所示。

图17-33 蝶泳时身体姿势

（二）躯干和腿部动作

蝶泳时，虽然身体的游进主要靠臂部动作，但是蝶泳的打水动作在游进中也起着十分重要的作用。它不但可以弥补臂部动作间断时速度下降的不足，而且还能使身体处于平衡，给臂和呼吸动作创造良好的条件。躯干和腿部动作的开始姿势是两腿并拢，脚掌稍加内旋，踝关节放松。在做鞭状打水时，以腰发力，带动脊柱、髋、膝、踝各部位相继屈伸，形成波浪式动作。

向下打水时开始屈膝约110°,髋关节几乎伸直,脚上抬到最高点至水面,然后向后下方打水,当小腿继续向下打水,腿部打水的反作用力使臀部升高,大腿和躯干约为160°,脚跟距水面约为50cm,如图17-34所示。然后两腿伸直向上移动,由腰部发力,带动臀部下降,髋关节逐渐展开后,使脚后跟与臀部几乎成水平,经过伸直膝关节,身体也几乎成水平,这时在臀部带动下,大腿开始下压,膝关节随大腿的下压而逐渐弯曲,随着屈膝程度增加,脚向上抬到最高点接近水面,再准备向下打水。

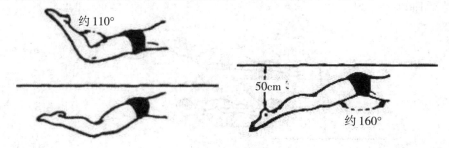

图17-34 向下打水

(三)臂部动作

蝶泳的臂部动作是推进身体向前的主要动力,也是其游泳姿势中推进力最大的一种。蝶泳臂部动作是两臂同时对称进行的。蝶泳臂部动作过程包括入水、抱水、划水、出水和空中移臂五个部分。

(1)入水(图17-35)。两臂经空中移臂后在肩前插入水中,入水时两手距离略与肩同宽,掌心向两侧,手指向下,手、前臂、上臂依次切入。

(2)抱水(图17-36)。手入水后,迅速向前下方伸肩滑下,手掌由外侧转向内做抱水动作(肘关节保持最高位置)。抱水时,手和前臂的速度比肘部快,这时前臂与水面约成45°,肘关节约屈成150°,上臂与水平面约成20°,两手掌距离略比肩宽。

图17-35 入水　　　　　　　　图17-36 抱水

(3)划水(图17-37)。划水时两臂屈臂向后,靠上臂内旋,前臂和手加速向内角,然后向后拉水。拉至与肩平直时,屈肘约100°,然后继续向后推水直至大腿旁。划水时两手臂的路线形成双S形。

(4)出水(图17-38)。推水结束后,手臂充分推直,然后借助其惯性提肘,迅速将两臂和手提出水面。

(5)空中移臂(图17-39)。臂出水后,两臂经身体两侧,经空中快速向前移动。移臂时,整个臂部动作要自然放松。

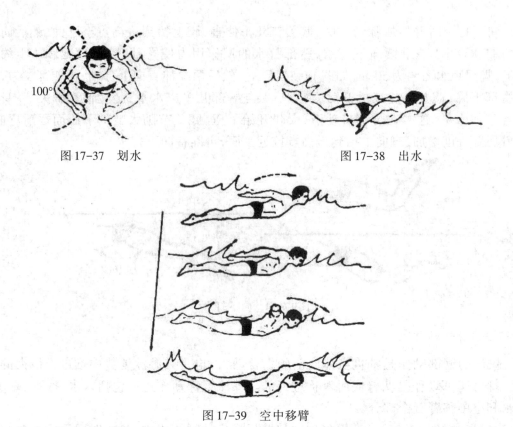

图 17-37 划水　　　　　　　　图 17-38 出水

图 17-39 空中移臂

(四)呼吸与臂部动作的配合

当臂部入水后,用鼻和嘴慢慢吐气,两臂进入划水时,下颌须微抬。划水到胸腹下方时抬头,嘴露出水面用力完成吐气。然后迅速张嘴吸气,两臂出水在空中移臂时闭气,头放平。

(五)臂、腿、呼吸的完整技术配合动作

蝶泳的动作配合比例为 2∶1∶1,也就是说采用打腿 2 次,两臂划水 1 次,呼吸 1 次。

臂和腿的具体配合方法是两臂入水时,做第一次打水,抱水时腿向上,当两臂推水结束,同时打水结束,如图 17-40 所示。

当然也可以采用打腿 1 次、两臂划水 1 次、呼吸 1 次的配合方法,但一般游泳爱好者采用 2∶1∶1 的配合方法为好。

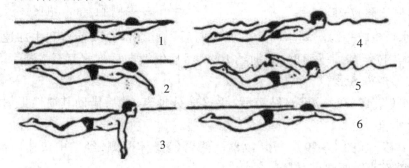

图 17-40 技术配合动作

五、蝶泳技术教学

1. 蝶泳躯干与腿部动作要领

两腿自然伸直并拢,脚稍内旋,由腰部发力,带动大腿、小腿和脚做上下鞭状打水,下打时提臀伸膝,足背向下方用力,上打时挺腹,腿自然伸直,两脚上下打水的幅度约为40~50cm。

2. 蝶泳躯干与腿部动作练习方法

(1)陆上背靠墙,两脚并拢站立,两臂上举伸直并学做躯干与腿部动作模仿练习。具体做法为向前挺腹后稍屈膝,然后臀部后顶碰墙,同时将膝关节伸直,如此反复练习,如图17-41所示。

(2)同练习(1),但不靠墙。

(3)水中手扶池边俯卧,两腿打自由泳腿,然后过渡到两腿并拢,以腰发力,带动腿上下打水,如图17-42所示。

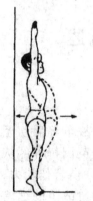
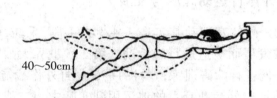

图17-41　陆上练习蝶泳腿　　　　图17-42　水中练习蝶泳腿

第十八章　户外体育运动

户外体育活动是指以自然环境为场地的,带有探险性质或体验探险性质的体育活动项目群。本章将讲述户外体育运动的起源与发展,并着重介绍野营、登山运动及攀岩运动。

第一节　户外体育运动概述

一、户外体育运动起源与发展

早期的户外体育运动其实是一种生存手段,采药、狩猎、战争等活动无一不是人类为了生存或发展而被迫进行的活动。第二次世界大战期间,英国特种部队开始利用自然屏障和绳网进行障碍训练,其目的是提高野外作战能力和团队合作能力,这是人类第一次系统地把户外活动有目的地运用到实际中。二战后,随着战争的远离和经济的发展,户外体育活动开始走出军事和求生范畴,成为人类娱乐、休闲和提升生活质量的一种新的生活方式。户外体育运动的兴起使人们逐步离开传统的体育场馆,走向荒野,纵情于山水之间,向大自然寻求人类生存的本质意义。置身户外,以冒险形式所展现的户外运动成了人们超越自我、挑战极限的空间。自1989年新西兰举办的首届越野探险挑战赛后,各种形式的户外体育活动和比赛在全世界如火如荼地开展起来。目前,在欧洲每年都有众多的大型挑战赛举行。一些户外体育运动也开始被列入正统的体育赛事,有的甚至进入了奥运会,如滑雪运动和自由式滑雪已经成为冬季奥运会的正式比赛项目。

二、户外体育运动的意义及基本特点

积极地进行户外体育运动是一种健康的生活方式,体现了一种乐观向上的人生态度,是人们精神追求的一种表现。它不仅陶冶情操、增长见闻、扩大胸怀、锻炼身体、修养身心,同时也是对自我的一种挑战。人们通过户外体育运动,能更好地认识自身的潜能,增强自信,直面挑战,勇于克服困难;能深切地感受人与人之间在困境中相互依存、相互帮助的团队合作精神,这不仅是受回归自然思潮的影响,同时也是人们与生俱来的需要。

户外体育运动具有以下几个特点：

（1）以自然环境为运动场地，回归自然、返璞归真，有助于培养人与自然协调发展和保护生态环境的观念。

（2）户外体育活动无一例外地具有不同程度的挑战性和探险性，可以激发人们的上进心和求知欲。在兴奋和刺激中激发潜能，在磨炼中完善人格，提高自己应对挑战、克服困难的信心和能力。

（3）户外体育活动强调团队精神。户外体育活动通常有多人参与，这就需要参加者具有与人沟通、交流、合作的能力，要求一个团队能统一思想和步调，团结协作，互相帮助，凝聚力量达到最后的胜利。

（4）户外体育活动对身体、意志有全面的要求。经常参加户外体育运动不仅能锻炼身体，使身体更加健康，而且能培养人在困难面前大胆、无畏、果断、坚强的意志品质。

（5）户外体育运动是一门综合性的学科，要求参加者具有多方面的科学知识、专门技术、生活技能和应变能力，如气象知识、生存技巧等。

三、户外体育运动的分类

（1）空中项目：滑翔伞（有动力、无动力）、热气球、跳伞等。
（2）水上项目：漂流、扎筏、泅渡等。
（3）陆上项目：丛林穿越、登山、攀岩、溯溪、露营、探洞等。
（4）综合项目：野外生存、野外拓展、探险挑战赛等。

第二节 野营

一、野营简介

野营是指不依赖山屋、旅社等人工设备，而是用自己准备的道具，在野外露营、野炊，学习各种野外生活技能。它有许多的形式与方法，非千篇一律，大如军队的夜宿，小至只有一人的露营，都可以广泛地被认定为野营。投入大自然最简单的方式就是野营，野营生活不仅可以让人们远离喧嚣的都市，还可以改变单调而乏味的休息方式。野营中可以加入许多游戏，如捉虾、捕鱼、观星、赏鸟、游泳、戏水、篝火晚会、辨识植物等，最后可用照相机、摄像机，拍下属于自己的永恒回忆，真可谓其乐无穷。因其具有自由度大、随意性强的特点，所以近年来，野营已经成为一项人们所喜爱的，集休闲、运动和旅游于一体的活动。

二、野营装备

（1）个人装备。背包、帐篷、睡袋、防潮垫、个人食具、登山手杖、合适的衣服和鞋帽。
（2）随身物品。防晒油、地图、指南针、水、食物、头灯（手电筒）、备用电池、雨具、收音机、急救药箱、哨子、手机、记事簿和笔、火种、巧克力、创可贴、肠胃药、水壶、小刀、相机、绳子、线等。

三、野营的基本知识

（一）气象知识

野营前一定要及时从报纸、电视、网络上收集最新的天气情况，此外，野营者还需要具备通过观察自然界的变化来了解天气变化的知识。比如民间就有很多观测气象的方法，俗话说"云是天气的招牌"。偏西方出现的云，若由远而近，由少变多，由高而低，由薄变厚，那就预示着天气将由晴转阴雨；早晨若天空出现棉絮状云，天气很可能变坏，发展成雷雨天或大风大雨天；当看到形如钩状的云从天边移来，则意味着天将下雨，即所谓的"钩钩云雨淋淋"；若出现鱼鳞状云，或日落时太阳光盘呈现出一片胭脂红，均表明即将出现风雨交加的坏天气；若清晨7点以前下雨，则上午11点前有可能停止等。也可以通过观察一些动物，了解气象，如：在晴天的下午，蜘蛛若大量地结网，在今后的一两天内将会有雨。网结的越结实，风雨也就越大，反之，则较小。如果蚯蚓是在春夏季节爬出土外，则常常预示有大雨到来。

（二）方向判断

野外判定方向和位置的方法有许多，这里介绍几种常见的方法：

（1）利用指南针来判断方向。将指南针水平放置，使气泡居中，此时磁针静止后，其标有"N"的黑一端所指的便是北方。

（2）利用太阳来判断方向。在晴朗的白昼，根据日出、日落就可以很方便地知道东方和西方，也就可以判断方向，但只能是大致的估计。

（3）夜间星体。在夜晚时，可根据北极星和南十字星来判断方向。

（4）地物和植物特征。有时野外的一些地物和植物生长特征是良好的方向标志，增加这方面的知识可以帮助你快速地辨别方向。

①地物特征。房屋一般向南开门，我国北方尤其如此；庙宇通常也是向南开门，尤其庙宇群中的主体建筑。突出地物，向北一侧基部较潮湿并可能生长低矮的苔藓植物。

②植物生长特征。一般阴坡，即北侧山坡，低矮的蕨类和藤本植物比阳面的生长得更好。单个植物的向阳面枝叶较茂盛，向北的阴地树干则可能生长苔藓。我国北方的许多树木树干的断面可见清晰的年轮，向南一侧的年轮较为稀疏，向北一侧则年轮较紧密。

（三）山间危险防护常识和处理

在进行野外活动时可能会遇到各种恶劣的自然现象，所有可能对人身安全产生威胁的现象都称为山间危险。

1. 山火

在干燥的天气，山火于较斜的草坡上顺风向上蔓延速度极快，远足者绝不可轻视山火的威力。所以任何时间都应小心火种，切勿在非指定的烧烤地点或露营地点生火煮食，吸烟人士应禁止吸烟，若有烟蒂和火柴必须完全弄熄才可抛弃于垃圾箱内或带走。由于山火于日间比较难看见，所以应随时留意飞灰和火烟味，如发现山火，应尽速远离火场。谨记山火蔓延速度极难估计，如发现前面山下远处有山火，便不应冒险尝试继续行程，以免为山火所困。遇到山火时应保持镇静，不要惊慌。切勿随便试图扑灭山火，除非山火的范围很小,而你确实处于安全的地方,并且有可逃生的路径。若山火迫在眉睫又无路可逃,则应以衣物包掩外露皮肤逃进已焚烧过的地方,这样可减小身体受伤的概率。

2. 斜滑的山径

湿滑的石面、泥路或布满沙粒的干爽劣地,容易使人在下坡时滑倒受伤。在滑倒受伤时,检查有没有扭伤、擦伤或其他伤势。需要时,立即进行急救。有时骨折并不容易从表面察觉,若发现伤处红肿或疼痛,就不要继续行走。在扭伤或行动困难时,利用手机或派人求救,并将伤者移至阴凉而平坦的干爽地面上,用衣物覆盖保温,等待救援人员到达。

3. 山洪暴发

一般远足者不应低估山洪暴发的威力和速度。小溪的流水往往会由于上游突降大雨,雨水集涌而下,而于数分钟内演变为巨大山洪,若此时在溪中玩耍,极易被洪水冲走,引致伤亡。夏天雨季,或暴雨后切勿涉足溪涧,不要在河道逗留休息,尤其是下游。开始下雨时应迅速离开河道,往两岸高地走。切勿尝试越过已被河水盖过的桥梁,应迅速离开河道。流水湍急、混浊及夹杂沙泥时,是山洪暴发之先兆,应迅速远离河道。如果不幸掉进湍急的河水里,应抱或抓紧岸边的石块、树干或藤蔓,设法爬回岸边或等候同伴救援。

4. 山体塌方

暴雨时或经连日暴雨,天然或人工斜坡渗进大量雨水后,极易引致山泥倾泻,引发山体塌方。当发现斜坡底部或疏水孔有大量泥水透出时,表明斜坡内的水分已饱和,斜坡的中段或顶部有裂纹或有新形成的梯级状,或露出新鲜的泥土,都是山泥倾泻的先兆,应尽快远离这些斜坡。如遇山泥倾泻阻路切勿尝试踏上浮泥前进,应立刻后退,另寻安全小径继续行程或中止行程。

5. 雷击

雷电通常会击中最高的物体尖端,然后沿着电阻最小的路线传到地上。远足者如遭电击,大多会出现肌肉痉挛、烧伤、窒息或心脏停止跳动等状况,所以外出前要留心电台或电视的天气预报。避免在天气不稳定时进行远足,雷暴警告生效时更不宜出门。在户外,应穿胶底鞋。如遇雷雨天气,切勿接触水质或潮湿的物体,不要站立于山顶上或接近导电性强的物体,树木或桅杆容易被闪电击中,应尽量远离。在可能情况下,躲入建筑物内。

6. 迷路

在天气不佳或准备不足的情况下,最容易迷路,选用有明确路标的山径并于出发前制订详细计划行程,都可以减少意外的发生。应利用指南针及地图设法找出所处位置,设法回忆曾经走过的路径,并经原路折回起点。若不能依原路折回起点,应留在原地等候救援。若决定继续前进,寻路时应在每一路口留下标记。如未能辨认位置,应往高地走,居高临下较易辨认方向,亦容易被救援人员发现。切忌走向山涧深谷,身处深谷不易辨认方向,向下走时虽容易,但下山危险性高,要再折回高地时也困难,容易消耗大量体力。

（四）常见病的防护及处理

1. 中暑

症状：体温升高至38.5℃以上，面色潮红、胸闷、皮肤干热、恶心、呕吐等，严重的有昏迷、痉挛，甚至长达一天仍不能恢复。

对策：到阴凉通风的地方休息，并服用清凉饮料，也可服用人丹、十滴水、辟瘟丹、解暑片等，冷敷或用冷水擦身，以帮助散热。

2. 蜂蜇

在山野等地方，经常会发现蜜蜂、大黄蜂或马蜂出没，小心误触蜂巢，引致蜂群攻击，而受蜇伤。为防蜂蜇，可以在身体和衣服上喷涂防蚊油。若遇群蜂追袭，可坐下不动，用外衣盖头、颈，以作保护，蜷曲卧在地上，待蜂群散开后，才慢慢撤离，严重蜇伤应尽快求医。可以冷水浸湿毛巾，轻敷在伤处，减轻肿痛。

3. 出血

野营中如发生外伤，就会面临出血的问题。一旦出血首先应鉴别一下是动脉破裂还是静脉破裂，前者出血殷红（色泽鲜艳），且呈搏动性喷射；而后者血呈暗红色（或紫色），向四周满溢出来。动脉出血是极危险的严重状况，因为一个人如果在几分钟内失血达1000mL以上，就有可能危及生命。静脉出血相对要缓和得多，所以危险性也明显降低。常用止血方法：

（1）一般止血法。凡伤口较小的出血，可在清洗局部后盖上一块消毒纱布，并用绷带或胶布固定。

（2）指压止血法。可以用拇指按压伤口上方的血管，借以阻断其血流。

（3）吸收性明胶海绵止血法。可在伤口处涂敷吸收性明胶海绵，外用纱布、胶布固定。

（4）加压包扎止血法。此法最为常用，并适用于全身各部位，一般用纱布、棉花等垫放在伤口上，然后用较大的力进行包扎，借用压力来达到止血的目的。当然加压时力量也不可过大，或扎得过紧，如发现肢体有发紫、发黑现象应立即适当放松，以免造成局部因缺血而坏死的情况。

4. 骨折和脱臼

发生骨折和脱臼时应注意以下几点：

（1）必须鉴别是骨折或脱臼，在鉴别不清时应尽可能先从骨折考虑，千万不要把骨折当作脱臼来处理。

（2）必须弄清骨折或脱臼的部位。

（3）有开放性创口的，应清洗创口，包扎止血。

（4）无创口的应尽快进行简单的固定。固定物可就地取材，树枝、竹片、硬质厚纸、塑料板等均可，应该把骨折肢体的上下两个关节固定起来。

（5）怀疑颈椎或脊柱骨折时，必须让病人平卧在门板上，头部两侧垫上沙袋或衣服，使之固定，搬运时须轻巧平稳，防止剧烈颠簸。千万不能搬肩抬脚运送伤员，以免造成生命危险。

(五)备用药品

当人们换到一个新的地方后,总会因一些水土不服的情况而生病或身体不适,在野外旅行尤其如此,由于人处于运动之中,生理机能对运动及其新环境的适应程度不同。另外,新地方的自然环境状况、卫生状况及饮食条件等因素,都是对人的生理适应能力的较大考验。精神状况良好、体质健康、自身免疫能力强的人则不易患病;反之则易染疾。但不论是何种情况,带上些备用药品总是必要的,不要过于轻信自己的体质及对旅行地的判断。

(1)感冒药:感冒清、牛黄解毒片、白加黑、板蓝根等。
(2)退烧、消炎、抗生素:乙酰螺旋霉素、APC、清热消炎胶囊、百炎净、克感敏。
(3)肠胃药:保济丸、诺氟沙星、小柴碱、颠茄片。
(4)五官药:土霉素眼膏、红霉素眼膏、防裂唇膏(凡士林)。
(5)外用药具:白药酊、白药、绿药膏、伤湿止痛膏、绷带、纱布、药棉。
(6)防虫蛇药:风油精、清凉油、蛇药。
(7)急用药品:止痛喷剂。

四、野外求救与营救

在野外如果遇到紧急危险,必须在第一时间发出求救信号。在一分钟内,连续发出6次长信号,停顿一分钟后,重复同样信号,不要中断,直至有救援人员到达为止。即使已被救援人员从远处发现,也要继续发出信号,使救援人员确定求救者的正确位置。下面介绍几种发出信号的方法:

(1)吹哨子。
(2)用镜子或金属片反射光线。
(3)夜间用电筒发出闪光。
(4)挥动颜色鲜艳明亮的衣物。
(5)SOS求救信号,在可能情况下,在平坦的空地上用石块或树枝堆砌SOS字母(每个字母至少6m×6m)。

五、宿营地的选择

野营中经常会考虑野外宿营,为了保证宿营地的安全及舒适,营地的选择要遵守以下原则:

(一)近水

露营休息离不开水,近水是选择营地的第一要素。因此,在选择营地时应选择靠近溪流、湖潭、河流边,以便取水。但也不能将营地扎在河滩上,有些河流上游有发电厂,在蓄水期间河滩宽、水流小,一旦放水将涨满河滩。包括一些溪流,平时水流小,一旦下暴雨,都有可能发大水或山洪暴发,一定要注意防范这种情况,尤其在雨季及山洪多发区。

(二)背风

在野外扎营,不能不考虑背风问题,尤其是在一些山谷、河滩上,应选择一处背风的地方扎营。还有注意帐篷门的朝向不要迎着风,背风的同时也要考虑用火安全与方便。

(三)远崖

扎营时不能将营地扎在悬崖下面,这样很危险,一旦山上刮大风,有可能将石头等物刮下,造成伤亡事故。

(四)近村

营地靠近村庄时,遇到紧急情况可以向村民求救,在没有柴火、蔬菜、粮食的情况下这一点就显得更为重要。近村的同时也是近路,即接近道路,方便队伍的行动和转移。

(五)背阴

如果是一个需要居住两天以上的营地,在天气好的情况下应当选择一处背阴的地方扎营,如在大树下面或山的北面,最好是朝照太阳,而不是夕照太阳。这样,如果在白天休息,帐篷里就不会太闷热。

(六)防雷

在雨季或多雷电区,营地绝不能扎在高地上、高树下或比较孤立的平地上,那样很容易招致雷击。

(七)平整

营地的地面要平整,不要存有树根、草根和尖石碎物,也不要有凹凸或斜坡,否则会损坏装备或刺伤人员,同时也会影响人员的休息质量。

六、注意事项

野营活动的地点大都远离城市,比较偏远,物质条件较差,所以要注意以下各点:
(1)最好事先对活动路线、地点进行勘察,要准备充足的食物和饮用水。
(2)准备好手电筒和足够的电池,以便夜间照明使用。
(3)准备一些常用的治疗感冒、外伤、中暑的药品。
(4)要穿运动鞋或旅游鞋,不要穿皮鞋,穿皮鞋长途行走脚容易磨泡。
(5)早晨、夜晚天气较凉,要及时添加衣物,防止感冒。
(6)活动中不随便单独行动,应结伴而行,防止发生意外。
(7)晚上注意充分休息,以保证有充足的精力参加活动。
(8)不要随便采摘和食用蘑菇、野菜和野果,以免发生食物中毒。

第三节 登山运动

一、登山运动的起源和发展

登山运动是在特定要求下,从低海拔地形区向高海拔山峰进行攀登的一项体育活动。登山成为一项体育运动项目,一般被世人公认为起源于18世纪后半叶的阿尔卑斯山区。1786年8月8日学者M.G.Paccard和水晶石匠人J.Balmat首次登上了阿尔卑斯山脉的最高峰——海拔4810m的勃朗峰。因此，人们后来把登山运动也称为"阿尔卑斯运动"。随着经验的积累和登山装备器材的改进，到了19世纪末20世纪初，人类开始了向高峰群聚的亚洲喜马拉雅山区和喀喇昆仑山区进军。首先向世界最高峰珠穆朗玛峰挑战的是英国登山队，他们从1921年至1988年沿中国一侧对珠穆朗玛峰进行了七次攀登未果，最后改走尼泊尔王国一侧，并于1953年5月29日攀登成功。20世纪50年代，在亚洲高大山峰地区出现了人类登山探险运动的热潮。这十年间，相继有法国、英国、奥地利、意大利、瑞士、日本、美国、波兰等国的登山队或运动员登上了世界14座海拔8000m以上高峰中的12座山峰。

中国的高山资源丰富，高原常住人口众多，发展登山探险运动具有得天独厚的优势。世界14座海拔8000m以上的顶级高峰都位于延伸至中国西南和西部的喜马拉雅山区和喀喇昆仑山区，其中中国享有主权及与邻国共享主权的就有9座。

中国的登山运动始于20世纪50年代。1955年，中国4名、苏联11名登山运动员，登上吉尔吉斯斯坦境内扎埃莱山脉上海拔5872m的团结峰和6780m的十月峰，创造了中国登山项目的最高纪录和一次登上两座独立山峰的纪录。1956年，中国登山队员先后登上中国境内的大白山(1528m)、慕士塔格峰(7509m)、公格尔九别峰(7530m)和欧洲最高峰厄尔布鲁士峰(5642m)。1960年和1975年两次从中国一侧登上了世界最高峰珠穆朗玛峰，开创了人类从北侧成功登顶珠穆朗玛峰的纪录。以中国1964年在世界上首次登顶海拔8012m的希夏邦玛峰为标志，人类最后完成了对世界14座海拔8000m以上高峰的首登，使登山运动进入了新的时代。

二、登山运动的分类

登山运动可分为登山探险(也称高山探险)、竞技登山(包括攀岩、攀冰等)和普通登山活动。

(一)高山探险

高山探险指运动员在器械和装备的辅助下，经受各种恶劣自然条件的考验，以攀登高峰绝顶(一般指雪线以上的山峰)为目的的登山活动，高山探险对登山者的身体和心理素质有较高的要求。

(1)登山运动员要有良好的体质和坚强的毅力。因为在登山过程中，登山者经常会面临狂风暴雨、岩壁滚石、攀爬雪坡、高山缺氧等多种难以预料的险情和困难，所以登山者必须具有坚忍的耐力和对各种恶劣自然条件的高度适应能力。

(2)登山运动员还要具备一定的科学技术知识，能运用各种登山技术装备排除各种艰难险阻，进行行军、露营和炊事，还应具有观察天象、鉴定生理指标等常识和本领。

(3)登山运动员要有能结合专业进行综合科学考察的能力，能独立或协助别人进行有关学科的科学考察。

(二)竞技登山

竞技登山是指始于19世纪末的一种运用熟练的攀登技术和各种技术装备，专门攀登悬崖峭壁或冰壁的登山活动。

欧洲登山界把各种陡峭难攀的岩壁划分出6个不同的等级。随着攀岩技术的提高，20世纪80年代出现了第8级的特高难度级别。

(三)普通登山活动

普通登山活动是指与旅游和群众性体育活动相结合而产生的一些难度较低、装备条件要求简单的登山活动和攀岩比赛，如旅游登山等。

旅游登山是一种旅游和登山运动相结合的活动，20世纪70年代初随着登山运动的发展而兴起。20世纪80年代以来，西欧、美洲各国和日本及中国港台地区的登山旅游活动日趋活跃。据统计，每年登上西欧最高峰——勃朗峰的人数多达10余万人，每年多达250万人前往攀登日本最高峰——富士山。在我国，这一活动也已逐步得到开展。我国闻名中外的"五岳"，即东岳泰山(山东)、南岳衡山(湖南)、西岳华山(陕西)、北岳恒山(山西)、中岳嵩山(河南)；还有著名的四大佛教名山，即峨眉山(四川)、普陀山(浙江)、九华山(安徽)和五台山(山西)，以及其他雄伟秀丽的山峰，吸引了无数登山旅游爱好者。由于旅游登山活动形式生动活泼，内容丰富多彩，因此深受广大青少年的喜爱。在节假日，学生可以在教师的带领下(大学生可自己组织)，带上食物、燃料和帐篷、炊具以及其他登山装备，有目的地开展一些登山活动。这不仅可以使学生学习到有关登山的知识，还可以培养他们团结互助的精神。在开展旅游登山活动的过程中，还可以进行一些科学考察和其他文体活动，从而使大家在广阔的大自然中陶冶情操，学习更多的知识和增进身心健康。

三、登山装备

登山装备是指登山运动中使用的器材、工具、服装等的统称，可分为以下几大类：

(1)宿营装备。包括帐篷、炊具、寝具和各种燃料等。

(2)技术装备。包括登山绳、氧气装备、测量仪器、高度计、干湿度计、钢锥、登山铁锁、升降器、挂梯、滑车、雪铲等。

(3)个人装备。包括登山服装、登山鞋、高山靴、头盔、电筒、手套、防护眼镜等。其特点是：轻便易携带，坚固耐用，便于拆卸，一物多用。

(4)其他装备。包括地图、指南针、头灯(含备用灯泡与电池)、备用粮食、备用衣物、防晒霜、瑞士刀、火种、打火机、急救箱等。

四、登山基本技术

(一)行进基本原则

在山地行进，为避免迷失方向，节省体力，加快行进速度，应力求有道路不穿林翻山，有大路不走小路。如没有道路，可选择在纵向的山梁、山脊、山腰、河流小溪边缘，以及树高、林稀、空隙大、草丛低疏的地形上行进。一般不要走纵深大的深沟峡谷和草丛繁茂、藤竹交织的地方，力求走梁不走沟，走纵不走横。行进应遵循大步走的原则，山地也是如此。如果将步幅加大，三步并作两步走，几十千米下来，就可以少迈许多步，节省许多体力。俗话说："不怕慢就怕站。"当疲劳时，应用放松的慢行来休息，而不要停下来，站立一分钟，慢行就可以走出几十米。

(二)攀登岩石技术

山地行走时经常会遇到各种岩石坡和陡壁。因此,攀登岩石是登山的主要技能。在攀登岩石之前,应对岩石进行细致的观察,慎重地识别岩石的质量和风化程度,然后确定攀登的方向和通过的路线。攀登岩石最基本的方法是"三点固定"法,要求登山者手和脚能很好地做配合动作。两手一脚或两脚一手固定后,再移动其他点,使身体重心逐渐上升。运用此法时,要防止蹿跳和猛进,并避免两点同时移动,而且一定要稳、轻、快,根据自己的情况,选择最合适的距离和最稳固的支点,不要跨大步和抓、蹬过远的点。

(三)草坡和碎石坡行进技术

草坡和碎石坡是山间分布最广泛的一种地形。在海拔3000m以下的山地,除了悬崖峭壁以外,几乎都是草坡和碎石坡。攀登30°以下的山坡,可沿直线上升,身体稍向前倾,全脚掌着地,两膝弯曲,两脚呈外八字形,迈步不要过大过快。当坡度大于30°时,沿直线攀登就比较困难了,因为两脚腕关节不好伸展,容易疲劳,坡度大,碎石易滚动,容易滑倒。因此,一般均采取"之"字形上升法,即按照"之"字形路线横上斜进。攀登时,腿微屈,上体前倾,内侧脚尖向前,全脚掌着地,外侧脚尖稍向外撇。通过草坡时,注意不要乱抓树木和攀引草蔓,以免拔断使人摔倒。在碎石坡上行进时,要特别注意脚要踏实,抬脚要轻,以免碎石滚动。在行进中不小心滑倒,应立即面向山坡,张开两臂,伸直两腿(脚尖翘起),使身体重心尽量上移,以降低滑行速度。这样,就可设法在滑行中寻找攀引和支撑物。千万不要面朝外坐,因为那样不但会滑得更快,而且在较陡的斜坡上还容易翻滚。

(四)雨季行进技术

雨季在山地行进时,应尽量避开低洼地,如沟谷、河溪,以防山洪和塌方。如遇雷雨,应立即到附近的低洼地或稠密的灌木丛去,不要躲在高大的树下。大树常常引来落地雷,使人遭到雷击。避雷雨时,应把金属物品暂时存放到一个容易找的地方,不要带在身上,也可以寻找地势低的地方卧倒。在山地如遇风雪、浓雾、强风等恶劣天气,应停止行进,躲避在山崖下或山洞里,待天气好转时再走。山地行进时不要过高估计自己的体力,疲劳时,就应适时休息。不要走到快累垮了才休息,那样不容易恢复体力,再走也提不起劲。正确的方法是大步走一段,再放松缓步慢行一段,或停下来休息一会,调整呼吸。站着休息时,不要卸掉装备背包,可以在背包下支撑一根木棍,以减轻身体负重。若天气冷,不要坐在石头上休息,石头会迅速将身体的热量吸走。

(五)攀登雪坡技术

大雪能够覆盖难以通过的地带,苔原、斜坡、灌木丛、河流以及伐木留下的碎片在雪天都会被大雪掩盖,只留下一片光滑平坦的雪坡,为直接登山创造了好条件。但是,雪又是不停变化的,必须不断地研究各个季节不同的雪况,更要密切关注每天的天气,这样才能确定适合的登山路线。雪有的时候硬得让人站不稳,有时却又软得让人站不住,在掩盖障碍物的同时,它也遮住了登山的路线、路标。在雪下往往暗藏着意想不到的危险,如冰裂缝、暗沟、暗河等,甚至可能突然出现雪崩。

爬雪坡时要特别谨慎,最危险的是冰瀑区和山麓边缘裂隙,特别是被积雪掩盖的隐裂隙。通过裂隙时,应数人结组行动,彼此用绳子连接,相邻两人之间距离10~12m。前面的人,要经常探测虚实,后面的人一定要踩着前面人的脚印走,这样比较安全。通过裂隙上的冰桥时,要匍匐前进。雪坡行进不仅要注意防裂隙,还要注意不要将雪蹬塌。在冰雪和积雪山坡交界的地方,积雪往往很深,行动时必须结组。过雪桥时由开路者探测雪桥虚实,再行通过。如果雪很松软,而又必须由此通过时,应匍匐行进。攀登坡度很大的雪坡时,一定要两脚站稳后再移动。向前跨步,要用两脚前掌踏雪,踩成台阶再移动后脚。如果不慎滑倒,要立即俯卧,防止下滑。攀登冰川雪坡,要少走有裂缝的地方。在积雪上行军,要尽量走雪硬的地方。在松软的雪地上长时间行走时,要跨大步,缩短在雪地行走的时间。行走时要先把脚往后稍退一点,再向上抬脚大步迈向前方。脚后退是使雪鞋前有活动余地,向前迈出时还可以起到拂去浮雪的作用。走陡坡,要用雪鞋内缘踏坡,尽量避免身体偏向外缘。雪冻结得十分坚硬时,要脱掉雪鞋步行。在山谷中行进,应靠近山谷中心线,以避免山坡滚石。不要接近雪檐,更不要在雪檐下行走,以免触发雪崩。

五、注意事项

登山时要注意以下几点:

(1)行前预先规划旅游路线,充分了解交通路况,进入山区应注意塌方落石与路肩塌陷。

(2)登山前应了解自己的健康状况,随时携带药物,有高山反应及身体不适者,勿勉强上山。

(3)上山运动要注意由慢开始,阶段性地逐渐加快上山的速度,放慢速度,再加快,再放慢,这样可使心率控制在正常范围内,另外还要根据每个人的体力决定爬山的高度。

(4)登山前特别要注意服装和鞋子,尽量轻装上山,少带杂物,以减轻负荷。鞋子要选用球鞋、布鞋和旅游鞋等平底鞋,勿穿高跟鞋,以免造成登山不便和有碍安全。

(5)行前应注意气象预报,适时增减衣服。遇雨时在山上不可用雨伞而要用雨披,这是为避雷电,并防止山上风大连人带伞给兜跑,雪天在山上走路更要注意防滑。

(6)要做到观景不走路,走路不观景。照相时要特别注意安全,要选择能保障安全的地点和角度,尤其要注意岩石有无风化。

(7)注意自身旅游安全。勿擅自到未开放的旅游山区和危险山区游玩;尽量避免在无人管理的山地游玩;不在无救生人员管理的深潭、溪流水域游泳及戏水。若见警告、禁止标志时要改变路线。

(8)上山要注意林区防火,观光沿途不能吸烟。

(9)爱护自然环境,不破坏景观资源,维护风景区环境整洁,不随意丢弃垃圾。

六、高山病的预防诊断及治疗

高山病也称"高山适应不全症",是人体对高山缺氧环境适应能力不足而引起的各种临床表现的总称。主要症状有头晕、头痛、耳鸣、恶心、呕吐、脉搏和呼吸加速、四肢麻木,严重的可引起昏迷,给氧吸入后症状可缓解。可分为高山反应、高山肺水肿、高山昏迷、高山高血压、高山红细胞增多症、高山心脏病、慢性高山适应不全混合型七种类型。

(一)高山病的病因

(1)急性高山病(AME)是由平原进入高原或由较低海拔地区进入高海拔地区后,由于大气压力的降低以及缺氧,在短时期内发生的一系列缺氧反应。

(2)高山肺水肿(HAPE)是缺氧引起肺动脉高压和肺血容量增加,使毛细血管的通透性增加,血管收缩不平衡,结果收缩较弱的区域出现激流,造成这些区域水肿,液体通过靠近阻力血管的动脉壁漏出,由于凝血机制障碍出现血栓,血栓又引起肺动脉高压和肺水肿的症状。高山肺水肿是急性高原病的并发症,特点是起病急,病情发展迅速,且常见于夜间睡眠时,若不及时诊断和治疗将危及生命。

(3)高山脑水肿(HACE)的病因是缺氧导致脑血流量增加,使颅内压升高、脑水肿以及脑容积增加,造成脑组织受压迫,脑细胞代谢障碍,功能紊乱,进而导致昏迷甚至死亡。

(二)高山病的预防

高山病的预防可以从日常以及在上高原之前做起,平时可以加强运动,增强体质。在上高原之前一个星期要注意生活规律,不要过度劳累,不要熬夜,绝对不要有上呼吸道感染,同时可以口服红景天。抵达高原之后,绝对禁止饮酒,在登山过程中注意保证营养和保暖,不要过度劳累,可以通过缓慢上升和逐步提高睡觉地点的海拔来避免得高山病。每天上升的绝对高度不宜过大,同时在适宜的海拔高度应给予一定的适应时间。口服复方党参片和乙酰唑胺可以有效预防急性高山病。进山前两天开始服用复方党参片,每天 8 片,预防效率可达 80%。进高原前 1~2 天开始服用乙酰唑胺,每次 250mg,每日 2 次,连续服用 3~4 天亦有效,但其偶有一些副作用,有磺胺过敏者慎用或忌用。

第四节 攀岩运动

一、攀岩运动简介

攀岩运动是从登山运动中派生出来的现代竞技项目,20世纪50年代才正式出现攀岩运动。登山者即使选择最容易的路线攀登几千米的高峰,在途中也免不了要遇到一些悬崖峭壁,所以说攀岩也是登山运动的一项基本技能。攀岩是利用人类原始的攀爬本能,借以各种装备做安全保护,攀登一些由岩石所构成的峭壁、裂缝、海触崖、大圆石以及人工制作的岩壁的运动。它既要求运动员具有勇敢顽强、坚韧不拔的拼搏进取精神,又需要运动员具有良好的柔韧性、节奏感及攀岩技巧,这样才能娴熟地在不同高度、不同角度的陡峭岩壁上轻松、准确地完成身体的腾挪、转体、跳跃、引体等惊险动作,从而给人以优美、流畅、刺激、力量的感受。自从1987年将攀岩引入中国后,这项集健身、娱乐、竞技于一体的极限运动就以其独特的魅力吸引了年轻人的目光,并且在年轻人中迅速蔓延开来。经过十多年的发展,风靡欧美的攀岩运动不仅在中国已经初具影响力,有了相对固定的爱好群体,而且正在以前所未有的速度呈现出放射性的发展态势。攀岩已经是当今世界上与蹦极、跳伞、滑翔等齐名的冒险运动,但因其具有十分完善的安全保护措施,所以该运动成为名副其实的有惊无险的极限运动。

二、攀岩运动的历史

攀岩作为一种专门的运动萌芽于19世纪的欧洲,兴起则在20世纪50年代末和60年代初,苏联是最早倡导这项运动的国家。1947年,苏联首先成立了攀岩运动委员会,1948年苏联在国内举办了首届攀岩锦标赛,也是世界上第一次攀岩比赛,此后,这项运动开始流行于欧洲。1955年,法国人弗兰西斯·沙威格尼发明了可以自由装卸的仿自然人造岩壁,实现了把自然中的岩壁搬到城区的设想。因人工岩壁比自然岩壁在比赛规则上易于操作,并利于观众观看,1987年,国际攀登联合会(UIAA)批准人工岩壁上的攀岩比赛成为国际正式比赛,并于当年在法国举办了人工岩壁史上的首届攀岩比赛。

1991年1月,亚洲攀岩比赛委员会在香港正式宣布成立,这标志着亚洲的攀岩运动进入了一个新的阶段。1992年9月在韩国汉城(今首尔)举办了第一届亚洲攀岩锦标赛。20世纪80年代初,攀岩运动从北美进入我国,开始时主要是作为中国登山协会的训练内容,后来渐渐在民间流行起来。首先是各地的一些大学先后组织了登山、攀岩协会,而后一些热衷户外运动的年轻人又自发组织了民间户外俱乐部,每到周末或节假日他们就背起背包到山里去攀登自然岩壁。1987年中国登山协会派出8名教练和队员去日本长野系统学习攀岩,回国后,于当年10月在北京怀柔大水峪水库自然岩壁举办了第一届全国攀岩比赛。自此,每年一届的全国攀岩比赛成了攀岩爱好者们交流技术、检验成绩的盛会,为我国更好地开展这一运动项目打下了坚实的基础。

三、攀岩运动的分类

攀登主要有3种分类方法:

(一)按岩壁性质分类

1. 攀登人工岩壁

攀登人工岩壁是在人工室内外岩壁上进行的一项攀岩活动,更适合都市人。室内与室外攀岩有所不同,通过攀登人工设计高度、难度不等的岩壁来体验攀岩的乐趣。室内岩壁布满了可以随意改变位置的形态与大小都不等的岩点,参与者开始可以选择较大的岩点,掌握一定技术后,就可以选择较小的岩点以增加难度,锻炼臂力。通过改变岩点的分布还可以改变攀登路线。

2. 攀登自然岩壁

攀登自然岩壁按其性质不同又可分为攀登天然悬崖峭壁和攀爬天然岩石两类。前者是登山者必须掌握的一项基本技术,后者指在一块大石头或较小的岩墙上进行攀登的攀岩活动,难度较小,适合初学者。

(二)按竞技方式分类

1. 难度攀岩

难度攀岩是以攀岩路线的难度来区分选手成绩优劣的攀岩比赛。难度攀岩的比赛结果是以在规定时间里选手到达的岩壁高度来判定的。在比赛中,队员下方系绳保护,带绳向上攀登并按照比赛规定,有次序地挂上保护挂索。比赛岩壁高度一般为15m,线路由定线员根据参赛选手水平设定,通常屋檐类型难度较大。

2. 速度攀岩

如同田径比赛里的百米比赛充满韵律感和跃动感,速度攀岩是按照指定的路线,以时间区分优劣的攀岩比赛。

3. 大圆石攀岩

岩石高度不超过4m,每条路线不超过12个支点。攀登时运动员不系保护绳,每次比赛需要选择10条路线攀登。

(三)按参加比赛人数分类

1. 个人比赛

分男子和女子单人攀登比赛,这种比赛不仅比攀登技巧,还比通过全部路线的时间。比赛是在同一地形上进行,运动员轮流进行攀登。

2. 双人结组攀登

比赛必须两人结组进行攀登,路线由裁判员指定。这种比赛除比攀登技术和速度外,还要比相互保护技术和线路选择的好坏。

3. 集体(小队)攀登

与正规登山活动一样,参加者事先编队(4~6人),背负全套登山装备(睡袋、帐篷、炊具、保护器材、绳索、冰镐等),通过事先指定的路线,在指定地点搭设和拆除帐篷,在途中攀登时交替保护。比赛内容包括攀登技术、小队技术、保护技术、通过全部路线的时间等,也可自选路线攀登。

四、攀岩的装备

攀岩的装备器材是攀岩运动的一部分,也是攀岩者的安全保证,尤其在自然岩壁的攀登中。因此,平时就应该注重攀岩装备的维护和保养,到攀登前更不可忽视对攀岩装备的认真安装与细心检查,以确保攀岩活动的万无一失。攀岩装备分为个人装备和攀登装备两个部分。

(一)个人装备

个人装备指的是安全带、下降器、安全铁锁、绳套、安全头盔、攀岩鞋、镁粉和粉袋等。

(1)安全带:攀岩用安全带与登山安全带有所不同,属于专用,并不适合登山,但登山用安全带可在攀岩时使用。我国大部分攀岩者多使用登山安全带,这是因为国内没有攀岩用安全带的生产厂家,而攀岩爱好者又常是登山人,于是两种安全带也就混用了。

(2)下降器:"8"字环下降器是最普遍使用的下降器。

(3)安全铁锁和绳套:在攀登过程中,休息或进行其他操作时起保护作用。

(4)安全头盔:一块小小的石块落下来,砸在头上就可能造成极大的生命危险,因此,头盔是攀岩的必备装备。

(5)攀岩鞋:攀岩鞋是一种摩擦力很大的专用鞋,穿起来可以节省很多体力。

(6)镁粉和粉袋:手出汗时,抹一点粉袋中装着的镁粉,立刻就不会滑手了。

(二)攀登装备

攀登装备指绳子、铁锁、绳套、岩石锥、岩石锤、岩石楔,有时还要准备悬挂式帐篷。

(1)绳子:攀岩时必备的使用装备,一般使用直径为9~11mm的绳子,最好是11mm的主绳。

(2)铁锁和绳套:连接保护点,保护攀登者必备的器械。

(3)岩石锥:固定于岩壁上的各种锥状、钉状、板状,用金属材料做成的保护器械,可根据裂缝的不同而使用不同形状的岩石锥。

(4)岩石锤:钉岩石锥时使用的工具。

(5)岩石楔:与岩石锥的作用相同,但可以随时放取的固定保护工具。

(6)悬挂式帐篷:当准备在岩壁上过夜时使用的夜间休息帐篷,须通过固定点用绳子固定保护起来悬挂于岩壁。

(三)其他装备

其他装备包括背包、睡具、炊具、炉具、小刀、打火机等用具,视活动规模、时间长短和个人需要携带。

五、攀岩基本技术

(一)身体姿势

攀登岩石峭壁时身体要自然放松,以3个支点稳定身体重心,而重心要随攀登动作的转换移动,这是攀岩能否稳定、平衡、省力的关键。要想身体放松就要根据岩壁陡缓程度,使身体和岩壁保持一定距离,靠得太近,会影响观察攀岩路线和选择支点,但在攀登人工岩壁时要贴得很近。在自然岩壁攀登时,上、下肢要协调舒展,攀登时要有节奏,上拉、下蹬要同时用力。身体重心一定要落在脚上,保持面向岩壁、三点固定支撑、直立于岩壁上的攀登姿势。

(二)手臂动作

手在攀岩过程中是抓住支点、维持身体平衡的关键,手臂力量的大小直接影响攀岩的质量和效果。因此,攀岩必须有足够的指力、腕力和臂力。攀登中用手的根本目的是使身体向上运动和贴近岩壁。岩壁上的支点形状很多,常见的有几十种,攀登者对这些支点的形状要熟悉,知道对于不同支点手应抓握何处、如何使力。根据支点上突出(凹陷)的位置和方向,有报、捏、拉、攥、握、推等方法,但同一支点可以有多种抓握方法,例如,有种支点是一个圆疙瘩上面有个小平台,一般情况是把手指搭在上面垂直下拉,但为了使身体贴近岩壁,完全可以整个捏住,平拉。攀登中手指的力量十分重要,平常可用指卧撑、引体向上、指挂引体向上、提捏重物等方法练习。现在国外一些高手已达到能用单指引体向上的力量水平。

(三)脚的动作

攀登技术发挥的好坏和腿脚的运用有很大关系。腿的负重能力和爆发力都很大,而且耐力强,攀登中要充分利用腿脚力量。腿的动作要领是:两腿外旋,大脚趾内侧靠近岩面,两腿微屈,以脚踩支点维持身体重心,在自然岩壁支点大小不一和方向不同的情况下,要灵活运用。但切记,膝部不要接触岩石面,否则会影响到脚的支撑和身体平衡,甚至会造成滑脱使膝部受伤。另外,在用脚踩支点时,切忌用力过猛,并要掌握用力的方向。

(四)手脚配合

凡优秀的攀岩运动员,上、下肢力量是协调运用的。对初学者来说,上肢力量显得更为重要,攀登时往往是上肢引体,下肢蹬压抬腿来移动身体。如果上肢力量差,攀登时就容易疲劳,表现为手臂无力、酸疼,逐渐失去抓握能力,此时,即使有好的下肢力量,也难以维持身体平衡。所以学习攀岩,首先要练好上肢力量,上肢又要以手指和手腕、小臂力量为主,再配合以脚腕、脚趾以及腿部的力量,使身体重心随着用力方向的不同而协调地移动,手脚动作的配合也就自如了。

(五)重心

攀登中,应明确地意识到自己重心的位置,灵活地控制重心的移动。移动重心的主要目的是在动作中减轻双手的负荷,保持身体平衡。一开始学时动作大都十分盲目,不知道体会动作,一心只想升高度,其实初学者最好不要急于爬高,应先做一段时间的平移练习,即水平地从岩壁一侧移到另一侧,体会重心、平衡、手脚的运用等基本技术。在最基本的三点固定,单手换点时,一般把重心向对侧移动,使手在没离开原支点之前就已经没有负荷,可以轻松地出手。横向移动时,要把重心向下沉,使双手吊在支点上而不是费力地抠拉支点。一般情况下,应把双脚踩实,再伸手够下一支点,而不要脚下虚踩,靠手上拉使身体上移,一定要注意体会用腿的力量顶起重心上移,手只是在上移时维持平衡。一般常认为身体要尽量贴近岩壁,这是对的,可常见一些高手往往身体离岩壁很远,这是因为他们常用的侧拉、手脚同点、平衡身体等技术动作的准备动作需要与岩壁间有一定空间,只是身体上升的一刻,身体贴向岩面。通常重心调节主要由推拉腰胯和腿平衡来达到,腰是人体中心,它的移动直接影响重心的移动。较大的移动往往形成一些很漂亮的动作,把腿横向伸出,利用腿脚的重量来平衡身体也是常见的做法。

(六)侧拉

侧拉是一项很重要的技术动作,它能极大地节省上肢力量,使一些原本困难的支点可以轻易达到,在过仰角地段时尤其被大量采用。其基本技术要点是身体侧向岩壁,以身体对侧手脚接触岩壁,另一只腿伸直用来调节身体平衡,靠单腿力量把身体顶起,抓握上方支点。侧拉主要在过仰角及支点排列近于直线时使用。

（七）手脚同点

手脚同点是指当一些手点高度在腰部附近时,把同侧脚也踩到此点,身体向上向前压,把重心移到脚上,发力蹬起,手伸出抓握下一个支点,这期间另一手用来保持平衡的一种技术动作。手脚同点需要的岩壁支点较少,且身体上升幅度大,做此动作时有以下几点需要注意：若支点较高,应让身体稍侧转,面向支点,腰胯贴墙向后坠,腾出空间抬腿,不要面向岩壁直接抬腿。脚踩实后,另一脚和双手发力,把重心前送,压到前脚上,单腿发力顶起身体,同点手放开原支点,从侧面滑上,抓握下一支点,另一手固定不动调整身体平衡。手脚同点技术主要用在支点比较稀少的线路上。

（八）节奏

攀岩讲究节奏,讲究动作的快慢和衔接。每个动作做完,身体都有一定的惯性,如果上一动作正确到位,身体平衡就不成问题,这时可以利用这一惯性直接冲击下一支点,两个动作间不做停顿,这样可以发现原来认为很困难的一些点,不知不觉间就通过了。如果过分求稳,一动一停,每个动作前都要先移动重心、调节平衡,然后从零开始发力,必然导致体力消耗过大。动作要连贯但不能毛糙,各个细节要到位,上升时一定要由脚发力。手主要用来保持平衡和把身体拉向岩壁。动作不要求太快,要连贯,每个动作做实,一般做一两个连贯动作稍稍停顿一下,调整重心,观察选择路线,困难地段快速通过,容易地段稳定、调整。连贯、停顿间歇进行,连贯动作时手脚、重心调整一定要到位,冲击到支点后要尽快恢复身体平衡。有必要时,可选好地段稍事休息,放松双手。进行练习时可以干脆把各个动作分解成几个步骤,细细体味各处细节,分析如何才能节省体力。这样做熟了,实际攀登时就不必多作考虑,条件反射似的就能做出正确动作。

（九）线路规划

一面岩壁安装着众多的支点,选择不同支点可以形成多条攀登线路,各人身体条件不同,因此,都有各自不同的最优路线。练习时可以先看别人的攀登路线,根据自己的身体条件选择一条最优路线,并锻炼自己的眼力去发现、规划新的线路,在正式比赛时,是不能观看别人的路线的,必须自己规划。这就要对自己的身高臂长、抬腿高度、手指力量等有较充分的了解。在练习当中,一面岩壁,在已经能够登顶后,往往还有不尽的利用价值。可以通过规划不同的线路来增加难度,一般是自觉地限制自己,放弃一些支点,如放弃某几个大点,或故意绕开原线路上的某个关键点,或只使用岩壁一侧或中间的支点,或从一条线路过渡到另一条线路。

（十）利用器械攀登法

（1）上升器攀登法。第一人登到顶部后,在上方将主绳一端固定好,将另一端扔至峭壁下方,下方固定拉紧。后继攀登者双手各握一只分别与双脚相连接的上升器,并将它们卡于主绳上,与双脚协调配合,不断沿主绳上攀,或利用双主绳,将上升器分别卡于两根主绳向上攀登;也可利用一根主绳,将分别连接身体和双脚的两个上升器卡于主绳上,利用腿的屈伸动作,沿主绳向上攀登。

(2)抓结攀登法。抓结是一种绳结,抓结攀登是在没有上升器的情况下采用的攀登方法。其连接方法是用两根辅助绳在主绳上打成抓结(手握端),另一端打成双套结(连脚端),不断向上攀登。其攀登方法要领与上升器攀登法相同,都是抬腿提膝使拉紧了的辅助绳松弛,将上升器沿主绳向上推进到不能再推为止,脚随之下蹬,身体重心移到上升一侧,另一侧也如此动作,反复进行,直到登顶。操作过程中,需维持好身体平衡,可利用岩壁的摩擦力向上抬腿,始终保持面朝岩壁姿势,动作要协调,有节奏。

(十一)攀登保护

攀登者是在保护人通过登山绳给予的保护下进行攀登的,登山绳的一端通过铁锁或直接与攀登者腰间的安全带连接,另一端穿过保护者身上与其腰间安全带相连的铁锁和下降器,中间则穿过一个或多个固定的安全支点上的铁锁。保护者在攀登者上升时不断给绳(或收绳),在攀登者失手时,拉紧绳索制止坠落。发生突然坠落时,冲击力是很大的,直接手握绳索很难拉住,冲击力主要是通过绳索与铁锁及下降器的摩擦力而抵消的。由于在保护支点上有很大的摩擦力,所以体重较轻的人是可以保护体重较重的人的。保护的形式一般按保护支点的相对位置分为以下两种:

(1)上方保护。上方保护是保护支点在攀登者上方的保护形式。在攀登者上升过程中,保护人不断收绳,使攀登人胸前不留有余绳,但也不要拉得过紧,以免影响攀登者行动,这点在登大仰角时尤应注意。上方保护对攀登者没有特殊要求,发生坠落时冲击力较小,较为安全。进行下方保护时,使用的器材一般有安全带、铁锁和下降器。保护人收绳时,应注意随时要有一只手握住下降器后面的绳索(或把下降器两头的绳索抓在一起),只抓住下降器前面的绳子是难以制止坠落的。

(2)下方保护。下方保护是保护支点位于攀登者下方的保护方式。没有上方预设的保护点,只是在攀登者上升过程中,不断把保护绳挂入途中安全支点上的铁锁中。这是领先攀登者唯一可行的保护方法,实用性较大,而且是国际比赛中规定的保护方法,但这种保护方法要求攀登者自己挂保护绳,而且发生坠落时,坠落距离大,冲击力强,因此一般由技术熟练者使用。

六、攀岩要点

攀岩运动经过几十年的发展,目前的水平已相当高,而且还在不断地进步之中,它涉及的攀登技术、保护技术及竞赛规则都可单独地写成一本书,这里只启发性地提一些最基本的要点。

(一)尽量节省手的力量

攀岩是用手和脚,通过寻找岩面上一切可利用的支点,克服攀爬者自身的体重及所携带器械的重量向上进行攀登的运动。所有攀爬者应该有一定的手臂、手指、指尖及腰腹力量。由于手臂力量相对有限,在攀登过程中,应尽量使用腿部力量,而节省手的力量。

（二）控制好重心

控制重心平衡是攀岩过程中最关键的问题，重心控制得好就省力；反之，就会消耗许多不必要的力量，同时也就影响了整个攀登过程。

（三）有效地休息

在一条攀登路线中肯定是有些地方简单，有些地方难，要想一口气爬完全程比较困难（除非这条线对攀登者来讲很容易），所以想爬得高一些，应该学会有效地进行休息，一般是到达一个比较合适的位置，以最省力的姿势，边休息边观察下一段要攀爬的线路。这一点在比赛过程中显得更为重要，因为在正式的比赛中，攀登路线是完全陌生的，而且只有一次机会。

（四）主动去调节呼吸

初学者往往忽略这一点，攀爬一条路线是一个连续的过程，从一开始就应该主动去调节呼吸，而不应等快坚持不住了再去调整。

（五）重视保护

攀岩是一项很危险的运动，若装备质量合格，保护技术过硬，保护人员操作规范、认真，就不会有危险；反之，若装备质量有问题，保护人员操作不规范、不认真，就容易出危险。因此，攀岩运动中的保护是每个参与者都应该时刻注意的问题。

第十九章 赛艇运动

第一节 赛艇运动概述

赛艇是一个或几个桨手运用其肌肉力量,坐在舟艇上背向艇的前进方向,通过桨的简单杠杆作用来推动舟艇前进的运动。舟艇上可以有舵手,也可以无舵手。类似舟艇上赛艇动作的运动即使是在机械上或是在陆上的固定设施上,也被称为赛艇运动,如冰上赛艇和赛艇测功练习器等。

赛艇是一项很有锻炼价值的全身运动。经常从事赛艇运动,可以促进人体新陈代谢、提高内脏器官机能,发展全身肌肉和各种身体素质,改善神经系统,增强节奏感和平衡能力。赛艇运动多在江河、湖泊的自然水域进行,能够广泛接触阳光、空气和水等自然因素,有利于提高人体健康水平。赛艇运动对提高人体心血管系统和呼吸系统功能尤为显著,赛艇运动员的肺活量在各项体育项目中占第一位,可达7000多毫升,因此有人把赛艇运动称为肺部体操。

赛艇有单人和多人、男子和女子之分,它可以培养人们吃苦耐劳、坚韧不拔、克服困难、顽强拼搏、团结互助和力争上游等优良品德,可以增强组织纪律性和集体主义精神,是一项既有吸引力,又有教育意义的体育运动。

一、赛艇的产生和发展

在漫长的100多万年的人类社会历史中,世界各民族的祖先为了生存,在严酷的生活、劳动条件下,在各种大自然因素的影响下,不断地提高自己的智力和体力,不断地发展了走、跑、跳、爬、攀登和越过障碍等基本活动技能。为了越过水的障碍,人们学会了游水,又发明了船艇。迄今为止,人们发现最早用桨做动力的舟艇已有6000多年历史。

现代赛艇运动是从欧洲发展起来的。根据国际赛联报告,赛艇运动起源于英国,大约在300多年前,英国伦敦的泰晤士河上,大约有4万名职业水手以运输为生。随之而来的是他们之间的竞争和赌博,1715年,伦敦的职业水手开始进行"赛艇比赛",当时所谓的赛艇是翘首平底船,桨手座位是固定的,船舷上只有桨叉而没有桨架,桨也很短。18世纪末,学生们发展了赛艇运动,1775年,英国举行了一次水上节日,其中包括赛艇运动。1829年,牛津大学与剑桥大学在泰晤士河上举行第一次赛船大会,吸引了2万名观众。这种传统的划船比赛一直延续了下来,它是对世界赛艇发展颇有影响的比赛。1851年,法国巴黎出现了第一个赛船俱乐部。俄国于1864年由查尔·亚历山大二世捐款建造船库,成立"箭头"船艇俱乐部。

随着船艇运动的普及和比赛的频繁,船艇的制造也越来越进步。从摆渡与娱乐用的小划子发展到小艇,从小艇发展为舢板,从舢板又发展到轻舟,从轻舟又发展成有桨架的艇。1846年英国人首先在船舷外装上桨架使桨的长度加长。1857年英国的巴布科克发明了滑座,1882年俄国改进了桨栓,1886年出现无舵手赛艇(前几年还有一些国家试用舷外活动桨架),而每次器材的改革都促使运动员在技术上做新的改进。

1890年曾举行过欧洲赛艇锦标赛,但当时只有单人艇一个项目,赛程为2840m。1892年由比利时等5个国家发起在意大利的都灵成立了国际赛艇联合会(简称国际赛联),截至1998年,国际赛联已有100多个国家参加。

二、中国赛艇的传入和早期发展

赛艇和皮划艇一起约在1930年前后传入亚洲和中国,当时英国人在上海建立"划船总会",俄国人在哈尔滨松花江上建立"水上俱乐部",但是当时的器材都是供给外国人娱乐用的。

1949年后,随着我国体育运动的蓬勃发展,1952年底,在北京的中央国防体育部,以苏联图纸向哈尔滨内河航运造船厂订购4条八人赛艇及20条皮艇,这些艇都是木质结构重叠板,并于1954年5月运到北京,但是因为八人艇太长,受什刹海的水面限制而未组织训练。1955年将八人艇转入颐和园昆明湖。1956年组织了清华大学、北京大学的学生进行训练,三期共180人,由于场地仍有限,只进行测验比赛,未列入北京市水上运动会。

根据有关资料,哈尔滨市在1954年已经能够制造八人艇,并在1955年9月举行了全市划船比赛,项目有:男子单人赛艇和七人赛艇(六人单桨有舵手),比赛距离有1000m、1500m和2000m;女子单人赛艇和七人赛艇1000m。1956年7月举行第2届划船比赛,比赛项目有:男子单人赛艇2000m,双人双桨2000m,四人单桨有舵手3000m,六人单桨有舵手5000m,八人单桨有舵手3000m。当时在哈尔滨市有3000多名职工在水上运动站练习划船。因此,可以认为我国最早开展赛艇运动的是黑龙江省的哈尔滨市。

从1954年至1956年,国家体育运动委员会(简称国家体委)的贺龙、蔡树藩等领导多次在工作报告中鼓励和提倡开展群众性的划船运动,如1955年国家体委运动竞赛司工作计划草案中提到:"在今后三五年内,根据国内体育运动开展情况,适当地再提倡几项运动,如举重、自行车、划船……"1955年春,蔡树藩副主任视察上海"划船总会",见到20条重叠板的赛艇时就指示要开展这项运动。1955年底工作总结中又指出从1956年起要建立包括划船在内的35个项目的竞赛制度,1956年3月,国家体委对上海、广州、武汉等地拨款35万元兴建划船俱乐部。

1956年11月,国家体委在杭州西湖,组织了第一次划船表演赛,参赛的单位来自上海、杭州、哈尔滨和旅顺,共进行了男、女赛艇8个项目。在89名男女运动员中,学生和职工占大多数。此外,北京、广州和武汉有16人参加学习,这次表演开创了一年一度的全国主要城市的划船比赛。1957年及1958年都举行了全国七城市划船锦标赛。1959年全国第1届全国运动会,有19个省市和解放军的423名男子运动员进行子8个项目的角逐,这是我国赛艇发展的第一个高潮。

此后,由于国家经济困难,赛艇运动进入了第一个低谷,只有湖北、上海、广东、浙江、黑龙江等少数省市和单位保留该项目。1964年恢复比赛后,成绩提高很快。1966年,在亚洲新兴力量运动会上,我国运动员取得了单、双、四三项冠军。1966年后,赛艇进入了更深的低谷,各地赛艇比赛均被取消并被批判为资本主义、修正主义的产物。1972年起,体育工作开始复苏,上海、浙江、湖北、广东率先恢复赛艇项目,1972年,我国成为国际赛联特别会员,由此我国赛艇运动步入了开放和蓬勃发展的道路。1975年,赛艇再度列入第3届全国运动会,进入80年代后,我国引进了国外先进技术,国际交往也越来越多,水平不断提高,开展赛艇运动的单位不断增加。

第二节 赛艇器械基础知识

赛艇是一项要求运动员和赛艇器材协同运动的竞技项目。只有人和器材紧密地结合,才能够充分地发挥技术和体力。纵观赛艇的历史可知,赛艇运动的发展是和器材的不断革新与完善分不开的。一方面,要有效地划好赛艇和学习正确的技术,船艇和器材设备必须适合运动员个人特点并妥善地保养,使运动员能得心应手地训练和比赛;另一方面,现代船艇的结构也为运动员的个体特征提供了调整的可能性,允许教练员在调试器材时考虑每个运动员的生理特点,以便进一步发挥和提高训练和比赛的效果。

一、赛艇各部分的名称及专有名词

熟悉赛艇器材各部分的名称及专有名词,统一器材调试中使用的术语,既是赛艇教学训练过程的需要,也是器材调试的需要。

(一)赛艇器材各部分的名称

龙骨:纵贯全艇的主心骨架。
舱:桨手座舱、艇首舱、艇尾舱、船舷(防浪板)。
桨手座:滑座(坐板、滑轮、滑轨)。
脚踏板:上、下艇时踏脚之用。
脚蹬板(鞋、蹬板、蹬板后杆、固定螺丝)。
桨架:支撑杆、拉杆、桨栓。
桨栓:桨栓柱、桨环、桨栓螺丝。
桨:内柄、外柄桨颈、桨叶、桨盘、护皮。
舵:稳舵、方向舵。

（二）调试器材的常用术语

桨栓距：

单桨：龙骨中心至桨栓柱中心的水平距离。

双桨：两个桨栓柱中心的间距。

桨栓高度：由滑座坐板低点至桨环下沿平面间的高度。

桨叶倾斜度：桨置于桨环呈划水状，当桨的护皮后面的平面紧贴桨环时，桨叶对水平面的倾斜度，一般为4°~8°。

滑轨前伸距离：桨栓与船舷的重直线和滑轨末端间的距离，一般为0~5cm。

脚蹬板角度：脚蹬板相对于船的水平面的角度，在38°~45°。

（三）赛艇专有名词

赛艇分双桨和单桨，双桨要求运动员用两把桨划水，双桨赛艇分单人（1×）、双人（2×）和四人（4×）。单桨要求运动员用一把桨划水，单桨赛艇有双人单桨有舵手（2+）、双人一单桨无舵手（2-）、四人单桨有舵手（4+）、四人单桨无舵手（4-）和八人单桨有舵手（8+）。

一般来说，双桨和单桨船艇设备及各部件的专有名词，以及调试要点是一致的。

运动员在艇上的位置，除了单人艇以外，都依次编号。靠近船头的座位是1号，依次向船尾排列，最后一个座位是领桨手，桨手可以通过顺序编号和不同的颜色或字母来识别其桨位和左右桨。国际上用字母"P"或红色表示右桨（背向船头面朝船尾区别左右方），用字母"S"或绿色表示左桨。

二、赛艇的调试方法

（一）调试工具

调试器材前应准备好下列工具：

水平仪两个，水平尺一把，钢卷尺两个，中、小号活动扳手各一个，吊线锤一个，桨架扳钳一把，垫皮若干。

（二）调试程序

(1)装上桨架。为便于调整桨架高度，桨架上一般有上、中、下三个高度固定孔。初调时可选择中间的固定孔，应放上垫皮以防止桨架直接与艇舷木质部分直接接触而易损坏。如有活动拉杆，应暂时移去，待整个桨架调试完毕再将拉杆固定。

(2)将船置于水平位置。用两个水平仪，先调整好船的纵向水平，然后调整横向水平，并用撑杆附着桨架作横向水平位置的固定。

(3)检查桨架平台是否呈水平状，否则应由木工协助调整修理。

(4)从船舷和滑轨处测量桨栓高度，检查左右舷的高度是否一致，否则进行调整。

(5)检查、调整桨栓高度，如需使用垫片，则垫片的调整范围宜在1cm左右，然后将桨栓重新调至垂直。

（6）沿船的纵向调整桨栓柱的正确位置，装上活动拉杆，调好之后固定。同时调整滑轨，使之超出桨栓和艇体的垂直线2～5cm。

（7）检查桨栓间距。调整桨栓与船中心（龙骨）的合适距离，具体做法：先测出桨架部位艇的宽度，然后算出艇的1/2宽，即船中心点到船舷的距离，再调整桨栓柱至船中心的合适距离。单桨的桨栓距以船的中心（龙骨点）为准丈量，必须左右等距，而双桨桨栓距虽以两桨栓柱之间距离为度，但两边桨栓柱与龙骨的距离也要对称。

（8）检查调整桨栓、桨叶的倾斜度。把桨置于桨环中，使桨护皮后的平面紧贴桨环的垂直平面部位，由一人扶着并观察船艇是否处在水平状态。然后测量入水和出水角度时桨叶与水平面之间的倾斜角。桨架平台保持水平状而桨栓柱又垂直时，桨叶入水和出水倾斜角应保持一致。稍微偏差可通过调整桨环的"偏心轴"使桨栓的倾斜度达到合适的位置。双桨左右"偏心轴"的位置应保持对称，而不是偏向一边。量桨叶倾斜度的方法是从桨叶最宽部位用吊锤的重线丈量它与桨叶边的间距。般双桨应有1.7～2cm距离，为6.5～7.8的前倾角；而单桨则应有2～2.5cm距离，为3～7.5的前倾角。随着训练水平和操桨能力的提高，桨叶前倾角应略为减小，以保持桨叶对水的较大阻力面，提高划水效果。

（9）全面检查，拧紧各个螺丝和部件。

（10）调整桨的内柄和外柄的合适长度。下面的桨长和内、外柄调整标准，适合于青少年，可以作为调试的标准和依据。

单桨：桨长3.75～3.82m，桨栓距0.86m，内柄1.15～1.18m。

双桨：桨长2.94～2.96m，桨栓距1.57～1.58m，内柄0.86～0.88m。

（三）器材调试注意事项

1. 滑轨长度

滑轨一般长度为70～75cm，有的可改变到85cm，安置时要求滑轨靠近船头的前端到垂直于桨栓作面的横连线上。

2. 脚蹬架的角度和高度

脚蹬架的角度和高度是尽可能让运动员能自然舒畅地做出动作。脚蹬架的最佳角度在38°～45°，脚蹬架的高度（从滑座到脚路架助的垂直距离）为15～18cm。

脚蹬架的安置很重要，因为它控制着桨叶入水和出水的位置。为此，必须考虑运动员运用划船技术与桨环工作面之间的关系，而且对所有的赛艇其脚蹬架的正确安置必须保证有一个正确和一致的结束姿势。

运动员脚蹬架如果安置得过于靠近船尾，则会造成入水角小而出水角大；如果过于靠近船头，则会造成入水角大而出角小。

3. 双桨和单桨赛艇的桨栓距

（1）双桨赛艇桨栓距。双桨赛艇桨栓距是从一个桨栓柱中心到另一个桨栓柱中心的间距，通常为156～160cm，需要注意的是每个桨栓柱中心到船艇纵轴线的距离相等。

（2）单桨赛艇桨栓距。单桨赛艇桨栓距是从桨栓柱中心到船的纵轴线的距离，这一距离往往随不同艇别、艇身大小和运动员的力量大小而变化。

调节桨栓距的程序：
①测量船艇桨栓部位处艇的宽度。
②测定桨栓柱中心到艇的边缘的距离。
③桨栓柱到艇纵轴线的距离，即单桨桨栓，通常为80～90cm。

三、赛艇的正确使用与保养

赛艇器材对材料要求十分严格，造船工艺要求很高，而且手工成分很大，价格昂贵，使用不当又极易损坏。因此，正确使用和保养好赛艇器材，尽量延长艇桨的使用寿命，从来都是各赛艇运动发达国家十分重视的事情。根据多年的经验，各国的赛艇俱乐部，无不建立严格的保养管理和使用制度。除船库码头的设置、船桨在船库放置的要求有严格规定外，初学者的第一课，常常就是爱护船桨，正确使用船桨，诸如投船的方法、上下船的方法、离靠码头方法、船桨在船库正确放置以及保养法方面的教育。无论从我国经济状况体育经费有限或从教育青少年爱惜公共财物的品德教育要求来说，各级青少年赛艇业余体校，都应重视好这一环节。

（一）船桨保养

船桨应有专用船库存放，避免受烈日暴晒和雨雪浸淋，船库宜通风干燥。搁船支架和支架与走道应保持合理间距以防止船艇进出库时产生碰撞。放置船艇的各个支架平台，要达到呈水平状要求和牢固标准。支撑点要使船艇重量分布合理，单人双桨艇应有两个支撑点，四人艇三个支撑点，八人是四个支撑点。使用艇只后应将艇内的水倒干，然后进库，并将艇体上的水擦净。

赛艇应有专门的放桨架，便桨保持垂直、悬空式的放置。

赛艇需有专用上下船的漂浮码头。码头平台以高出水面15cm左右为好，漂浮码头四周应装上防止碰撞和摩擦的橡皮垫。赛艇上的滑座轮和桨栓固定螺丝是易于松动的部件，应经常检查拧紧。用以固定桨的桨环螺丝扣，平时应拧好以保护桨环。

（二）抬艇方法

由于赛艇艇体细而长，加上对重量的严格要求，使艇的坚固性受到限制，尽管目前采用了碳素纤维等质轻而强度较大的材料，但是细长的纵向强度仍显薄弱，这就要求在抬艇等方面加倍小心，正确的抬艇方法可以防止和避免艇体的折损或变形。两人抬单人艇或双人艇时，应尽量靠近艇的中心。单人艇可以一人抬防浪板一人抬艇首和艇尾，而双人艇需要两人都抬防浪板部分，要防止和避免图方便抬艇首艇尾的错误方法，四人艇和八人艇则应由四人或八人对称抬在四个或八个两侧船舷支点上运行。下水时抬至码头边站齐，将艇上举后轻轻翻转放在水上。上岸时先合力将艇提离水面，然后翻转，再对称地置于肩上抬行。

艇遇风浪灌满水或沉艇之后抬艇时，应该首先小心地将艇在水面上侧倾，把前后和中间座舱内的水倒出。若前后舱都已灌满水时，可以把舱盖打开，逐渐地依次将前舱、后舱的水倒出，然后才允许将艇抬离水面翻转上肩。一定要防止在未排出前后舱的水时就急于抬离水面和猛翻艇体，因为这种情况下极易造成艇体的拦腰折断。

第三节　赛艇运动基础技术与基础教学

（一）赛艇技术过程

赛艇是一项周期性运动，其技术动作是周期性的重复，技术过程只需对一个划桨周期加以描述。一个划桨周期包括提桨入水（划水开始）阶段、拉桨阶段、按桨和推桨开始阶段、推桨阶段等技术环节。由于各个阶段都是相互紧密联系，彼此既密不可分又都有其各自的特殊作用，所以全面理解赛艇技术动作的周期完整性，和认真掌握好各个阶段的技术环节，对赛艇教练员和运动员来说都是至关重要的。为了便于较具体准确地描述，需要把一个划桨周期剖析分解得再细致一些，除专门增加"提桨前准备阶段"（即推桨的最后阶段）之外，还分别把拉桨阶段分为一、二、三来描述。这些技术环节都是周期运动中动态的一部分。

1. 提桨前准备（推桨的最后阶段）

推桨至前端，两臂自然前伸，上体的前倾和转桨叶至垂直于水面等动作已完成，此时滑座距"前止点"约10cm。这时的身体基本姿势为：小腿与龙骨接近于垂直，上体前倾20°～30°，胸部贴近大腿膝关节呈45°～60°，身体重心处于滑座与脚踏板之间，这时全身肌肉自然地保持适度紧张，集中精力准备入水，如图19-1所示。

2. 提桨入水（划水开始）

桨手的身体自然地团身向前，利用最后滑轨10cm距离，把身体重心移向脚蹬板的前脚掌上，同时推桨的双手迅速地做向前向上的弧形运动，使桨叶快速插入水中抓住支点。这时滑轮几乎触及前止点，迅速开始有力的蹬腿动作，桨叶的划水已经开始。应该明白，提桨入水属于推桨的最后一部分，是在桨把往前上方推桨叶迅速"滑下"瞬间，把水抓住而紧接着蹬腿的，如图19-2所示。正确提桨入水的标志是水花不大或向上溅起，而不是水花飞向艇头或艇尾。

图19-1　提桨前准备的基本姿势

图19-2　提桨入水

3. 拉桨

（1）拉桨的第一阶段（图19-3）。提桨（抓水）的瞬间，当桨叶已迅速插入水中时，两腿不失时机地向斜后上方蹬伸，整个身体重量有悬挂在桨柄和脚蹬板上的感觉。这时双手依然保持稳定牵拉，把腿部和身体重力传递到桨叶，强有力的划水开始。

（2）拉桨的第二阶段（图19-4）。随着拉桨开始，上体由自然前倾状态逐渐地"打开"朝艇首运动。为了充分发挥腿和上体肌肉群的配合用力，促使稳定有力地划水，此阶段上体要积极地逐渐"打开"，以赶上和超过蹬腿速度。此时桨叶呈现强有力的加速划水。

图19-3　拉桨的第一阶段　　　　　图19-4　拉桨的第二阶段

（3）拉桨的第三阶段（图19-5）。当桨柄运动接近于艇体垂直位置时，手臂的积极牵拉逐渐加强，上体继续向艇首运动。这时两肘关节呈水平弯曲状（前臂与桨柄运动路线保持水平）、两手形成上下前后交叉，即左手在后上方，右手在前下方。蹬腿即将结束，上体和两臂保持优质稳定的积极牵拉。

（4）拉桨结束阶段（图19-6）。随着拉桨的继续，腿部逐渐伸直，上体后倒结束。这时要用上体和两臂的积极牵拉来保持对脚蹬板的有力支撑，使桨叶出水前重力仍保持在桨柄的后面。切忌过早地解脱上体和腿的支撑作用让桨叶过早地出水。这时的身体基本姿势是：肩轴后倒约20°，略含胸，桨叶仍有力地支撑在水中，桨柄距大腿20cm左右。

4. 按桨和推桨开始

当桨把牵拉至胸骨前10～15cm时，用前臂和手腕的协同动作，使桨柄迅速地做向前的弧形运动，桨叶随即跳出水面。接着借助惯性使桨柄向前而推离上体，在向艇尾方向推桨过程中，自然地把桨叶转成水平。桨叶出水一刹那，脚对脚蹬板的蹬力消失，身体各肌群转为放松阶段，身体重心这时完全落在滑座上，如图19-7所示。桨手应建立"按桨是拉桨部分延续"的概念，且应有讲究配合用力和略为提前的意识，当两腿蹬直后倒结束的同时就应完成按桨动作。按桨时桨柄不应触及身体任何部位。按桨正确动作的标志是先按后转，桨叶出水干净且有适当高度，出水前的后划角约30°。

 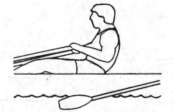 

图19-5　拉桨的第三阶段　　　图19-6　拉桨结束阶段　　　图19-7　桨叶出水阶段

5. 推桨

按桨出水的同时（此时肩轴与身体重心点接近于垂直），桨柄圆滑而不停地推向膝部上方；双手推过膝，上体随之前倾，然后开始启动滑座前移；滑座前移过半以后，上体的前倾和两骨的前伸已经完成，如图19-8所示。

图 19-8 推桨

推桨过程中,由手握桨柄推移—带动肩和上体跟上完成上体的前倾—启动滑座前移,这个动作顺序是正确推桨技术的"三部曲"。整个推桨过程,桨叶水平移动贴近水面约10cm,入水前需提前充分完成转桨叶至垂直。一般应在桨柄运行至脚蹬板上方时,一边推桨一边渐渐地转桨柄。推桨动作应做到连贯、平稳、自然,要避免上扬桨叶或使桨叶上下起伏的错误产生。滑座向艇尾移动要有所控制,不可冲得太猛。抵前止点的制动要逐渐地、稳定地进行,推桨的最后阶段也就是提桨入水前的准备动作,这时除滑座继续在剩下的10~15cm距离前移之外,全部动作都已结束,桨手集中精力入水。

(二)身体各部位在划桨过程中的合理运用

1. 手的动作

握桨的正确方法和基本姿势,无论对于初学者还是老运动员来说,都是颇为重要却又常常被忽略的环节。一些运动员常为手发胀握不住桨和满手血泡而苦恼,这是因为从初学划船起就忽略正确握桨方法的缘故。正确的握桨方法是手握桨柄不能握得太紧,应该用手指和手指根来握桨和控桨,而不是用整个手掌来握。用手指提桨和控桨,前臂和手指可以自然地放松,很好地感觉桨叶在水中和水面上的运动情况。拉桨时手腕、手臂呈水平线用力(即手腕和前臂保持在一个水平面上),不会使前臂过分紧张,而且拉桨结束的按转桨时,只要手腕下压随之微微上翻,桨叶就很容易出水。反之,用手掌握桨,会造成拉桨时手腕与握把弓成个角度,前臂就会感到过于紧张和发胀,会导致将桨把握得太紧、太死,以至难以感觉桨叶在水中和水面的运动情况。

按转桨时,桨柄在手中要转动自如。手腕动作要快而协调,桨叶出水后手腕和手臂很快形成直线推桨,让前臂和手指、手腕自然放松。

划单桨时外侧手的小指应靠近和置于桨端,充分放松地用手指扶按桨柄。按转桨时主要用内侧手来控制和按压桨柄,同时外侧手也要协同按桨(内侧手系指划单桨时左桨的左手、右桨的右手)。整个划桨过程中,内侧手握桨要紧一些,转桨也主要靠它来完成,而外侧手则较为放松。

2. 上体动作

提桨(抓水)时上体应以自然的团身姿势保持有节制的前倾,呈20°~30°。要避免过分地前倾、下压上体、上体太直和显得僵硬等不自然姿势。拉桨将要结束时的上体后倒也要适度,约在20°,不要太直或过分后倒。女运动员由于臂力相对较弱,后倒角度可略大一些。一般来说,上体的前倾和后倒角度应因人而异,不应作硬性规定,但多人艇则必须基本上一致。

拉桨过程中除单桨因桨柄的弧线运动使上体有一定的自然倾斜外,划双桨时上体始终不能左右偏移。

提桨(抓住)时,要注意略为延缓上体后摆的速度,这是颇为重要的技术环节。强调做到这一点,为的是可以尽量保持抓住水后拉桨时有利上体用力的角度。

按转桨出水推桨开始时,上体应保持自然平稳姿势,不可低头下压。划单桨时,重心稍靠桨环轴。推桨过程中当桨柄过膝时,上体应随桨柄的向前运动而自然前倾,同时改变髋关节角度,并将这种上体前倾姿势保持到提桨入水。只有上体随桨柄运动而改变前倾角后,才可启动滑座。单桨手在完成上述动作时,应使外侧手臂和同侧的背阔肌充分地伸展。

3. 头部的动作

头的位置在划桨过程中影响身体全部动作。划桨时头部应保持平稳正直,尤其在提桨入水前一刹那,头部的自然、平正和下颌稍抬的姿势,对稳定重心、保证拉桨的有效用力十分重要。

单桨提桨时由于外侧手和背阔肌需充分伸展,头应随桨柄的运动略为外转。

拉桨结束和按桨出水时,应保持下颌平正,而不是低头收下颌。

4. 腿的动作

提桨入水后开始蹬腿。蹬腿要求"顶上"快而接着均匀稳定地用力,不要突然猛蹬,而是保持稳定的蹬压。大腿和小腿应尽量保持直线用力。大腿不要过分外斜,膝部也不要大开大合地用力。拉桨到最后阶段按桨前,要有意识地使大腿伸直压紧,以保持按桨前桨叶对水的支撑力。由于双桨和单桨技术略有差异,双桨运动员的双膝靠得较近,而单桨选手受入水之前弧状伸展肩臂动作的影响,外侧腿略为分开一些,这样有利于做好入水前的伸展动作。

5. 全身配合

全身配合要求做到协调、自然放松、幅度充分、富有节奏而有韵律感,划桨动作要做到连贯和自然流畅。在比赛全程中,桨手应保持头脑冷静,很好地感觉和运用正确的划桨技术,不爆发用力和突然停顿。

(三)双桨和单桨的技术要领

1. 双桨技术要领

双桨技术的特点是两手同时运动,它可以使划船动作更加放松和协调。两手同时用力产生的作用力是两边对称的,不会使人体往两边倾斜。双桨的困难是拉桨时有上下、左右、前后的关系。为了便于发力,设计者要求在拉桨时桨柄有前后、上下的交叉。这样尽管感到内柄长了,但当拉桨到技桨位置时就正好,同时发力也能够在一条直线上。拉桨时手臂用力是在身体的前面,那么当桨柄交叉时,不管用力是否在一条直线上,都不难做到在身体前面充分地用力。为了能有效地用上力和做好动作,内柄就要有一定长度,一定要有交叉,这也就是双桨不同于单桨而对技术有较高要求的地方。

对一个国家或地区来说,技术上的统一和规范化是很重要的。比如双桨技术,就应规定哪只手在上,哪只手在下。从第一堂课教学起就要规定哪一只手在上面,这对于教学训练和组织配艇来说都是方便而必要的。我国和世界上的多数国家都规定左手在上,而有少数国家则规定右手在上。有了上下手的区别,桨栓也就有左右高低之差,运动员在划桨时也就不会使船斜。此外,还要注意拉桨手的前后位置,这样左右桨的高低差就小,船也比较容易平衡。推桨和拉桨一样,应该保持上下手的位置。

(1)握桨方法和手臂动作。握桨时拇指抵在桨柄的顶端,手指搭在桨柄上自然地抓住提把,手指、手臂和肩部都要放松,拉桨时要注意手臂勿过早地弯曲。手臂的牵拉应同上体的后倒结合起来,由直臂发力连贯地屈臂接按桨。

(2)推桨。为了使船保持平衡,推桨时桨叶离水面要近一些,一般为5~10cm左右。这样有助于船的平衡,尤其对于初学者来说更要强调这点。可以采用把桨叶拖在水面上的推桨方法来帮新手维持船的平衡,消除因船的不稳而带来的紧张心理,待到技术动作略为稳定、平衡能力有所增强时,再要求桨叶离开水面贴水推行。

(3)提桨和拉桨。双桨和单桨技术大同小异,单桨由双手握一支桨,桨叶入水时使用的力量较大,而双桨的入水特征主要靠速度而不是靠力量,它的下水动作比较自然,是靠手腕上的感觉,桨把推至前上方远端时,只要轻轻地一抬腕,桨叶就顺势下水了。拉桨用力要均衡而不间断地逐渐加速,如果提桨入水过猛爆发用力的话,一是破坏了拉桨的技术结构,不能充分发挥拉桨效果,二是会导致手臂肌肉很快僵硬。正确的做法是桨叶入水拉桨开始,身体处于紧张状态时,随着蹬腿,手臂不要过早地屈曲。拉桨的效果要靠全身肌肉的配合,使速度不断提高,并保持到拉桨最后阶段,完成按桨出水。

(4)平衡。双桨的平衡似乎比单桨容易,但对于单人双桨来说平衡也是颇为困难的。有些教练员在指导运动员做平衡练习时,常犯一种错误,就是桨叶出水后离水面过高,这样船不易平衡,于是运动员就自觉不自觉地用身体来控制平衡,然而单人艇的船很窄,用身体是不容易控制平衡的,时间一长动作就会显得生硬,这对于初学者掌握技术是十分不利的。因此,对初学者可先采用"拖水推桨划",进而要求推桨时桨叶靠近水面,以控制平衡和动作连贯。只要初学者做到身体位置坐正,桨叶能稍微离开水面推行、动作连贯、滑座正确启动、前滑和提桨入水连续,平衡问题就容易解决了。

(5)航向。赛艇桨手背向艇的前进方向划行,在没有航道标志的水域划行时,首先要观察船行的"水线"尾浪的航向是否笔直。另外,应找个远方的参照物,使它与船尾始终成一直线,如不成一直线,则说明艇的航向偏了。无论平时训练或比赛,一旦发现偏航,则下一桨就要注意纠正过来。尽管现在的正式比赛都已采用阿尔巴诺航标系统,并设有叠标,但养成用"三点一线"的观察方法和直线航行技术的习惯是实用和必要的。常见的偏航现象有以下几个原因:

①侧风的影响。这时运动员应使靠上风的船舷保持稍低,减少船的左右摇晃,划桨时偏航的一侧用力稍大,以保持在风浪中直线航行。

②器材的原因。左右桨的桨叶前倾角如果不对称,或没有调好会造成偏航。应检查两侧桨架高度和桨叶前倾角。

③初学者易犯左右两手用力大小不一、不对称和两手牵拉不合理的错误。另外,我国的双桨运动员都是左手在上面,右桨在下,常常用力不充分或拉桨太低不好用力。还有的运动员左右两手的力量相差悬殊,这些都需要在训练中找出原因,加以纠正。

2. 单桨技术要领

（1）握桨方法与手臂动作。单桨握桨时，外舷手握在桨柄端，小拇指靠拢桨柄末端轻压，内舷手大拇指与四指正握，负责桨柄的转动，两手相距约15～20cm。开始拉桨时背与前臂平直，两臂伸直，拉桨过膝后积极屈臂，拉桨至胸股前约10～15cm时，迅速轻柔地按转桨叶出水。这时外舷手放松、内舷手按转桨，使桨柄在外舷手中滑动，外触手则借助内舷手轻轻下按。随后两手很快并放松地推桨过膝。当推桨至与躯干垂直，离提桨入水还有约30cm时，内舷手即开始连贯地转动桨柄，使桨叶做好入水前的准备。

（2）提桨和拉桨。单桨的提桨入水应该快速有力，并且使抓水和拉桨紧密结合。桨手应在桨入水的瞬间、拉桨之初产生"悬挂用力"的感觉，使体重和腿部力量通过手腿传到桨叶上去。

（3）上体动作和拉桨。推桨时滑座应平稳地前移，不要突然起动或猛冲突停，要充分地滑够距离。滑动时上体应保持自然正直，不可左右偏斜，外侧肩和头颈应随桨柄的弧形运动而自然略为偏转。手臂充分前伸，肩背自然伸展，不要用身体的偏斜和上体下压来增大幅度。单桨由于侧用力，肩的动作有一个沿桨端的强行运动，和双桨肩的运动不一样，要求肩的柔韧性好。当拉桨前半部自然转肩时，身体重心依然要保持在龙骨上。

参考文献

[1]潘绍伟,于可红.学校体育学[M].2版.北京:高等教育出版社,2008.
[2]季浏.普通高中体育与健康课程标准(实验)解读[M].武汉:湖北教育出版社,2004.
[3]申建勇,王岩.体育技能教程[M].北京:航空工业出版社,2011.
[4]袁建国.大学体育与健康教育教程[M].西安:西安交通大学出版社,2014.
[5]于志培.体育与健康[M].杭州:浙江大学出版社,2012.
[6]江志鸿.大学体育[M].北京:中国科学技术出版社,2008.
[7]张占忠,陈刚,曹俊.高职体育与健康规划教程[M].天津:南开大学出版社,2012.
[8]贾鹏飞.公共体育课教程[M].北京:人民体育出版社,2010.
[9]刘亚云.现代大学生体育与健康[M].杭州,浙江大学出版社,2011.
[10]孙民治.篮球运动高级教程[M].北京:人民体育出版社,2000.
[11]何志林.现代足球[M].北京:人民体育出版社,2000.
[12]白红.排球教程[M].北京:北京理工大学出版社,2012.
[13]梁健.排球[M].北京:北京师范大学出版社,2008.
[14]王彦英.网球[M].北京:北京体育大学出版社,2012.
[15]姜晓宏.网球运动教程[M].沈阳:东北大学出版社,2013.
[16]陈浩,郑其适,王少春.羽毛球运动[M].杭州:浙江大学出版社,2014.
[17]张勇,张锐.羽毛球[M].北京:北京体育大学出版社,2003.
[18]全国体育学院教材委员会.乒乓球[M].北京:人民体育出版社,1992.
[19]苏丕仁.乒乓球运动教程[M].北京:高等教育出版社,2004.
[20]邱丕相,朱瑞琪,郭志禹.中国武术教程(上册)[M].北京:人民体育出版社,2009.
[21]江百龙.武术理论基础[M].北京:人民体育出版社,1995.
[22]柏忠言,张蕙兰.瑜伽:气功与冥想[M].北京:人民体育出版社,2007.
[23]林琳.国际瑜伽进阶教程[M].长春:吉林科学技术出版社,2014.
[24]匡小红.健美操[M].北京:高等教育出版社,2011.

[25]马鸿韬.健美操运动教程[M].北京:北京体育大学出版社,2010.

[26]全国体育院校教材委员会.游泳运动[M].北京:人民体育出版社,2001.

[27]廖品松,夏兵.游泳与健康[M].成都:四川科学技术出版社,1990.

[28]刘志红.形体练习教程[M].北京:高等教育出版社,1999.

[29]孙班军.山地户外运动[M].北京:学苑出版社,2007.

[30]沃尔克·诺特.划得更快——赛艇训练的科学与艺术[M].曹春梅,张秀云,译.北京:北京体育大学出版社,2011.